高等院校应用型规划教材

组织行为学教程

第三版

李 婉

主 编

陈文彬 韩文洲 林 宙 陈世艳

副主编

Organizational Behavior

暨南大学出版社
JINAN UNIVERSITY PRESS

中国·广州

图书在版编目（CIP）数据

组织行为学教程/李婉主编；陈文彬，韩文洲，林宙，陈世艳副主编.—3 版.—广州：暨南大学出版社，2017.7

（高等院校应用型规划教材）

ISBN 978 – 7 – 5668 – 2126 – 3

Ⅰ.①组…　Ⅱ.①李…②陈…③韩…④林…⑤陈…　Ⅲ.①组织行为学—高等学校—教材　Ⅳ.①C936

中国版本图书馆 CIP 数据核字（2017）第 120666 号

组织行为学教程（第三版）

ZUZHI XINGWEIXUE JIAOCHENG（DISANBAN）

主　编：李　婉　副主编：陈文彬　韩文洲　林　宙　陈世艳

出 版 人：徐义雄

策划编辑：潘雅琴

责任编辑：齐　心

责任校对：何　力

责任印制：汤慧君　周一丹

出版发行：暨南大学出版社（510630）

电　　话：总编室（8620）85221601

　　　　　营销部（8620）85225284　85228291　85228292（邮购）

传　　真：（8620）85221583（办公室）　85223774（营销部）

网　　址：http：//www.jnupress.com　http：//press.jnu.edu.cn

排　　版：广州良弓广告有限公司

印　　刷：广州市穗彩印务有限公司

开　　本：787mm×1092mm　1/16

印　　张：15.5

字　　数：400 千

版　　次：2005 年 7 月第 1 版　2017 年 7 月第 3 版

印　　次：2017 年 7 月第 8 次

印　　数：25001—27000 册

定　　价：38.00 元

（暨大版图书如有印装质量问题，请与出版社总编室联系调换）

前　言

迟到的《组织行为学教程》(第三版)终于要出版了。第三版之所以会推迟这么久才出版,是因为编者一直在思考如何根据实用型人才培养目标进行全书内容的更新,编写更切合管理工作过程实际的实用性教材。此外,编者还阅读了个体心理学的创始人奥地利的精神病学家阿尔弗雷德·阿德勒的相关作品,加深了对组织行为学内容的理解,以助于此书的编写。

编者任教组织行为学课程已有十五年。在这段时间里,编者边教学边学习边总结,也不断地听取同行和学生的反馈意见,努力提高教学水平,并希望能把自己的见解和他人的建议通过教材与同行老师进行交流,也能在"学"方面达到有所用的效果。

组织行为学的研究具有双向指导性,既为组织或管理者提供了有效进行管理的理论依据,又为个体提供了构建自身职业环境的有效途径,因此,它不仅是经济管理类专业的核心教程,也是其他专业的学生进行自身职业素质修炼的必修学科。

本教材第三版是在对应用型管理人才培养目标、市场对管理人才需求状况以及管理工作流程进行研究和调查的基础上,融合国内外组织行为学的理论思想,结合我国管理工作实际运作流程,以及编者多年的教学总结,做的一次大胆尝试,即打破传统的以理论模块为划分依据的教材模式,采取以管理工作项目流程为依据的框架构建知识内容。

本书的编写力求理论内容深入浅出,实操有趣实用,随着学习的深入,使学生逐渐领悟管理工作的精髓。其具体特点如下:

第一,全书内容的编排体现工学结合、以职业活动为导向的特色。本书既重视理论知识的学习,继承经典组织行为学学科体系,也重视遵循组织发展规律中管理工作流程的标准和要求。全书的内容可概括为13个项目,即项目1:打好基础——认识组织行为学;项目2:确定目标——组织目标;项目3:搭建架构——组织设计与组织结构;项目4:准备招才纳贤——社会知觉与个体行为;项目5:做到人岗匹配——个性差异与人的行为;项目6:做好掌舵人——领导行为;项目7:调控行为方向——态度与行为;项目8:提高员工抗压力——挫折与行为;项目9:力争"1+1>2"——群体行为;项目10:巩固团队合作——人际关系与人际沟通;项目11:提升组织价值——组织文化;项目12:提高组织效率——激励理论;项目13:找准组织新起点——组织变革与发展。每个项目根据管理工作的实际情况设计相关任务。全书体系主要根据组织"无—成立—发展—变革"的生存发展规律进行设计,以符合管理工作者的认知过程。编者已在两个年级中将此体系付诸实际教学,获得了学生的认可。

第二,实操内容紧扣管理工作的实际流程。本书每个项目中每个任务之后都有配套的实操项目,且每项实操项目都有实操流程安排和评估标准,以此提高教与学效果评估的可操作性。除此之外,本书在每个项目后还精心编排了与项目对应的,具有连续性、完整性的,符合组织生存发展规律的13个公司经营活动,分别是挑选临时负责人,组建公司;制定公司目标;搭建组织结构;招聘准备工作;招聘员工;竞职演讲;常常掌握员工的工作满意度;解压游戏；评选优秀部门；召开全体成员大会；建设组织文化；调整薪酬制度；重新制定组织战略目标。公司的这些经营活动将 13 个项目的理论内容具体化，使学生对管理工作有了直观性的认知，能真正地实现学以致用的目标。

本书可作为应用型本科院校、高等专科职业院校及成人教育培训等相关专业的课程用书，也可为管理工作者提供有益的参考，还可作为个人进行自身职业素质修炼的参考书。

本书由李婉主编，陈文彬、韩文洲、林宙、陈世艳副主编；陈孟君、崔译文、卢丽丝、陈红吉、陈军辉、肖林、余丽燕、黄艳玲参与编写。其中李婉负责全书内容的设计、统稿、实操内容的修订及编写项目 1、2、3、4、5、7、8、9、10、12；陈文彬负责编写项目 6；韩文洲负责编写项目 11；陈世艳、林宙负责编写项目 13；陈孟君、崔译文、卢丽丝、陈红吉、陈军辉、肖林、余丽燕、黄艳玲参与案例收集整理工作。

本书在编写过程中参阅了国内外的文献和资料，在此向这些文献和资料的原作者表示衷心的感谢！同时，本书在编写过程中得到了暨南大学出版社副编审潘雅琴老师等的鼎力支持，在此深表谢意！另外，本书能顺利完成编写任务，还要感谢编者家人在精神上的支持。

由于编者水平有限，书中难免有不妥和纰漏之处，敬请专家学者和读者批评指正，以便进一步完善。

李　婉
2017 年 6 月 1 日

目　录

项目1　打好基础——认识组织行为学

组织行为学关心人们在组织中做什么，以及这种行为如何影响组织的绩效。

——斯蒂芬·P. 罗宾斯

【项目目标】

1. 理解组织行为学的含义及研究内容
2. 理解组织行为学的产生与发展
3. 掌握组织行为学的研究方法

【生活与组织行为】

本　能

犹太人的后裔布朗夫妇和他们的孩子住在伦敦附近的一所小房子里。有时布朗先生下班回家很晚，他的妻子和孩子已经睡着，他就用钥匙打开房子的前门，悄悄地走进屋子。

有一天晚上，布朗先生回家时发现钥匙丢了，于是他走近房子按门铃，可是屋内没有动静。他再次按门铃，房内仍然没有动静。无奈之下，布朗先生只好敲打卧室的窗户，大声喊叫妻子，但妻子仍然没醒。最后，他停下来，想了片刻，捏着鼻子模仿小孩的声音，叫道："妈妈，我要尿尿。"尽管他说得很轻，布朗太太还是马上醒了。

思考：布朗先生的故事对你有什么启发？让你联想到组织管理中的什么问题？

【项目流程图】

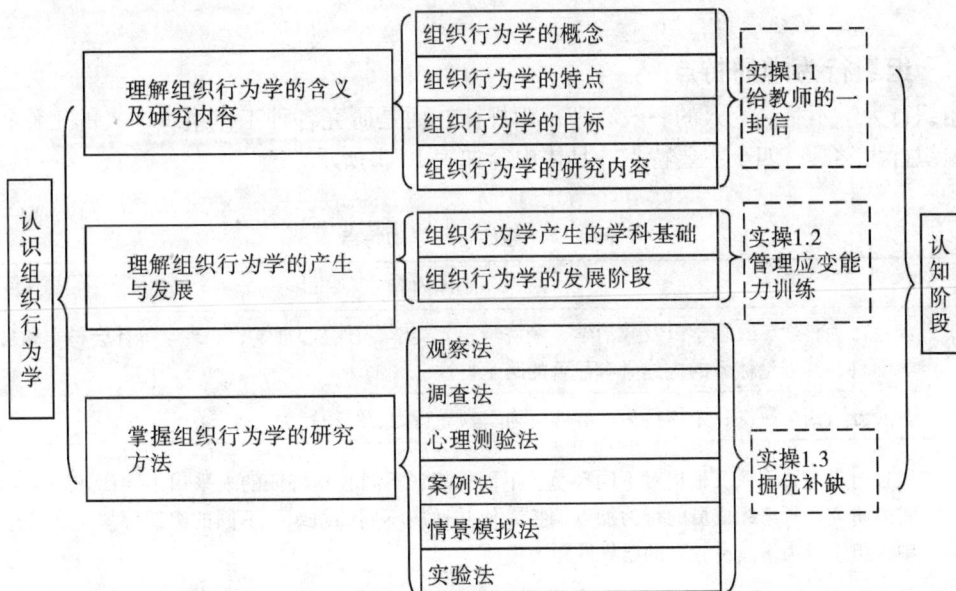

任务 1.1　理解组织行为学的含义及研究内容

1.1.1　组织行为学的概念

　　"组织行为学"这个概念的内涵处在不断发展变化和丰富完善的过程中。尽管许多学者对"组织行为学"这个概念的具体表述不尽相同，但大多数是从行为的规律性出发，将组织行为学定义为：组织行为学是在系统研究和掌握组织中的心理和行为规律的基础上，正确认识组织环境中个体、群体以及整个组织与外部环境相互作用所形成的行为，以便管理者预测、引导和控制人的行为，从而调动人的积极性和创造性，提高组织工作效率的应用学科。我们可以借助图 1-1 来理解、掌握"组织行为学"这一概念。

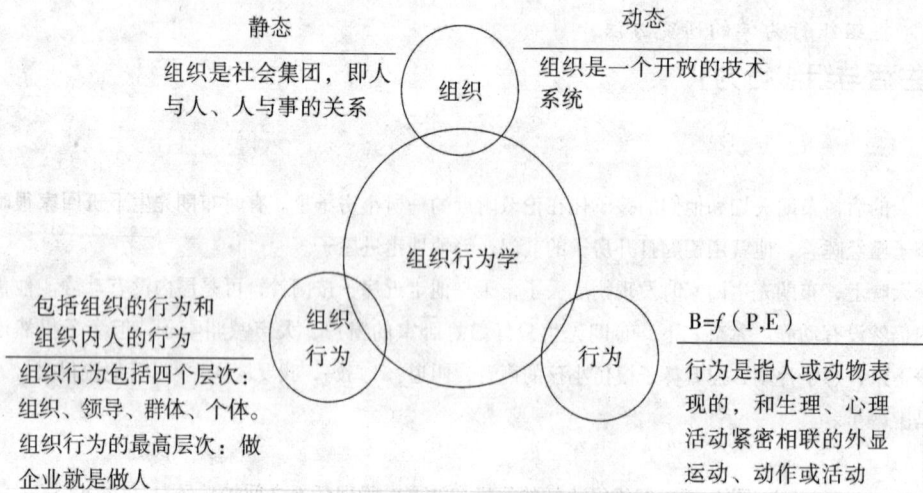

图 1-1　"组织行为学"概念的图解

　　讨论：组织行为学的研究与组织管理中的哪些具体行为相关？

1.1.2　组织行为学的特点

　　组织行为学不是研究人的一般心理行为规律，而是研究各种工作组织中人的工作行为规则。组织行为学具有四个主要特点，具体内容如表 1-1 所示。

表 1-1　组织行为学的特点

特点	具体内容
综合性	涉及行为科学、管理学以及政治学、经济学、人类学、社会心理学、心理学等社会科学和自然科学学科，其理论体系的构建具有显著的跨学科性
层次性	主要分为四个层次：个体行为、群体行为、领导行为、组织行为
实用性	通过对各级管理人员根据对不同环境、不同组织、不同心理特征的人采用不同的理论与管理方式的研究，对组织成员的行为加以调控，使其适应不同的组织、不同的组织环境。在管理实践中，组织行为学具有较强的指导性和实用性

特点	具体内容
灵活性	一方面是指组织行为学知识的多变性，另一方面是指组织行为学研究的对象，即人的心理和行为的复杂性。组织行为学的灵活性客观上要求组织行为的实施及组织的常规管理要因时制宜，灵活多变，不能因循守旧，故步自封

1.1.3　组织行为学的目标

大多数学科都有相同的四个目标——描述、解释、预测和控制。组织行为学也不例外，如图 1-2 所示。

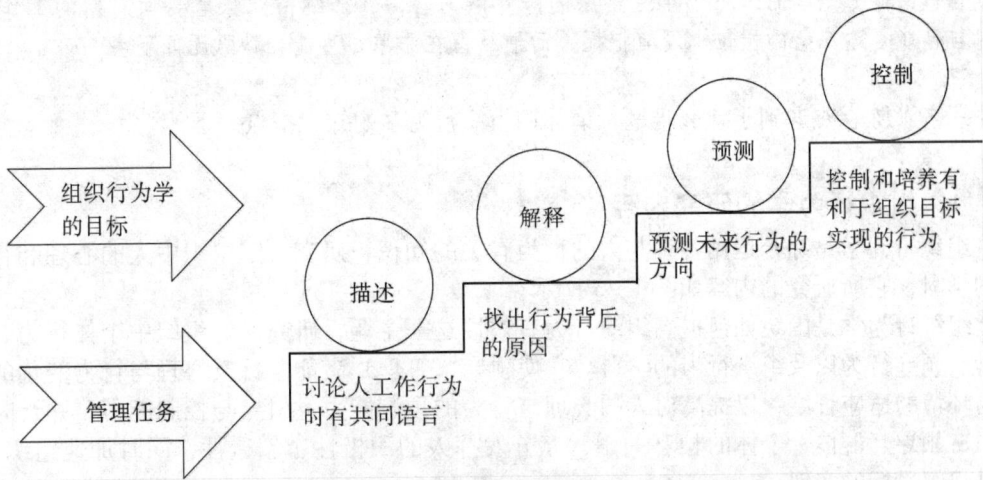

图 1-2　组织行为学的目标与重要的管理任务之间的关系

（1）描述。描述人们在不同情境下的行为，使管理者对人在工作中的行为有所认识。

（2）解释。解释人们行为背后的原因。作为管理者，如果仅能描述其员工的行为，却无法分析行为背后的原因，那么可以说这样的管理者是失败的，因为一种行为的产生可能有多种原因。例如，有些人离开组织是因为对工资不满意，而有些人则是因为不喜欢所从事的工作。显然，如果管理者能抓住主要因素，就非常有利于采取措施防止这些情况的发生。另外，对某些现象的解释也会随着时间或环境的不同而变化。例如，在就业和失业高峰时期，人们离开组织的原因差别非常大。

（3）预测。预测员工未来的行为。在组织管理过程中，无论是在组织内部还是在组织外部，预测都是日常活动中的一个基本要求。比如，管理者有能力预先知道某个员工在什么情况下会疏忽大意，或在什么情况下会集中精力，那么他的管理方式就会有很强的针对性，管理效率就能得到最大限度的保证；当管理者准确预测在不同条件下员工产生的不同类型的需求倾向，并由此做出正确的激励决策，将会激发员工对组织活动产生浓厚的兴趣，自觉提高其工作的积极性和创造性；如果管理者了解到一个部门的下属对其十分友好，那么他就可以较准确地预测日常工作中下属的情感反应。

（4）控制。控制和培养人在工作中的行为。组织行为学的直接研究目的就是对组织中发生的行为进行控制。从管理的运行过程来看，试图说明在组织中发生什么（描述）以及它为什么发生（解释），只是对组织行为的描述而不是规范。当描述的组织行为现象越来越多，解释和预测组织行为日益准确时，采用某种形式控制这些组织行为就是必要的和可行的。目前，组织行为学已经建立了一套控制技术，补充和丰富了传统管理理论的不足。这些技术为从事实际工作的管理者提供了根据，并且体现了预测和解释组织行为的实际意义。

实例：陈霖杰的矛盾该如何化解？

38岁的陈霖杰，大学毕业后就进入国有企业工作，如今已经工作了十几年，虽然成了部门骨干，事业有了一定的基础，但个人发展上始终没有太大的突破，当初的工作热情也随着岁月的流逝逐渐淡化了。近几年来，新入职的年轻人由于高学历与积极的工作态度，成为公司的"重点培养对象"，甚至有一位曾是他下属的年轻人现在已成了他的上司。看到昔日的同学和自己熟悉的一些年轻人当了老板或经理时，陈霖杰的心里很不是滋味，总想换一个新的工作环境试试自己的能力。然而，对于年近不惑的陈霖杰而言，选择跳槽意味着要面对新的工作环境，他对自己能否适应新的岗位也没有把握，而继续留在原单位可能会默默无闻下去……

思考：陈霖杰遇到了什么难题？请你用组织行为学的知识指点一下他。

1.1.4 组织行为学的研究内容

组织行为学是综合运用各种与人的行为有关的知识，研究一定组织中人的心理和行为规律的学科，它所研究的内容如图1-3所示。

组织行为学是围绕如何提高组织行为有效性这一主题，研究一定组织中个体行为、群体行为、领导行为以及组织行为的学科。它使领导（管理）者能掌握其心理与行为变化的规律及与环境的适应程度，以提高对人的心理与行为的预测能力、引导与控制能力，并及时协调组织、领导、群体、个体的相互关系，充分发挥人的积极性、创造性，同时加速组织变革，促进组织目标的实现。

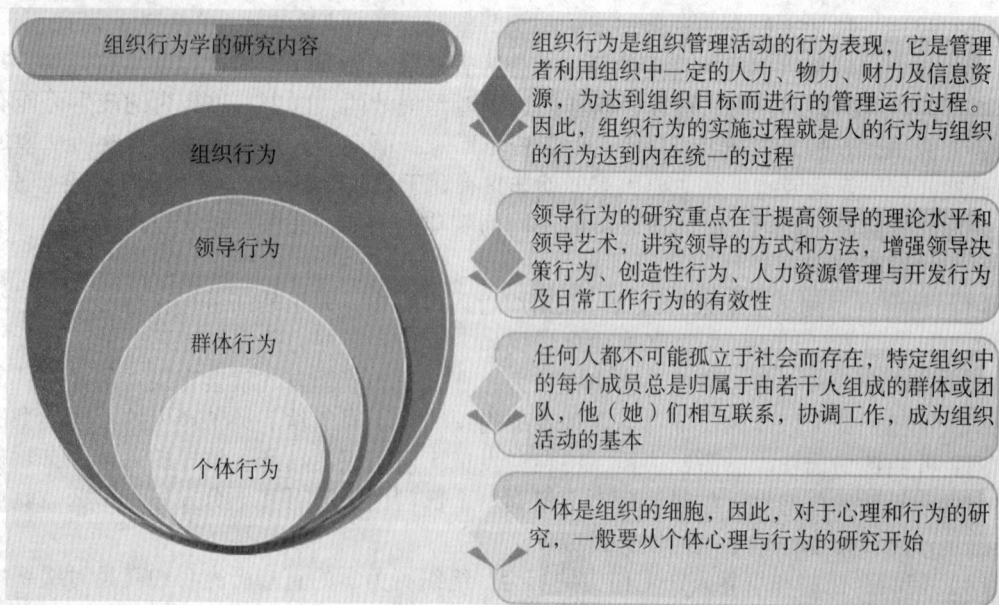

组织行为学的研究内容

组织行为
- 组织行为是组织管理活动的行为表现，它是管理者利用组织中一定的人力、物力、财力及信息资源，为达到组织目标而进行的管理运行过程。因此，组织行为的实施过程就是人的行为与组织的行为达到内在统一的过程

领导行为
- 领导行为的研究重点在于提高领导的理论水平和领导艺术，讲究领导的方式和方法，增强领导决策行为、创造性行为、人力资源管理与开发行为及日常工作行为的有效性

群体行为
- 任何人都不可能孤立于社会而存在，特定组织中的每个成员总是归属于由若干人组成的群体或团队，他（她）们相互联系，协调工作，成为组织活动的基本

个体行为
- 个体是组织的细胞，因此，对于心理和行为的研究，一般要从个体心理与行为的研究开始

图1-3 组织行为学的研究内容

实操 1.1　给教师的一封信

◆**实操内容**

学生给教师的一封信。

◆**实操目的**

1. 理解组织行为学的含义。

2. 训练学生的主动配合能力。

3. 学生和教师准确把握本课程学习的目标。

◆**活动步骤**

1. 教师课前准备好书信格式（如下所示），在课程开始时分发给每位学生。

2. 请大家在课后将这封信填写完整，然后交给教师。

给教师的一封信

_____老师：

我是_____级_____专业_____班的_____。在_____至_____第_____学期上了您教授的组织行为学这门课程。我希望能明确本学期这门课程的学习目标。

我所认识的组织行为学是这样一门课程：

_____

_____

_____

我希望本学期学了这门课后，有以下的收获：

_____

_____

_____

在本学期本课程的授课方面，我希望能有以下的互动：

_____

_____

_____

　　　　　　　　　　　　　　　　　　签名：

　　　　　　　　　　　　　　　　　　日期：　　　年　　　月　　　日

◆**思考回答**

1. 当教师要求你写这封信时，你有什么想法？

2. 这封信的设计能解释组织行为学中哪方面的内容？

◆评估标准（自评和他评）

评价指标	评估结果			
在思考时的认真程度	□优秀	□中等	□合格	□不合格
在写信时的诚恳度	□优秀	□中等	□合格	□不合格
在思考回答过程中的表现	□优秀	□中等	□合格	□不合格
对组织行为学含义的理解情况	□优秀	□中等	□合格	□不合格
需要补充说明：				

任务1.2　理解组织行为学的产生与发展

组织行为学是在第二次世界大战以后，伴随行为科学的出现而产生的一门学科。世界上，早就有研究人的心理和行为的学科了，而组织行为学作为专门研究组织中人的心理和行为规律的一门独立的学科，产生于二十世纪五六十年代的美国。组织行为学的形成是管理思想和管理理论综合性发展与进步的结果。它也是一门现代人力资源管理学科。

1.2.1　组织行为学产生的学科基础

组织行为学是一门综合性的学科，它综合运用了心理学、社会学、社会心理学、人类学、政治学等学科有关人的行为的知识与理论，来研究一定组织中的人的心理和行为的规律。组织行为学的形成与其他学科有着密切的关系，如表1-2所示。通过此表，我们可以了解对组织行为学做出了贡献的学科及其相互关系。

表1-2　组织行为学的学科基础

学科名称	学科内容	对组织行为学的贡献
心理学	重点是研究和理解个体的行为，关键在于测量、解释，以及改变人和其他动物的行为	知觉 人格 个体差异 工作满意度 压力 激励 领导有效性
社会学	重点是研究社会系统，即研究相关联的人与人之间的问题	群体间行为 群体动力学 工作团队 沟通 权力 冲突 正式组织理论 组织变革 组织文化 心理契约
社会心理学	属于心理学领域，但它是心理学与社会学结合的产物。此学科关注人与人之间的相互影响	态度改变 行为改变 沟通 群体过程 群体决策

学科名称	学科内容	对组织行为学的贡献
人类学	重点研究文化和环境，使人们了解不同国家、不同环境下人们的基本价值观、态度和文化的差异	比较价值观 跨文化分析 组织文化 组织环境
政治学	研究政治环境中个体和群体的行为	冲突 组织内政治 权力

1.2.2 组织行为学的发展阶段

组织行为学在 20 世纪 60 年代末 70 年代初产生于美国，兴起于西欧、北欧、日本等地区和国家。鉴于不同历史时期的科学技术和社会生产力的发展水平不同，管理学家在协调、控制和指挥一定组织中人们从事活动所强调的重点也不同。组织行为学的发展可分为若干阶段。

1. 从管理实践产生组织行为学

泰勒（F. Taylor）和吉尔布雷斯（F. B. Gilbreth）创立了科学管理理论，开展了对工人劳动动作和时间的研究。美国管理学家莉莲·吉尔布雷斯（L. Gilbreth）（吉尔布雷斯的妻子）指出，在强调科学管理的同时，应注意研究工人的心理。管理人员若不关心工人而只卡定额就会引起工人的不满，也会影响他们的工作效率。莉莲·吉尔布雷斯于 1914 年出版了《管理心理学》一书，书中比较系统地阐述了个体心理与行为的关系。第二次世界大战前夕，西方国家开始推行工业心理学，主要以个体为研究对象，测定工作中的个体差异。20 世纪 20 年代，"霍桑实验"发现了工作群体的重要性。

泰勒被称为"科学管理之父"。他由一名钢铁公司的技工晋升为车间工段长、总技师、总工程师，拥有丰富的第一线生产管理经验。通过对工人劳动动作和时间的研究，他制定了劳动生产定额，实行计件制，使工人的劳动生产效率提高了几倍甚至十几倍。但由于他把工人当作机器的附属品，当作"经济人"，片面强调金钱刺激，忽视了人的社会需求，因而使工人产生抵触情绪和不满行为，影响了工作效率，引起了社会的极大关注。1924 年，美国科学院以及哈佛大学心理学教授梅奥（Elton Mayo）先后派实验小组到霍桑工厂做实验，经过 8 年时间，通过照明实验、福利实验、群体实验、谈话实验等，最终发现：工人为了维护班组内部的团结，可以放弃物质利益的引诱；有的个体甚至认为，人群关系比福利更重要。据此，梅奥提出"非正式群体"的概念，并得出三点结论：其一，生产条件的变化固然影响劳动者的生产热情，但生产条件与生产效率之间并不存在直接的因果关系；其二，生产条件并非增加生产的第一要素；其三，改善劳动者的士气（态度）及人与人之间的关系，使人们心情愉快地工作并对自己的工作感到满足，才是增加生产、提高工效的决定性因素。

人们发现，古典科学管理理论已不再适应社会发展的需要，转而重视"人群关系"，研究人的需要、动机与行为，于是，行为科学应运而生。后来，又从对人的行为研究发展到对组织行为的研究，出现了组织行为学。具体来讲，1985 年，美国斯坦福大学的莱维特（H. J. Leavitt）正式使用管理心理学代替工业心理学，重视群体心理研究，后来又发展为组织心理学。20世纪50年代末，美国大学的管理学院和研究生部的教师成立了组织行为学小组，确立了"组织行为学"的研究课题，"组织行为学"这一名称便沿用至今。因此，组织行为学是管理学发展的必然结果。

2. 组织行为学的发展阶段

20世纪80年代，组织行为学分为主要研究个体和群体心理与行为的微观组织行为学，以及主要研究组织行为的宏观组织行为学。组织行为学的产生与发展可分为四个阶段，如表1-3所示。

表1-3　组织行为学的发展阶段

时间	特点	具体表现
第一阶段：1900—1930年	封闭的理性模式	主张把管理的重点放在组织内部，着重研究如何有效地利用组织已有资源，提高生产效率，生产更多的产品，获得更大的利润。这一阶段把组织中的人看作是只有经济需求的理性的人，忽视了对人的自我发展需要和社会心理需要的满足。对人的管理按照事先规定的规章制度、原理、原则
第二阶段：1931—1960年	封闭的社会性模式	通过对封闭的理性模式进行批评、分析，一批新的管理学家经"霍桑实验"后，把组织视为一个封闭的社会性模式，把人当作"社会人"来看待，重视人的社会、心理需求，重视改善企业内部人与人之间的关系，人际关系学应运而生。同时，麦格雷戈等在"二战"后提出了著名的X—Y理论
第三阶段：1961—1970年	开放的理性模式	把组织管理归结为简单明了的、用数量表示的工作目标和工作成果，同时注意外部环境因素对管理工作的影响，但过于强调依靠定量的理性方法做决策
第四阶段：1971年至今	开放的社会性模式	强调组织的生存价值、社会作用和性格特征，强调人是企业（组织）的中心，不仅要考虑企业的经济指标，还要满足人的需要、情感等

实操1.2　管理应变能力训练

◆实操内容

上级要来公司视察，你准备将招待工作安排给小王来做。假设一：如果小王是个很忠厚但是有点呆板的人，你怎么吩咐？假设二：如果小王是个很爱动脑子但是不够细心的人，你又要怎么吩咐？

◆实操目的

1. 理解组织行为学的发展过程。
2. 训练学生的管理应变能力。

◆活动步骤

1. 以分好的虚拟公司为单位进行讨论。

2. 各公司将讨论结果向教师汇报。

3. 教师进行点评：各公司讨论结果如何？哪个公司的效率更高？哪个公司的方案更为合理？

◆**思考回答**

组织行为学的发展过程给你带来了关于管理学的哪些启发？

◆**评估标准（自评和他评）**

评价指标	评估结果			
在公司讨论时主动配合的程度	□优秀	□中等	□合格	□不合格
在公司信息汇总时的表现（团队合作、参与程度）	□优秀	□中等	□合格	□不合格
在公司汇报信息时的表现（发言）	□优秀	□中等	□合格	□不合格
在思考回答过程中的表现	□优秀	□中等	□合格	□不合格
对组织行为学的产生与发展的理解情况	□优秀	□中等	□合格	□不合格
需要补充说明：				

任务 1.3　掌握组织行为学的研究方法

研究方法是揭示研究对象的本质及其规律的手段。组织行为学与其他学科一样，也有作为揭示客观规律的科学方法。组织行为学的研究方法与其他科学一样，都必然遵循研究程序的公开性、收集资料的客观性、观察与实验条件的可控性、分析方法的系统性、所得结论的再现性、对未来的预见性等原则。下面介绍六种常用的研究方法。

1.3.1　观察法

对他人行为的了解注意是通过观察获得的。观察是取得直接资料和间接经验的一种重要方法，在没有条件进行访问或实验时，观察是取得资料的主要途径。观察法大体可分为两大类型（四种方法）：

第一种类型是按照观察者与被观察者的关系，把观察法分为参与观察法和非参与观察法。观察者直接参与被观察者的活动，并在共同活动中进行观察的方法称为参与观察法；观察者不参与被观察者的活动，以旁观者的身份进行观察的方法称为非参与观察法。

第二种类型是按照观察情境的差异，把观察法分为自然观察法与控制观察法。自然观察法是观察者在自然真实的情境下观察他人的行为；凡是有计划、有系统的记录，其结果跟一定的命题相联系而又能接受考核的观察方法均属于控制观察法。

1.3.2　调查法

在研究心理和行为的过程中，并非所有的心理现象都可以被直接观察到，对那些不能直接观察到的心理现象则可以通过调查、访问、谈话、问卷等方法来进行研究。调查法是了解被调查者对某一事物或现象的想法、感受和评价的一种研究方法。运用调查法要求研究对象必须具有代表性，同时所运用的统计方法也必须恰当。要保证研究的对象具有代表性，必须重视调查样本的选择。一般来说，选取样本的方法有：随机抽样、有意抽样和分层抽样，其中随机抽样是最主要的方法，它能够使所要研究内容的各个部分都有被抽选到的可能，保证调查对象具有代表性；有意抽样则是研究者根据一定的要求，选择具有代表性的对象进行研究；分层抽样就是按照年龄、性别、地区、单位、等级、行业或其他因素分别抽样。调查的具体方法有许多，如谈话法、问卷法等。另外，随着信息手段越来越现代化，电话调查法和网络调查法的使用也越来越普遍。在实际调查过程中，既能根据研究需要单独使用某种调查方法，也可以将多种调查方法综合地加以运用。

1.3.3　心理测验法

心理测验法就是采用标准化的心理测量表或精密的测量仪器，来测验被试者的心理品质的研究方法。常用的心理测验项目有能力测验、人格测验、机械能力测验、语言能力测验、机理能力测验、管理能力测验、心理健康测验等。心理测验法是人力资源开发与管理中常用到的进行人员考核、岗位测量与导引、职工选拔等的基本方法。

与其他研究方法不同的是，心理测验法的运用具有严格的信度与效度要求。心理测验的信度即测验的可靠性或测验的准确性，是反映被测试者特征真实程度的指标，也是测验结果稳定性和一致性的指标。心理测验的效度是指心理测验的有效性，即测验得到的结果（或结论）是否就是所要测定的心理和行为特征，是否体现和达到了测验的预期目标及程度。在运用心理测验法时，为了严格控制心理测验的质量，必须将测验的信度和效度控制在合理范围内。例如，许多国家明确规定，用于在人员选拔的测验量表中，信度系数必须达到或超过0.8、效度系数必须达到或超过0.6才符合要求，否则不能予以认可。

1.3.4　案例法

案例法是研究组织行为的一个非常实用的方法，是体现理论与实践、知识与能力、历史与现实辩证统一的研究方法。案例法是指研究人员对利用组织正式或非正式的访问谈话、发调查表和实地观察所搜集到的资料，以及从组织的各种记录与档案中搜集到的有关个人、群体或组织的各种情况，进行讨论、分析，为解决未来实际工作中的问题进行虚拟训练。这种管理工作的虚拟训练，是运用理论去解决实际管理问题的良好方法。

1.3.5　情境模拟法

情境模拟法是根据被测试者所担任的职务，测试者假设一种与岗位实际情况相似的测试情境，将被测试者放在虚拟的工作环境中，由测试者观察其才能、行为，并按照一定规范对其进行评定。具体来说，情境模拟法包括情境模拟测评和无领导小组讨论。情境模拟测评，一般通过公文处理、小组讨论、上下级对话、口试等方法进行。无领导小组讨论，在人员接触、岗位普升工作中应用广泛，从讨论中可以了解被试者在语言表达、思维应变等方面的能力。由于情境模拟方法具有针对性、客观性、预测性、动态性等特点，对人员考核的信度、效度较高，对主持者的技术要求也比较高。

1.3.6　实验法

由于人类行为的复杂性，许多变量不容易被控制，因而人们很难确定一定形式的行为是否为某一组织特点的直接产物，而实验法可以解决这一问题。这种方法要求先假设一个或多个自变量对另一个或其他几个自变量的影响，然后设计一个实验，有系统地改变自变量，测量这些改变对因变量的影响。例如，改变工作场所内噪音强度，以探究噪音强度与工作效率、工作速度之间是否存在函数关系。实验法有两种类型：实验室实验法和自然实验法。

实操1.3　掘优补缺

◆实操内容

为了提高公司的整体效益，领导决定由你制订方案以找出公司中表现优秀和表现欠佳的部门的优缺点，你将采取什么研究方法进行分析？

◆实操目的

1. 掌握组织行为学的研究方法。

2. 训练学生对组织行为学研究法的运用。

◆活动步骤

1. 将讨论结果向教师汇报。

2. 教师进行点评。

组织行为学的研究方法在管理中还可应用于哪些方面？

◆**评估标准（自评和他评）**

评价指标	评估结果			
在公司讨论时主动配合的程度	□优秀	□中等	□合格	□不合格
在公司信息汇总时的表现（团队合作、参与程度）	□优秀	□中等	□合格	□不合格
在公司汇报信息时的表现（发言）	□优秀	□中等	□合格	□不合格
在思考回答过程中的表现	□优秀	□中等	□合格	□不合格
对组织行为学的研究方法的运用	□优秀	□中等	□合格	□不合格
需要补充说明：				

关键术语

组织行为 组织行为学 描述 解释 预测 控制 观察法 调查法 心理测验法 案例法 情境模拟法 实验法

综合训练

情境设计：职场"大长今"为何难寻出头之日

《大长今》，一部让无数人潸然泪下的韩剧。很多人都为"长今"的坚韧而震撼，也为结局的圆满而感动。其实，中国有一句俗语说得对，"看着别人的故事，想着自己的心事"。苏南是个在逆境中长大的女孩，性格和经历都与"长今"有相似之处。在看了《大长今》之后，苏南开始反思，为什么生活中的"长今"，没有像电视剧中那样完美的结局？

第一次遇到"周扒皮"老板

苏南觉得自己所有的痛苦都和过分追求完美的性格有关。出身贫困的苏南骨子里带着骄傲，对什么事情都要求很高。在学校的时候，就因为过分追求完美而一次次拒绝男孩子的好意。由于比较喜欢市场工作，苏南毕业后选择了在某广告公司当一名市场专员。

刚开始工作的她，对待工作中的每一件事情，都是审了再审，查了再查，甚至不惜每天加班加点。当然，苏南的工作得到了上司的好评。这是一家民营企业，老板非常看重人力成本，当看见苏南完全可以做两个人的工作时，就不停地往她手上压活。有一次，为了让一个策划方案能够通过最后的评审，苏南改了又改，连续两天没有休息，最后倒在了会议室中。

当苏南躺在病床上时，来看望她的上司，居然拿着未完成的工作当作慰问品。苏南什么也没有说，默默地做完报告，然后递交了辞职信。

一边是业绩，一边是流言

几年过去了，苏南凭借自己的实力，开始逐渐在职场中找到自己的位置，不过其追求完美的性格一点都没有变。目前已经是部门负责人的她，每次看见手下交上来的粗糙的策划书，都会严厉地退回，让他们一遍一遍地去改。苏南觉得这些下属似乎都缺乏敬业精神，更不奢望有人会像她当年一样，为了工作，累倒在工作岗位上。

有一次，一个已经工作了两年的下属没有按时交工作报告，那是一个十万火急的大策划。一直等在办公室的苏南怎么也等不到她，电话打过去竟然关机。派人上她家里找，没人。苏南怎么也没有想到，这个时候，这个下属的辞职信已经交到了老板的手上，辞职的理由竟是苏南待人苛刻和工作量繁重。苏南顾不上向老板解释原委，她说："当务之急是如何向我们的客户交代。"她连续加班36个小时，总算看到了客户脸上满意的微笑。

苏南所在部门是公司内部人才流失率最高的部门，这给许多嫉妒她的中层干部以可乘之机。可喜的是，苏南部门的业绩是全公司最好的，也是客户反馈时评价最好的一个部门。老板看在业绩的份上，目前也没有为难过苏南。一边是业绩，一边是中伤她的流言，如果哪一天业绩突然出现下滑，苏南不知道自己在公司的境遇会是怎样。平时完全没有时间仔细琢磨这些小事，但已经30岁仍然单身的苏南，确实觉得自己活得很辛苦。

像"长今"一样苦苦学技

没有任何背景，完全靠自己打拼的苏南，多年来凭借的就是自己的坚韧不拔。苏南在大学里学习的是理科专业，没有任何市场方面的专业背景。但是她明白自己的兴趣所在，所以毅然地选择了这方面的工作。在前几年的工作中，苏南利用自己的业余时间来补习专业知识，除此之外，还利用各种各样的机会来学习。大家看到的只是人前专业的苏南，又有谁知道她背后饱尝的艰辛呢？

当苏南以29岁的年龄到目前这家企业应聘市场总监的时候，并不是当时的最佳人选，因为她与别人要求的35岁还是有很大的差距。然而，苏南的自信还是让企业管理者对她产生了很大的兴趣。单位承诺，她先从市场经理做起，如果做得好的话，会给她进一步提升的机会。

苏南没有犹豫，接受了这份工作。市场部的工作一步步好起来，市场占有率有了大幅度的提升。当公司里的人在欢欣鼓舞搞庆典的时候，苏南却因为长期的劳累而住进了医院。

为人际关系而伤神

苏南很明白自己一直是一个追求单纯环境的人，人际关系这一块，绝对是自己最大的弱点。大家都说，有人的地方必然有人际斗争，但是苏南始终在逃避这个问题，常常为人与人之间错综复杂的关系而伤神。

不久前，公司内部开始考虑干部升职问题。如果单纯按照工作业绩的考核标准，苏南有绝对的竞争优势，但是素来与同像无亲密来往的她，很难在这个时候去拉拢人脉。苏南不明白，提拔干部为什么不单纯看业绩，还要考核很多业绩以外的东西？所以，当一两个对她的能力很佩服的同事私下点拨她，让她对人力资源总监献殷勤时，苏南断然拒绝了。

果然，升职名单中没有苏南。苏南直接去和老板理论，老板一脸无奈地说："苏南，我最欣赏的员工就是你，但公司提拔有提拔的依据，所有的考核都是按照依据执行。我对你的未来业绩充满希望，只是希望你的领导能力再提高些……"

（资料来源：申江服务导报网，http: eladies. sina. com. cn/of/2005/1019/1046200988. htm.）

【思考讨论题】

1. 从案例介绍中我们可以了解到，苏南是一个能力较强的女孩，但为什么在职场中总是失意呢？

2. 苏南的事例，揭示了当今职场上一个什么样的问题？

3. 假如你是苏南，当你意识到一系列的问题时，你将如何扭转局面？

4. 从工作的努力程度来讲，苏南是一个好员工。若你是她的领导，应如何使好员工为组织带来更大的收益？

5. 认真阅读案例，结合理论对本案例进行分析，每人撰写约 500 字的案例分析。

公司经营活动 1：挑选临时负责人，组建公司

◆**实操内容**

视学生人数而定，每 15～20 个人组建一个公司。

◆**实操目的**

1. 让学生初步理解组织的基本单位。

2. 这次的活动是本学期课堂实训教学的基础活动。

◆**活动步骤**

1. 每 15～20 个人组建一个公司，初步确定组建公司的数量。

2. 以自荐或推荐的形式挑选临时负责人，其他成员定为临时合伙人，共同完成后面的工作。

3. 自拟公司名称，设定公司经营范围。

4. 教师解释本次活动的意义。

◆**思考回答**

组建公司对本学期教学起到了什么作用？

工作评价表

职业核心能力测评表					
职业核心能力	评价指标	自测结果			
自我管理能力	1. 能跟随教师思路思考	□优秀	□中等	□合格	□不合格
	2. 能主动参与讨论	□优秀	□中等	□合格	□不合格
	3. 能主动将所学知识运用在实践中	□优秀	□中等	□合格	□不合格
合作交流能力	1. 能尊重他人的观点	□优秀	□中等	□合格	□不合格
	2. 能与他人进行有效沟通	□优秀	□中等	□合格	□不合格
	3. 能主动参与合作过程	□优秀	□中等	□合格	□不合格
解决问题能力	1. 能准确理解信息资源	□优秀	□中等	□合格	□不合格
	2. 能客观分析信息资料	□优秀	□中等	□合格	□不合格
	3. 能发现并解决常规问题	□优秀	□中等	□合格	□不合格
设计创新能力	1. 能够提出建设性的观点	□优秀	□中等	□合格	□不合格
	2. 能够从不同角度提出方案	□优秀	□中等	□合格	□不合格
	3. 能够制订创新方案并实施	□优秀	□中等	□合格	□不合格
学生签名： 教师签名：			年 月 日		

专业能力测评表		
职业核心能力	评价指标	自测结果
理解组织行为学的含义及研究内容	1. 理解组织行为学的概念 2. 理解组织行为学的特点 3. 理解组织行为学的目标 4. 理解组织行为学的研究内容	□优秀　　□中等　　□合格　　□不合格 □优秀　　□中等　　□合格　　□不合格 □优秀　　□中等　　□合格　　□不合格 □优秀　　□中等　　□合格　　□不合格
理解组织行为学产生与发展	1. 理解组织行为学产生的学科基础 2. 理解组织行为学的发展阶段	□优秀　　□中等　　□合格　　□不合格 □优秀　　□中等　　□合格　　□不合格
掌握组织行为学的研究方法	掌握组织行为学的研究方法	□优秀　　□中等　　□合格　　□不合格
学生签名：　　　　教师签名：　　　　　　　　　　　　　　年　　　月　　　日		

项目2 确定目标——组织目标

要达成伟大的成就，最重要的秘诀在于确定你的目标，然后开始干，采取行动，朝着目标前进。

——博恩·崔西

【项目目标】

1. 理解组织的内涵
2. 明确组织目标

【生活与组织行为】

爱丽丝的故事

"请你告诉我，我该走哪条路？"
"那要看你想去哪里。"猫说。
"去哪儿都无所谓。"爱丽丝说。
"那么走哪条路也就无所谓了。"猫说。

思考：猫的回答说明了什么问题？与组织目标有何关系？

【项目流程图】

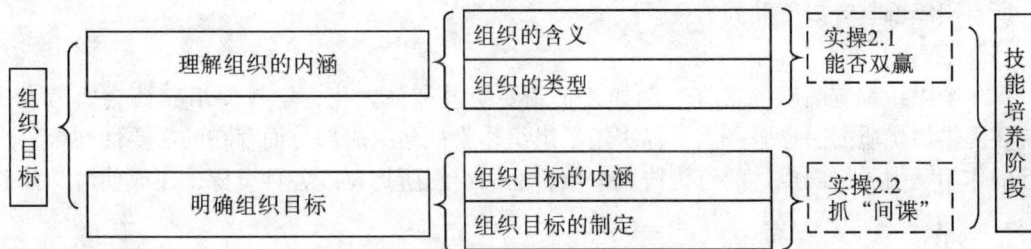

任务 2.1 理解组织的内涵

组织既是管理活动中的重要依托，也是推动社会发展的重要因素。一般来讲，组织是指人们为了达到自身目标而结合在一起的具有一定关系的人组成的实体。它是一个由心理、技术和经济等要素构成的复杂系统。从管理的角度来看，组织是个体和群体相互协作的社会单元，是开展管理活动的重要依托。

2.1.1 组织的含义

关于组织的含义，许多管理学家做过多种多样的表述，如"组织是在一定的社会文化环境中的有某种目标、有一定的内部结构和分工的社会技术系统""组织是在共同目标指导下协同工作的人群社会实体单位""组织是建立一定的机构、成为独立的法人、通过分工合作而协调配合人们行为的活动过程"等。在我国，大家普遍认为，组织是人们为了实现一定的目标，互相结合，确定职位，明确"责权利"关系，分工合作，协调行动的人工系统及其运转过程。

1. 组织的含义

综述各种有关组织含义的阐述，组织的实质性含义可以概括为：组织是具有特定目标、资源与结构，时刻与环境相互作用的开放系统；目标是组织存在和组织活动的前提；组织内部总有一定的组织结构和分工，没有层次、结构及相应的责任制度则无法实现预定的目标；组织是一个由领导人或一个决策集团发起组建的群体结构实体；组织是一个开放的社会技术系统，且受文化因素、传统观念的影响。

2. 组织的特征

所有组织都具有以下共同特征。

（1）目标。

每一个组织都有明确的目标。例如，企业要使盈利最大化，学校要培养社会所需人才，医院要提供最优质的医疗服务。目标决定了组织作为社会组成部分而存在的必要性与合理性。目标的作用是引导组织成员的行为协调一致，运用组织所拥有的各种资源，完成使命与任务。

（2）资源。

组织要想实现自己的目标，必须拥有相应的资源，如企业要拥有人才、资金、设备、品牌、技术等各种资源。组织只有把所拥有的各种资源当作投入并通过转化成其他组织或个人所需要的各类产出（产品、服务），才能实现自己的目标。在现代组织所拥有的各种资源中，最重要、最关键的资源是人力资源，因为人力资源能支配和决定其他资源的使用水平与效用发挥，是完成组织任务和实现组织目标的重要条件。

（3）结构。

组织是由人组成的系统。虽然构成每个组织的人员数量不尽相同，但都需要组织成员分工协作。组织需要科学地设计结构、划分层次，并明确各部门、各层次的责任、义务、权力与利益；需要根据每位成员的才能安置工作、分配职务，并落实每一职位的"责权利"。组织还需要建立有效的沟通、协商机制。只有结构合理、分工清晰、协作通畅，组织才能正常运作。

（4）互动。

组织是一个开放的系统，需要与环境进行物质、能量、信息的交换，才能适应环境的变化。任何组织无论何时都与环境和其他组织处于互动状态，组织的自我发展就是在组织从环境中获得输入，经过一系列的转换再输送回环境的持续过程中实现的。以服装厂为例，其互动过程是：工厂从供应商那里购买布料，从银行那里获得贷款，从劳动力市场招聘到人才，然后通过加工制造过程生产出市场需要的服装，或直接销售给消费者，或批发给中间商，从而获取利润。一个组织如果离开了与其他组织或个人的相互作用，不再适应环境的变化，就会失去平衡而陷入生存与发展的困境。

2.1.2　组织的类型

组织因使命、目标、功能、成员数量、规模的不同而分为许多种类型。对组织进行必要的分类和对组织类型加以准确的把握，能更好地了解各种组织的相同点与差异。依据不同的划分标准，组织的类型主要有：

（1）根据社会的功能，组织可分成生产组织、政治组织、整合组织和模型维持组织。

生产组织是指从事物质生产的制造型组织和服务型组织，如工厂、饭店等；政治组织是指为了保证整个社会达成某种目标而进行权力分配的组织，如政府部门等；整合组织是指协调各种冲突，引导人们向某种固定目标发展的组织，如法院、政党等；模型维持组织是指维持固定的形式，确保社会发展的组织，如学校、社团等。

（2）根据组织成员的受益程度，组织可分成互利组织、商业组织、服务组织。

互利组织是指对所有参加者都有好处的组织，如工会、俱乐部等；商业组织是从事工商活动的组织，如工厂、公司、企业、银行等；服务组织是指为某些社会人士直接提供服务的组织，如医院、大学、福利机构等。

（3）根据控制成员的方式，组织可分成强制型组织、功利型组织和规范型组织。

强制型组织是用高压、威胁，甚至暴力等手段控制其成员行为的组织，如监狱、精神病医院等；功利型组织是用金钱或其他物质为媒介来控制下属行为的组织，如各种工商企业；规范型组织是用在伦理道德或观念信仰等基础上形成的规范权力来控制成员行为的组织，如宗教团体等。

（4）根据组织成员的数量，组织可分成小型组织、中型组织、大型组织、巨型组织。

小型组织：3～30人；中型组织：31～1 000人；大型组织：1 001～45 000人；巨型组织：45 000人以上。

（5）根据组织运行所确定的目标，组织可分成营利组织、非营利组织、公共组织。

①营利组织。所有以获利为主要目标的组织都是营利组织，如工厂、商店、商业银行、饭店、公司等。值得指出的是，改革开放以来，一些个人诊所、私立学校等组织也已经成为营利组织。从社会分工来看，营利组织是现代社会的基石。它们以产品或服务来满足其他组织和个人的各种需求，并以纳税的方式支持其他组织的正常运营。

②非营利组织。除公共组织外，一切不以营利为主要目标的组织都属于非营利组织，如国有医院、国有学校、各类社团、宗教团体、慈善机构等。非营利组织既是营利组织的重要目标市场，也承担着许多重要的社会职能，为其他组织提供独特的服务。

③公共组织。负责处理国家公共事务的组织是公共组织，如立法机关、司法机关、政府机关、军事机关等。公共组织代表公众通过运用法律、行政、经济等手段管理营利组织与非

营利组织，使它们的运作符合国家与公众的利益。虽然公共组织是"组织之上"的组织，但也应遵循法律，努力达成自己的目标，不应过多干涉其他两类组织的内部事务。

此外，根据产权的归属，组织可分成公有组织与私有组织。公有组织如国有企业、集体企业、国有学校等，是归国家、全民或集体所有的组织；私有组织如私营企业、私立学校等，是归某个或某些公民个人所有的组织。

实操 2.1　能否双赢

◆**实操内容**

将全班学生分成以偶数计的若干个小组，每两组组成一队进行游戏，以求双赢。

◆**实操目的**

1. 使学生明白组织是一个开放式的、互动性的系统。
2. 使学生深刻领会双赢的真谛和双赢的重要作用。
3. 训练学生的分析判断能力。

◆**活动步骤**

1. 把学生分成以偶数计的若干个小组，每两组组成一队进行游戏。
2. 出示计分标准。

得分	选择		计分	
	A 组	B 组	A 组	B 组
一	红	红	+3	+3
二	红	蓝	−6	+6
三	蓝	红	+6	−6
四	蓝	蓝	−3	−3

3. 请每组成员在充分考虑计分标准后，经过讨论决定本组选择红或蓝，并写在计分表上，把计分表交给导师。

4. 由导师宣布双方的选择结果，并根据计分标准为每组计分，计分标准如上表所示。如A 组选择红，B 组选择蓝，则 A 组 −6 分，B 组 +6 分。

5. 游戏分 10 轮，在第 4 轮和第 8 轮结束时，双方可进行短暂沟通，但只有双方都提出这种要求才行，其他时间双方不能有任何接触，并保持一段距离。

6. 第 9、第 10 轮计分加倍。

7. 总分为正值的小组为赢家，负值的为输家，两者均是正值为双赢。两组均为负值则没有赢家。

◆**思考回答**

1. 计分标准有什么特点？在做出选择之前，你是否充分考虑过这种特点可能带来的结果？

2. 如果每个小组都想赢，这种结果可能实现吗？

3. 当计分表上的计分规则不太理想时，你是否考虑过其中的原因？是否想到要与另一组进行沟通？

4. 通过本游戏，请用自己的语言描述一下什么是组织？

（资料来源：刘永中，金才兵，何乔. 管理培训游戏全案：升级版［M］. 广州：广东经济出版社，2008.）

◆**评估标准（自评和他评）**

评价指标	评估结果			
在公司讨论时主动配合的程度	□优秀	□中等	□合格	□不合格
在公司信息汇总时的表现（团队合作、参与程度）	□优秀	□中等	□合格	□不合格
在思考回答过程中的表现	□优秀	□中等	□合格	□不合格
对组织内涵的理解情况	□优秀	□中等	□合格	□不合格
需要补充说明：				

任务 2.2　明确组织目标

任何组织必须有明确的、既定的目标。目标不明确，或者与其他目标混淆，都必然会导致管理的混乱。任何管理活动都必须把制定目标作为首要任务。

2.2.1　组织目标的内涵

1. 组织目标的定义

组织目标是指组织在未来一段时间内要实现的目的，是完成组织使命和组织宗旨的载体，是随着时间、环境以及条件变化不断调整的一张"列车时刻表"，是组织争取达到的一种未来状态，是开展各项组织活动的依据和动力。任何一个社会组织，都有着自己预期的目的或结果，它代表着一个组织的方向和未来。对组织而言，共同目标是宗旨；对组织成员来说，共同目标是组织阶段需要到达的目的地。组织目标是管理者和组织中一切成员的行动指南，是组织决策、效率评价、协调和考核的基本依据。任何一个组织都是为一定的目标而组织起来的，目标是组织形成最重要的条件。无论其成员各自的目标有何不同，但一定要有一个为所有成员接受的共同目标。

2. 组织目标的作用

组织目标是组织存在的基础，对于组织发展及组织活动起着非常重要的作用。

（1）组织目标是衡量组织活动成效的标准。

组织目标是组织系统、组织成员以及环境因素三方力量相互协调的产物，因此，目标的完成情况客观上反映了满足三方需要的程度。

（2）组织目标在组织活动中发挥激励作用。

任何组织必须制定各阶段的具体实践目标。具体的实践目标往往具有时效性和时限性，可以用数量标准加以衡量，体现为阶段性任务和具体定额。组织围绕着这些具体目标开展组织活动，以这些目标激发成员的积极性，在具体目标基础上建立各种奖惩制度以监督和鞭策成员的行动。

（3）组织目标结构是组织内部分工结构的基础。

组织目标必须有分解的过程，所谓目标分解是将组织的整体目标划分为功能各异而又互补的子目标。复杂的整体目标往往需要经过多层次的分解，从而形成具有层次性的目标结构。组织内部的分工和专业化结构正是以目标结构为基础的。

（4）组织目标影响着组织的管理方式。

目标管理是管理方式中的一种，可以作为组织成员的激励因素，促进管理过程。组织目标经过分解而具有层次性。管理人员对实现不同层次目标的活动往往采取不同的管理方式。高层次的目标同外界环境以及组织的整体适应过程有较强的联系，要处理各种复杂多变的关系需要较多的内外部信息，而管理的任务很难加以程式化，这需要管理人员发挥创造性和想象力，采取灵活多变的管理方式。而低层次的目标往往是一些具体的、能够加以程式化的任务，对于影响这类目标完成的因素大体上已经得到有效控制。

3. 有效组织目标的特点

组织目标要达到有效性，必须具备以下特点，如图 2-1 所示。

具体的　　　　　　　可衡量的

有时限性的　　　　有效组织目标的特点　　　　能实现的

相关的

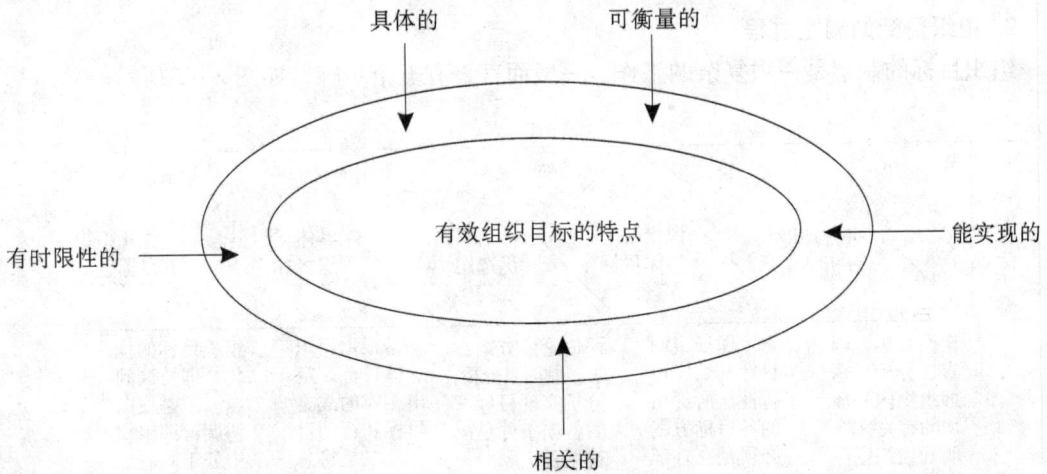

图 2 - 1　有效组织目标的特点

讨论：制定"成为行业研究开发领域先驱及技术领先者"这一目标是否存在问题？为什么？

2.2.2　组织目标的制定

1. 组织目标的制定原则

组织的功能是通过为社会提供产品或劳务，来换取组织生存和发展所需要的各种资源。而目标制定的过程基本上是协调平衡的过程。它是不同利益集团争夺的结果，随着社会的发展，组织目标也随之发生相应的变化。因此在确定组织目标时，要遵循以下原则：

（1）以满足社会或市场需求为前提。

一个组织要生存，就必须对社会做出贡献，满足一定的社会需求。在此前提下，才可能进一步考虑组织发展的需要和实现持续发展的可能性。因此，要把分析和满足社会需求作为制定组织目标的基础，只有这样，组织才有可能得到社会的承认并取得不断的发展。

（2）以提高组织的投入产出率为出发点。

资源的有限性要求组织在选择目标方案时充分体现获取最大效益的原则，即要选择能较好地使有限资源发挥最大效益的目标方案。这就要求组织在制定组织目标时，要全面、系统地分析影响组织效益的一切因素。在此基础上，设计多个目标方案，通过评估论证，择优选用。

（3）所制定的目标应具有挑战性。

制定目标是为了实现目标，因此确定的组织目标必须要切实可行，且具有挑战性。在制定目标时，要全面评估组织各种资源条件和主观努力能够达到的程度，既不能脱离实际，凭主观愿望把目标定得过高，使组织成员的努力无法实现，从而产生心理挫折；也不能妄自菲薄，不思进取，把目标定得过低，使之失去激励作用。

（4）组织的社会责任要列入考虑因素。

每一个组织都是社会的基本单位，都要承担一定的社会责任和义务。因此，每个组织在考虑自己的组织目标时，都应考虑自己应尽的社会责任，都要符合法律法规的相关规定并注意环境保护等。

2. 组织目标的制定过程

组织目标的制定是一项复杂的工作。一般而言，有五个步骤，如图2-2所示。

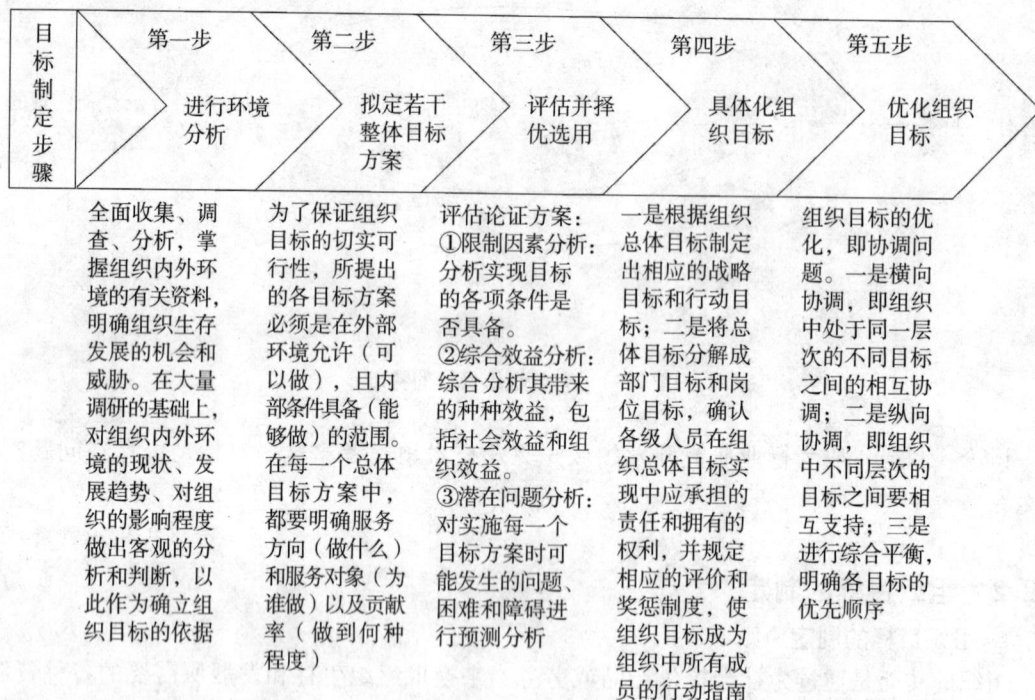

目标制定步骤	第一步	第二步	第三步	第四步	第五步
	进行环境分析	拟定若干整体目标方案	评估并择优选用	具体化组织目标	优化组织目标
	全面收集、调查、分析，掌握组织内外环境的有关资料，明确组织生存发展的机会和威胁。在大量调研的基础上，对组织内外环境的现状、发展趋势、对组织的影响程度做出客观的分析和判断，以此作为确立组织目标的依据	为了保证组织目标的切实可行性，所提出的各目标方案必须是在外部环境允许（可以做），且内部条件具备（能够做）的范围。在每一个总体目标方案中，都要明确服务方向（做什么）和服务对象（为谁做）以及贡献率（做到何种程度）	评估论证方案：①限制因素分析：分析实现目标的各项条件是否具备。②综合效益分析：综合分析其带来的种种效益，包括社会效益和组织效益。③潜在问题分析：对实施每一个目标方案时可能发生的问题、困难和障碍进行预测分析	一是根据组织总体目标制定出相应的战略目标和行动目标；二是将总体目标分解成部门目标和岗位目标，确认各级人员在组织总体目标实现中应承担的责任和拥有的权利，并规定相应的评价和奖惩制度，使组织目标成为组织中所有成员的行动指南	组织目标的优化，即协调问题。一是横向协调，即组织中处于同一层次的不同目标之间的相互协调；二是纵向协调，即组织中不同层次的目标之间要相互支持；三是进行综合平衡，明确各目标的优先顺序

图2-2 组织目标的制定过程

实操2.2 抓"间谍"

◆ **实操内容**

抓"间谍"。

◆ **实操目的**

1. 帮助学生理解组织目标与个人目标的关系。

2. 提高学生思维和观察分析能力。

◆ **活动步骤**

团体成员间的目标有时并不一致，成员间有时也并非完全信任彼此。这种情况常因大家不能坦诚沟通而变得更加复杂。我们将这样一个不与大家同心协力实现目标的人称为"间谍"。一个公司中可能不止一个间谍。

（1）找出下面问题的正确答案。

有个客人到你的店里买了一件65元的衬衣。他给你一张100元的钞票。因为你没有零钱，所以就到隔壁的小吃店去换了9张10元和2张5元的零钱。回到店里，你把钱找给那个客人。后来，小吃店的老板告诉你那张100元钞票是伪钞。你连声道歉，用2张50元的钞票换回那张100元伪钞。不包括衬衣的钱，店主损失了多少钱？

（2）找出你的公司中可能存在的任何一个间谍。

如果你被指派作为间谍，你的目标是要全力阻挠你的公司做出正确的决定，同时不可被别人发现。

成员怀疑同组中的某个成员是间谍时，只需要指控那个成员是间谍即可。同组的其他成员进行投票表决，如果半数以上的成员认为被指控者是间谍的话，被指控者就不能再继续参与讨论。被指控者无论是不是间谍，都不可以表明身份。被表决逐出讨论的人必须留在公司中观察讨论过程。

◆思考回答

1. 本游戏如何将组织目标和个人目标的问题联系在一起？

2. 要保证实现组织目标需注意什么问题？

（资料来源：陈龙海，韩庭卫. 企业管理培训游戏全书：修订版［M］. 深圳：海天出版社，2007.）

◆评估标准（自评和他评）

评价指标	评估结果			
在公司抓间谍时主动配合的程度	□优秀	□中等	□合格	□不合格
在公司活动中的表现（团队合作、参与程度）	□优秀	□中等	□合格	□不合格
在公司当间谍时的表现（发言）	□优秀	□中等	□合格	□不合格
在思考回答过程中的表现	□优秀	□中等	□合格	□不合格
对组织目标的理解情况	□优秀	□中等	□合格	□不合格
需要补充说明：				

关键术语

组织　生产组织　政治组织　整合组织　模型维持组织　互利组织　商业组织　服务组织　强制型组织　功利型组织　规范型组织　小型组织　中型组织　大型组织　巨型组织　营利组织　非营利组织　公共组织　组织目标

综合训练

公司经营活动2：制定公司目标

◆实操内容

根据公司经营活动1所确定的公司性质，制定公司目标。

◆实操目的

1. 理解组织目标的内涵。

2. 掌握组织目标制定的内容。

◆活动步骤

1. 根据组织目标制定的原则，按组织目标制定的步骤来制定本公司的目标。

2. 各公司将制定的组织目标结果向教师汇报。

3. 教师进行点评：各公司的组织目标如何？哪家公司的方案最优？

◆思考回答

1. 你公司的目标是依据什么而定的?
2. 组织目标的制定过程要注意什么?

工作评价表

职业核心能力测评表					
职业核心能力	评价指标	自测结果			
自我管理能力	1. 能跟随教师思路思考	□优秀	□中等	□合格	□不合格
	2. 能主动参与讨论	□优秀	□中等	□合格	□不合格
	3. 能主动将所学知识运用在实践中	□优秀	□中等	□合格	□不合格
合作交流能力	1. 能尊重他人的观点	□优秀	□中等	□合格	□不合格
	2. 能与他人进行有效沟通	□优秀	□中等	□合格	□不合格
	3. 能主动参与合作过程	□优秀	□中等	□合格	□不合格
解决问题能力	1. 能准确理解信息资源	□优秀	□中等	□合格	□不合格
	2. 能客观分析信息资料	□优秀	□中等	□合格	□不合格
	3. 能发现并解决常规问题	□优秀	□中等	□合格	□不合格
设计创新能力	1. 能够提出建设性的观点	□优秀	□中等	□合格	□不合格
	2. 能够从不同角度提出方案	□优秀	□中等	□合格	□不合格
	3. 能够制订创新方案并实施	□优秀	□中等	□合格	□不合格
学生签名:	教师签名:		年 月 日		

专业能力测评表					
职业核心能力	评价指标	自测结果			
理解组织的内涵	1. 理解组织的含义	□优秀	□中等	□合格	□不合格
	2. 了解组织的类型	□优秀	□中等	□合格	□不合格
明确组织目标	1. 理解组织目标的内涵	□优秀	□中等	□合格	□不合格
	2. 掌握组织目标的制定	□优秀	□中等	□合格	□不合格
学生签名:	教师签名:		年 月 日		

项目3 搭建架构——组织设计与组织结构

组织结构的存在使普通人能做出非凡的事情。

——Ted Livtt

【项目目标】
1. 掌握组织设计
2. 分析组织结构模式

【生活与组织行为】

撞 钟

有一个小和尚担任撞钟一职，半年下来，觉得无聊至极，"做一天和尚撞一天钟"而已。有一天，住持要调他到后院劈柴挑水，原因是他不能胜任撞钟一职。小和尚很不服气地问："我撞的钟难道不准时，不响亮？"住持耐心地告诉他："你撞的钟虽然很准时，也很响亮，但钟声空泛、疲软，没有感召力。钟声是要唤醒沉睡的众生，因此，撞出的钟声不仅要洪亮，而且要圆润、浑厚、深沉、悠远。"

思考：小和尚的失职是由什么导致的？

【项目流程图】

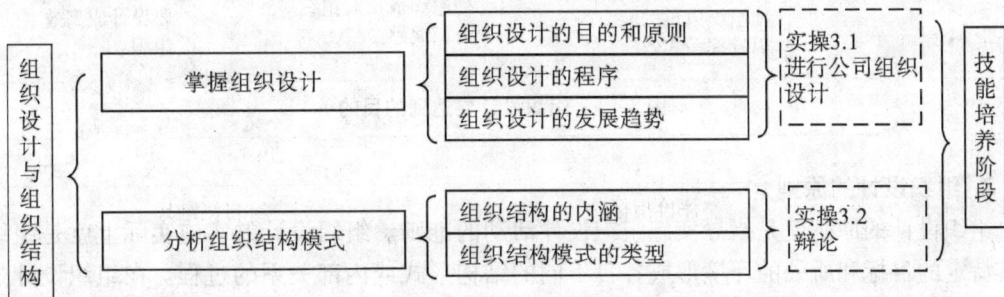

任务3.1 掌握组织设计

组织结构是组织活动的载体，组织活动是实现组织目标的过程。组织设计就是对一个组织的结构及其活动进行构思、规划和确立的过程，是合理配置和科学协调责、权、利三者关系以维持组织运行的有序性与有效性的基本方法。在现代组织行为的理论研究与实践探索中，新型组织的设计已成为一个重要的课题。

3.1.1 组织设计的目的和原则

1. 组织设计的目的

任何一个组织所进行的组织设计都具有一定的目的，组织设计的目的是支配组织做好设计的内在动力和客观要求。从组织管理职能来看，组织设计的主要目的是建立有益于管理的组织结构。对于一个正式组织而言，组织设计的总体要求是要有益于组织运行过程的计划、指挥和控制。简要地说，组织设计要达到的目的如图3-1所示。

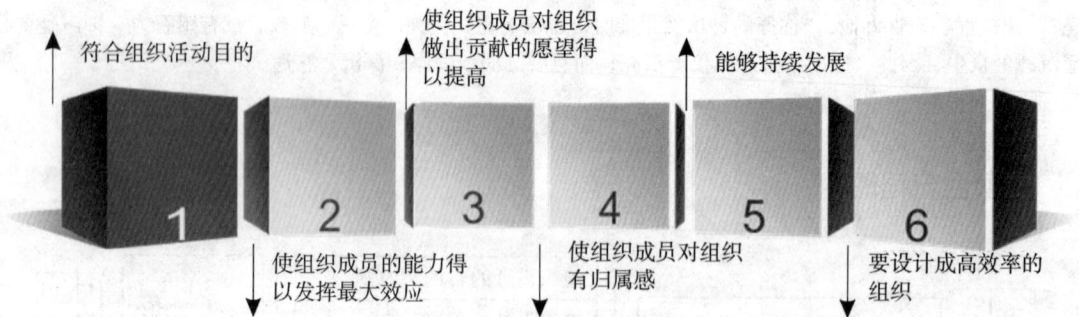

图3-1 组织设计要达到的目的

2. 组织设计的原则

组织设计的原则就是指导实施组织设计活动的准则。组织设计的实施实际上就是组织根据其特定的目标和所处的环境形成各自不同的结构形式或内部关系的过程。在组织设计过程中，虽然不同组织的成长经历与发展历史不同，在进行组织设计时应用的准则也各有侧重点，但管理者必须遵循一定的组织设计基本原则。一般来讲，组织设计应遵循以下七个原则：

（1）目标一致性原则。

任何一个企业成立，都有其宗旨和目标。每个组织在不同的发展时期都会制定具体的目标，完成预定目标是组织设计的最终目的。组织的内部结构、运转过程、文化体系等都是为组织既定目标而服务的。因而，企业中的每一部分都应该与既定的宗旨和目标相关联，否则就没有存在的意义。目标一致性原则要求组织结构设计必须有利于组织总目标的实现，如图3-2所示。组织总目标被层层分解，建立层层机构，直至每个人都了解自己为实现总目标应完成的任务。这样建立起来的组织机构才是一个有机的整体，从而为总目标的实现提供保证。

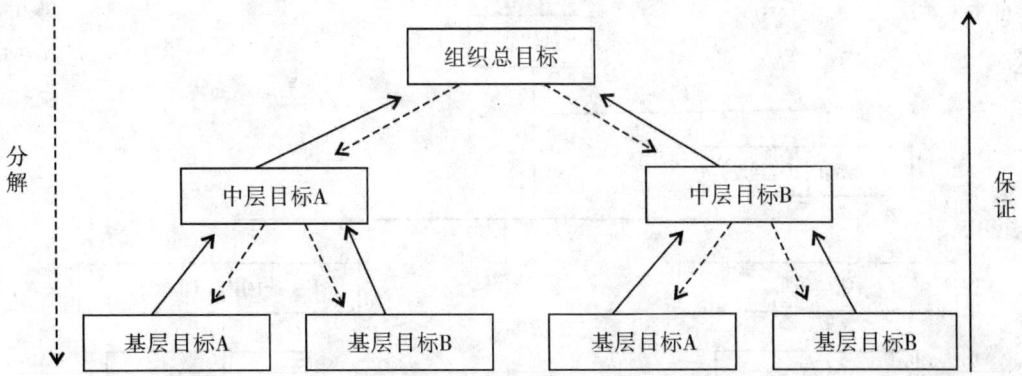

图 3 - 2　目标一致性原则

（2）统一领导，分级管理的原则。

统一领导是现代化大生产的客观要求，它对于建立健全组织和协调组织行动至关重要。组织机构按照统一领导的原则来设计，要求下级只能接受一个上级的领导，不得接受一个以上的上级的直接指挥，如图 3 - 3 所示。

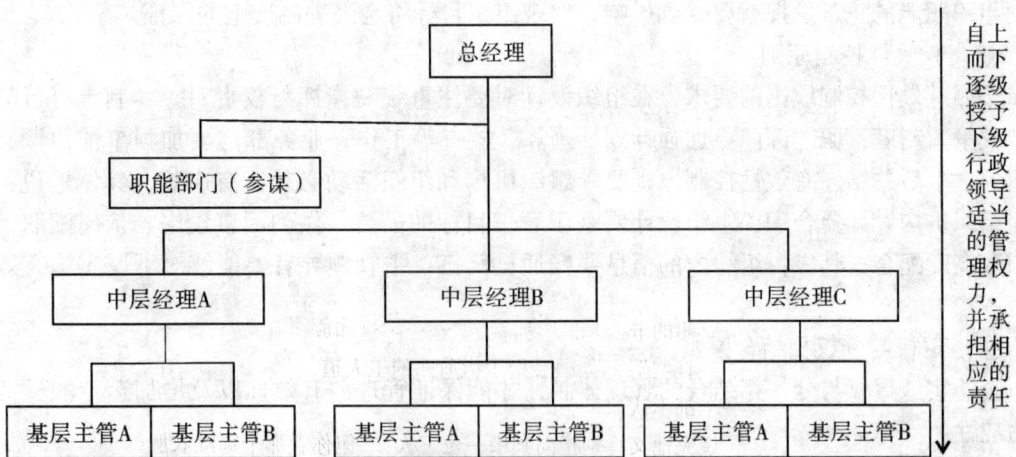

图 3 - 3　统一领导，分级管理的原则

（3）专业化原则。

专业化就是按工作任务的性质对组织进行专业化分工。组织内的各部门都应该尽量按专业化原则来设置，使工作精益求精，达到最高效率。

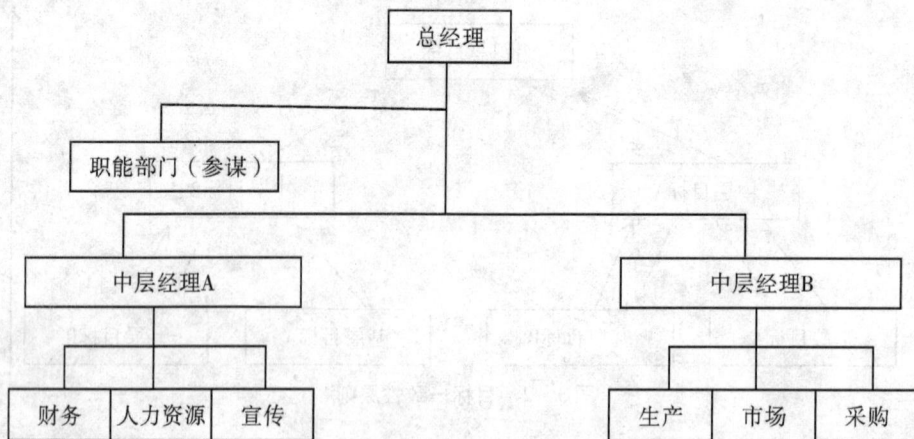

图3-4 专业化原则

（4）相互协调原则。

为了确保组织目标的实现，组织内各部门之间以及各部门的内部，都必须在管理权限范围内履行职责并相互配合、相互协调地开展工作，这样才能保证整个组织活动的步调一致，否则组织职能的正常发挥就要受到影响，实现组织目标将会失去制度上的保证。

（5）有效性控制原则。

按照有效性控制原则的要求，在组织设计时要注重统一指挥与权责对等，制定可行的规范、政策、制度；职能部门要加强计划、预算、核查等工作，业务部门要加强事前协调、事中监控、事后总结。有效性控制原则要求组织机构和组织活动必须富有成效，具体地说：其一，组织机构设计要合理，组织设计要基于管理目标的需要，做到因事设岗、依岗配职，使人与事高度配合；其二，组织内的信息要畅通；其三，主管领导者要能够对下属实施有效的管理。

（6）集权与分权相结合原则。

企业实施集权与分权相结合的管理体制，才能保证管理的有效性以及增加运行的灵活性和适应性。

（7）稳定性与适应性相结合原则。

一般来讲，当一个组织的有效活动能维持一种相对稳定的状态时，企业成员对各自的职责和任务越熟悉，工作效率就会越高；而组织机构的变动势必要打破企业相对均衡的运动状态，在组织成员接受和适应新组织机构的过程中，其工作效率会受到影响，因此，企业组织机构应保持相对稳定。但是，组织是一个开放的动态系统，任何企业都是在不断运动变化中成长起来的，特别是当相对僵化、低效率的组织机构已无法适应外部环境的变化甚至危及企业的生存时，组织机构只有调整和变革才能充满活力。

讨论："员工喜欢在扁平的、分权化的组织中工作"，你是否同意这种观点？支持原因与反对原因各是什么？

3.1.2　组织设计的程序

组织设计的程序是指从组织设计思路提出到组织设计步骤实施的整个过程中，每一步都是按照预定的组织设计的构思和规划完成的。组织设计的思路和步骤如图3-5所示。

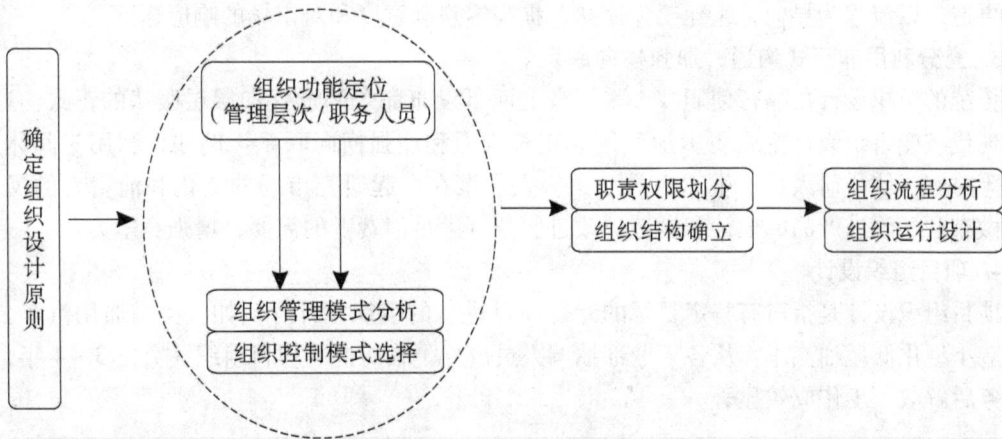

图 3-5　组织设计的思路和步骤

3.1.3　组织设计的发展趋势

　　组织是一个开放的系统，组织运行是在选择环境、适应环境和改造环境的动态过程中实现自我完善和自我发展的。与之相适应，组织结构也是在适应社会发展与市场变化的过程中不断变革的。以美国为例，20世纪50年代，公司、企业内部采用自上而下的垂直式管理；50至80年代采用矩阵组织结构；80年代以来，企业主动改变"命令—控制"的企业体制，认为未来的竞争，除关键性资源，还要比谁的组织结构灵活，组合快，有弹性。自此以后，社会对组织结构设计有了一系列新的要求。例如：构建有弹性的扁平式组织结构，使组织机构精简化，层次简单化，有利于信息交流的畅通，决策迅速准确，对市场变化反应快速；组织结构设计要利于内部结算市场化。企业要引入竞争机制，各部门之间、流程上下端之间类似厂商与客户的关系，采用市场机制，相对独立，单独核算；组织结构设计要有利于企业实施国际化经营和跨文化管理，与企业间建立竞争策略联盟，交换彼此的资源，创造共同的竞争优势。

　　现代权变组织设计理论把组织看作由许多相关子系统组成的开放的系统，其持续地受环境变量的影响，达到相对稳定的状态，即动态平衡。不同于传统组织设计只注重经济—技术的合理性，注重工作效率，忽视环境、技术、人员的差别以及人与人之间的关系，现代权变组织设计运用系统的、动态的观点，根据具体的环境、市场、技术、战略和人员情况采用不同的组织设计，组合成不同的组织结构，以有效地实现组织目标。

　　1. **小型化**

　　为适应环境和市场的变化，利于有效决策，利于协调、沟通，增强责任感，美国、日本等国家把大公司分成几个小的相对独立的子公司、部门或单位，以提高效率，增强生存能力、适应能力和竞争能力。

　　2. **简单化**

　　企业规模越大，组织系统和结构越复杂，越不利于企业系统的运营与发展。现在国外不少大企业都采取简单的结构形式，即按产品种类划分事业部。每个小事业部有委员会和主要负责人。总公司把产品开发、财务、人事等权利下放到各小事业部，真正做到权力下放，分散经营。总公司组织结构减少中间组织层次，实行管理人员轮换制。现代企业强调企业再造、流程再造，以流程为导向，组建工作团队，提高客户满意度和对市场的响应速度。

3. 充分利用非正式沟通，加强横向联系

传统的组织设计依靠行使职权，采用自上而下发布命令的形式和层层服从的正式沟通渠道。现代权变组织设计主张更多地利用非正式沟通和加强横向联系。例如，利用午间休息、吃饭等时间，使科研人员、生产人员和销售人员聚在一起研究市场的变化和消费者的反应。这样做有利于改进产品的设计和制造，改进服务，满足消费者的需要，增强竞争力。

4. 项目组织设计

项目组织设计是指对有特定目标的专题项目进行的组织设计。例如，美国通用汽车公司为制造小型化低耗油汽车，从各事业部抽调人员成立了临时性的项目组织，突击 3～4 年，完成任务后解散，工作成效显著。

实例 3-1：话不投机，原因何在？

陆振华是一位继承了祖传工艺——制作一种人称"无敌先锋"蚊香的农民企业家，他的乡镇蚊香厂生产"斑马"牌简装和精装等系列蚊香产品。该产品灭蚊有奇效，品牌知名度很高，市场上供不应求。但是，陆厂长只注意经营这家 450 人的蚊香厂和分布很广的蚊香销售网，且强调质量是生命，不允许采取任何措施危及产品质量，却没有注意利用目前的大好形势扩大生产规模和提高市场占有率。工厂主要设有质量检验科、生产科、销售科和设备维修科，还有财务会计科和一个小小的研发科。多年来，他坚持生产传统产品，服务对象也是老主顾们，因此，"斑马"牌蚊香产品较单一，品种不多。

有一次，曾在深圳闯天下并发了财的表哥鲍发来看望陆振华，他对蚊香厂的发展充满信心并想投资入伙。但觉得陆振华过于保守，不敢开拓。鲍发认为"斑马"牌蚊香品牌已创出，不必僵守原有标准，应当大力扩充品种与产量，向省外甚至海外扩展。鲍发指出，该厂目前的组织结构太过僵化，只适于常规生产，无法适应市场的变化与发展；各职能部门局限于各自的工作领域，对工厂的整体目标和长远利益并不了解，彼此沟通与协调也不畅通。他希望陆振华彻底改变工厂的组织结构，按产品的系列来划分部门，以适应发展的新形势。陆振华听到这番建议后心生反感，两人话不投机，争执激烈甚至互相讥讽，最终鲍发拂袖而去。

思考：你觉得鲍发的建议是否合理？陆振华的反对是明智的吗？

讨论：实例 3-1 中，陆振华经营的蚊香厂的组织结构属于什么类型？请画出其结构图，并说说它的优缺点以及它适用于什么组织。

实操 3.1　进行公司组织设计

◆实操内容

根据公司性质，拟订公司组织设计方案。

◆实操目的

1. 理解组织设计的目的。

2. 掌握组织设计的原则和程序。

◆**活动步骤**

　　1. 阐述本公司组织设计的目的，并根据组织设计原则和程序拟订本公司组织设计方案。

　　2. 各公司将讨论结果向教师汇报。

　　3. 教师对各公司的组织设计进行点评。

◆**思考回答**

　　组织设计过程中应该考虑什么因素？

◆**评估标准（自评和他评）**

评价指标	评估结果			
在公司讨论时主动配合的程度	□优秀	□中等	□合格	□不合格
在公司信息汇总时的表现（团队合作、参与程度）	□优秀	□中等	□合格	□不合格
在公司汇报信息时的表现（发言）	□优秀	□中等	□合格	□不合格
在思考回答过程中的表现	□优秀	□中等	□合格	□不合格
对组织设计的理解情况	□优秀	□中等	□合格	□不合格
需要补充说明：				

任务 3.2 分析组织结构模式

3.2.1 组织结构的内涵

组织结构是指构成组织各要素的排列组合方式，即组织各部门及各层次之间所建立的一种人与事、人与人的相互关系。它是人们实现组织目标的手段。换句话说，组织结构就是组织将工作任务进行分工合作的方式。

1. 组织结构的内容

组织结构的内容包括纵向层次结构、横向部门结构和组织体制。

（1）纵向层次结构。

一般来说，纵向组织结构中有高层、中层、低层、基层四个管理（职位）阶层。其中，高层负责制定总目标及方针政策；中层负责制定具体目标，执行上级决策，协调下级活动计划；低层负责贯彻执行上级的各项决定，组织协调本单位的工作；基层负责落实上级各项决策，因地制宜地开展活动。

（2）横向部门结构。

横向部门结构包括决策机构、执行机构、参谋机构、监督机构和反馈机构。在组织运行过程中，横向组织结构中的各机构（部门）的功能相互联结成一个系统，使管理过程成为一个不断周转和不断更新的完整过程。

（3）组织体制。

组织体制是组织结构中各层次、各部门之间组织管理关系制度化的表现形式。组织体制一般有：首长制、委员会制、等级制、职能制、集权制和分权制等形式。衡量组织体制的科学性和合理性的关键在于考虑它是否符合组织自身的实际状况，是否有利于协调组织内部的人际关系，是否能充分调动组织成员的积极性，是否有利于提高组织整体工作的绩效。

2. 组织结构考虑因素

组织结构设计过程中，必须考虑六个关键因素：工作专门化、部门化、命令链、控制跨度、集权与分权、正规化。其具体内容如表 3-1 所示。

表 3-1 在设计适当的组织结构时需要考虑的六个关键因素

关键问题	关键因素
把人物分解成各自独立的工作应细化到什么程度？	工作专门化
对工作进行分组的基础是什么？	部门化
员工个人和工作群体向谁汇报工作？	命令链
一位管理者可以有效地指导多少位员工？	控制跨度
决策权应该在哪一级？	集权与分权
应该在多大程度上利用规章制度来指导员工和管理者的行为？	正规化

（资料来源：斯蒂芬·P. 罗宾斯. 组织行为学：第七版 [M]. 孙建敏，李原，等译. 北京：中国人民大学出版社，1997.）

讨论：组织结构如何影响组织管理的？

3.2.2 组织结构模式的类型

每个组织由于所处的内外环境不同、目标不同，因此具有不同的组织结构形式和特点。为了有效地实现组织目标，必须建立与其相适应的组织结构。常见的基本组织结构形式如下：

1. 直线制组织结构

直线制组织结构也称为单线制组织结构，其结构如图3-6所示。直线制组织结构的特点是，组织的上级管理层与下级管理层按垂直系统进行管理，层次分明，指挥和管理的职能基本上是行政负责人自己执行，一个下属单位只接受一个上级领导者的指令。

直线制组织结构适用于规模不大，职工人数不多，生产和管理工作都比较简单的单位或现场作业管理，也适用于中小型项目。

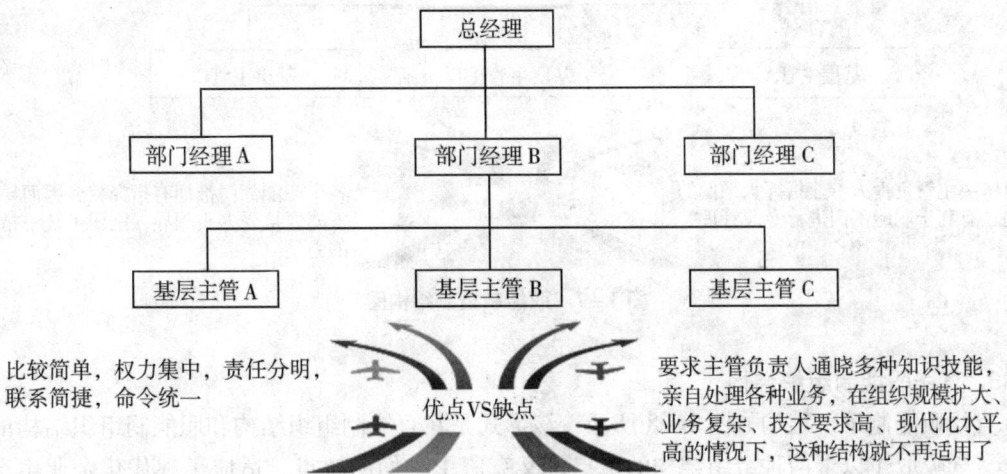

比较简单，权力集中，责任分明，联系简捷，命令统一

优点VS缺点

要求主管负责人通晓多种知识技能，亲自处理各种业务，在组织规模扩大、业务复杂、技术要求高、现代化水平高的情况下，这种结构就不再适用了

图3-6 直线制组织结构图

2. 职能制组织结构

职能制组织结构也称为多线制组织结构，其结构如图3-7所示。职能制组织结构是采取按职能进行专业分工的管理方式来代替直线制组织结构的全能管理方式。在这种形式中，各级单位除设有主管负责人外，还相应地设立了一些职能机构，分管某些企业职能管理的业务。这些职能部门在自己的业务范围内有权直接指挥下级单位，下级单位接受来自组织内各职能部门的指令。

职能制组织结构适用于中小型、产品品种比较单一、生产技术发展变化较慢、外部环境比较稳定的企业。

```
                    ┌─────────────┐
                    │   总经理    │
                    └─────────────┘
          ┌──────────────────────────────────┐
    ┌─────────────┐                    ┌─────────────┐
    │  职能部门A  │                    │  职能部门B  │
    └─────────────┘                    └─────────────┘
      ┌─────────────────────────────────────────┐
┌─────────────┐      ┌─────────────┐      ┌─────────────┐
│  部门经理A  │      │  部门经理B  │      │  部门经理C  │
└─────────────┘      └─────────────┘      └─────────────┘
    ┌──────────────────────────────────┐
┌─────────────┐                    ┌─────────────┐
│   职能组A   │                    │   职能组B   │
└─────────────┘                    └─────────────┘
    ┌─────────────────────────────────────────┐
┌─────────────┐      ┌─────────────┐      ┌─────────────┐
│  基层主管A  │      │  基层主管B  │      │  基层主管C  │
└─────────────┘      └─────────────┘      └─────────────┘
```

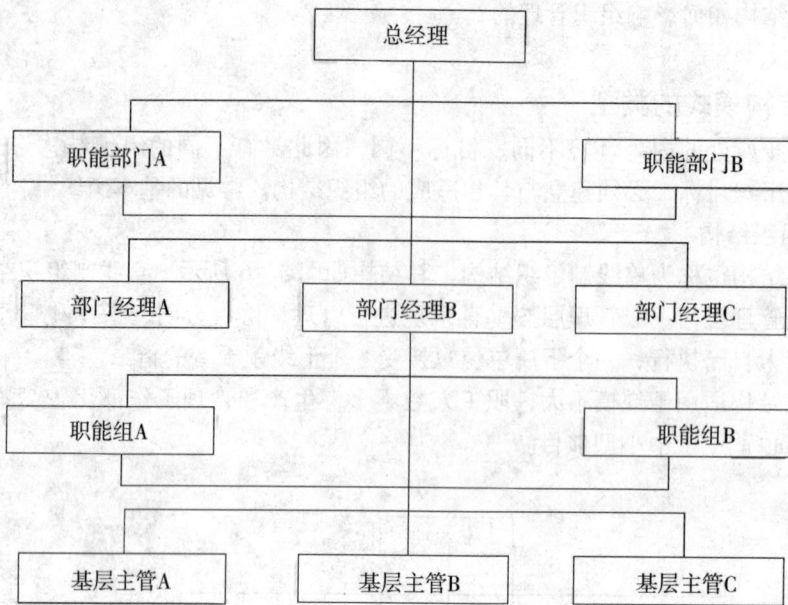

可以解决主管负责人专业指挥水平低的问题，有利于职能部门进行专业管理

优点VS缺点

各个职能部门都拥有指择权，因而导致下属要接受多头领导，削弱了统一指挥的力量

图 3 - 7　职能制组织结构图

3. 直线职能制组织结构

直线职能制组织结构如图 3 - 8 所示，该形式是在直线制组织结构和职能制组织结构的基础上，既吸取了以上两种组织结构的优点，又克服了它们的缺点，适应了现代化企业生产的要求后发展而成的组织结构，也是目前采用最广的组织结构。

直线职能制组织结构的特点是：设置两套系统，一套是按命令统一原则组织的指挥系统，另一套是按专业化原则组织的职能系统。职能管理人员是直线指挥人员的参谋，只能对下级机构进行业务指导，而不能进行直线指挥和命令。这样就保证了整个组织的统一指挥和管理，避免多头指挥和无人负责的现象。

```
                    ┌──────────┐
                    │  总经理   │
                    └────┬─────┘
          ┌──────────────┴──────────────┐
    ┌──────────┐                   ┌──────────┐
    │ 职能部门A │                   │ 职能部门B │
    └──────────┘                   └──────────┘

  ┌──────────┐    ┌──────────┐    ┌──────────┐
  │ 部门经理A │    │ 部门经理B │    │ 部门经理C │
  └──────────┘    └──────────┘    └──────────┘

    ┌──────────┐                   ┌──────────┐
    │  职能组A  │                   │  职能组B  │
    └──────────┘                   └──────────┘

  ┌──────────┐    ┌──────────┐    ┌──────────┐
  │ 基层主管A │    │ 基层主管B │    │ 基层主管C │
  └──────────┘    └──────────┘    └──────────┘
```

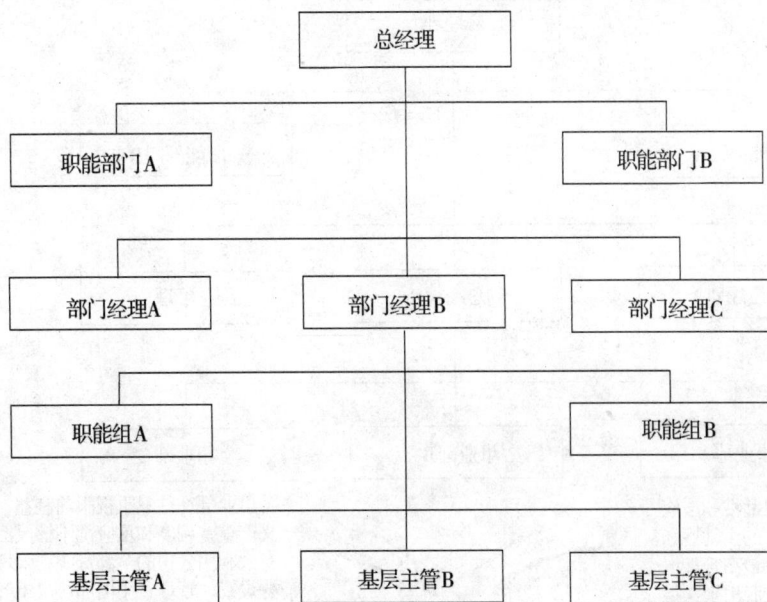

集中领导，统一指挥，便于调配人力、物力、财力；职责分明，工作效率高；工作有秩序，整个企业有较高的稳定性

优点VS缺点

下级部门的主动性和积极性不易发挥，部门之间互通情报少；各职能参谋部门和直线指挥部门之间易产生矛盾；难以从企业内部培养熟悉所有情况的管理人才；权力过于集中

图3-8　直线职能制组织结构图

4. 事业部制组织结构

事业部制组织结构又称部门化制组织结构，属于分权管理的组织结构形式，其结构如图3-9所示。事业部制组织结构形式是一种"集中政策、分散经营"的形式，即在集中指导下的分权管理形式，是集权化向分权化转化的一种改革。

在组织规模很大且业务范围广或市场区域大的情况下，组织比较适宜采用事业部制组织结构。

```
                          ┌──────────┐
                          │  总经理  │
                          └──────────┘
            ┌─────────────────┬─────────────────┐
      ┌──────────┐                         ┌──────────┐
      │ 职能部门A │                         │ 职能部门B │
      └──────────┘                         └──────────┘
       ┌──────────────┬──────────────┐
 ┌──────────┐   ┌──────────┐   ┌──────────┐
 │ 副总经理A │   │ 副总经理B │   │ 副总经理C │
 └──────────┘   └──────────┘   └──────────┘
       ┌──────────────┬──────────────┐
 ┌──────────┐   ┌──────────┐   ┌──────────┐
 │ 事业部A  │   │ 事业部B  │   │ 事业部C  │
 └──────────┘   └──────────┘   └──────────┘
```

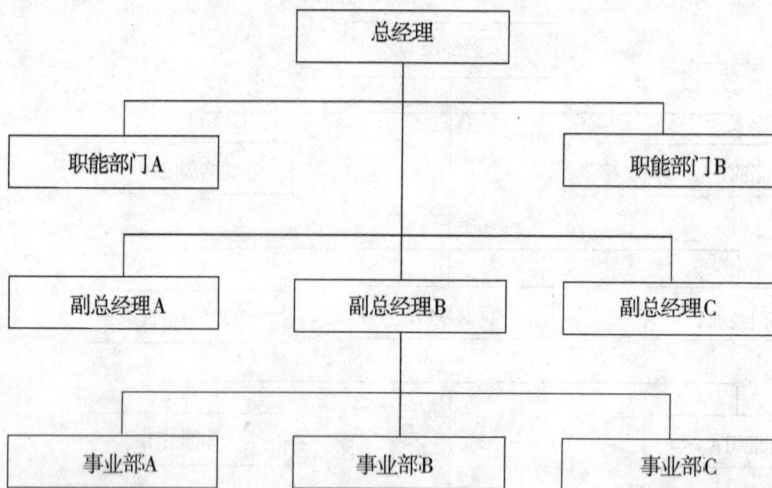

既保持了公司管理的灵活性和适应性，又发挥了各事业部的主动性和积极性；可使总公司和最高管理层从繁重的日常事务中解脱出来，得以对重大问题进行研究和决策；各事业部相当于公司内部独立的组织，不论在公司内外，彼此可以克服组织的僵化和官僚化；有助于培养高层管理人员

优点VS缺点

各事业部往往只重视眼前利益，本位主义严重，调度和反应都不够灵活，不能有效利用公司的全部资源；管理部门重叠设置，管理费用增加；由于各事业部相当于一个独立的企业，对事业部一级管理人员的水平要求较高；集权与分权的关系敏感，一旦处理不当，会削弱整个组织的协调能力

图 3-9　事业部制组织结构图

5. 矩阵制组织结构

矩阵制组织结构是为了适应在一个组织内同时有几个项目需要完成，每个项目又需要具有不同专长的人在一起才能完成这一特殊需求而形成的组织形式。矩阵制组织结构如图3-10所示，其特点是：既有按管理职能设置的纵向组织结构，又有按产品、项目、任务等划分的横向组织系统。横向组织系统的项目所需的人员从各职能部门抽调，他们既接受本职能部门的领导，又接受项目组的领导，一旦某一项目完成，该项目组即行撤销，人员回原部门工作。

矩阵制组织结构一般适用于创新性任务较多、生产经营复杂多变的组织。

总经理　　职能部门A　　职能部门B　　职能部门C

项目小组A　　……　　……　　……

项目小组B　　……　　……　　……

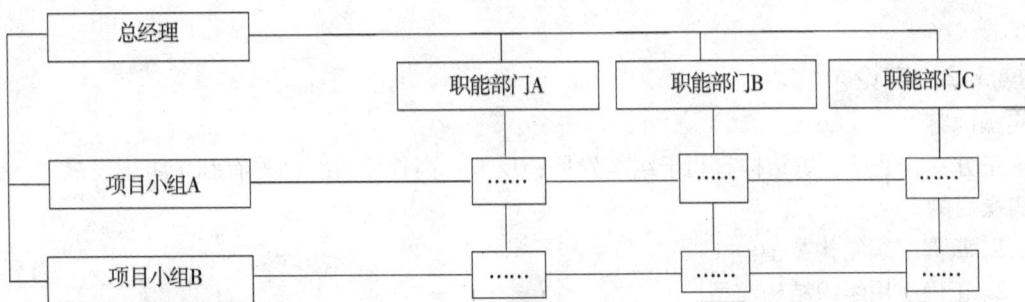

上下左右、集权分权实现了有效的结合，有利于加强各部门之间的配合和信息交流；便于集中各种专业知识和技能，加速完成某一特定的任务；可避免各部门的重复劳动，加强组织的整体性；可随项目的开始和结束而建立和撤销项目组，增加组织的机动性和灵活性

优点VS缺点

由于各成员隶属不同的部门，仅仅临时参与某项目，项目负责人对他们的工作好坏，没有足够的奖励与惩罚手段，项目负责人的责任大于权利；由于项目负责人和原部门负责人对于参加项目的人员都有指挥权，因此这种结构只有当双方管理人员密切配合时，才能顺利地开展工作

图3-10　矩阵制组织结构图

实例3-2：联合利华公司的组织结构

联合利华是一家国际食品和家庭及个人卫生用品集团。该公司在20世纪90年代经历过彻底重组。在过去，联合利华高度分权化，各国的子公司均享有高度的自治权。在20世纪80年代末90年代初，公司开始引入新的创新和战略流程，同时清理其核心业务。1996年启动的杰出绩效塑造计划促成了公司结构的实质性改变。

1996年以前，由荷兰和英国的董事长以及他们的代表组成的一个特别委员会和一个包括职能、产品和地区经理在内的15人董事会一直独揽着公司的决策大权。公司采用矩阵制组织结构，其中产品协调人（经理）负有西欧和美国的利润责任，地区经理则负有其他地区的利润责任，责任经常是模糊不清的。一部分内部报告指出："我们需要明确目标和角色：董事会使自己过多地卷入了运营，从而对战略领导造成了损害。"

杰出绩效塑造计划废除了特别委员会和地区经理这一层级，取而代之的是一个8人（后变为7人）的董事会，即由董事长及职能和大类产品（食品、家庭和个人卫生用品）的经理组成。向他们报告的是13位（后来是12位）负有明确盈利责任的业务集团总裁，后者在特定地区对其管理的产品类别负有完全的利润责任。全球战略领导被明确地置于执委会一级；运营绩效则由业务集团直接负责。

经过调整之后，国际协调由许多正式和半正式的网络促成。研究和发展由国际网络创新中心负责实施，其领导责任通常属于中心的专家而不是自动地属于英国或者荷兰的总部机构。产品和品牌网络、国际业务小组，在全球范围内协调品牌和营销。同时，职能网络也开展了一系列计划，以便就一些关键问题（如录用和组织效能）实现全球协调。所有这些网络均大大依赖于非正式的领导，同时也依赖于电子邮件和内部网络方面投入的增加。是否参与这种协调在很大程度上是由业务集团而非公司总部决定并资助的。

思考：联合利华公司采取的组织结构属于哪种类型？体现了什么特点？

实操 3.2　辩论

◆实操内容

　　正方：扁平型组织结构有利于组织发展；反方：高耸型组织结构有利于组织发展。

◆实操目的

　　1. 掌握组织结构类型。

　　2. 正确应用组织结构类型。

◆活动步骤

　　1. 由各公司推荐人选将班级分为两组或若干小组，并分别确定正、反方。

　　2. 正反双方在辩论过程中既要回答对方所提问题，也要向对方提出问题。双方所提所答的内容都必须紧扣辩题。

　　3. 将辩论内容形成书面材料，呈交教师。

　　4. 由教师或评委给予评分，并在记分卡上登记。

◆思考回答

　　扁平型组织结构与高耸型组织结构各有哪些利弊？

◆评估标准（自评和他评）

评价指标	评估结果			
在公司选派辩手时主动配合的程度	□优秀	□中等	□合格	□不合格
在公司进行辩论内容整理时的表现（团队合作、参与程度）	□优秀	□中等	□合格	□不合格
在辩论时的表现（发言）	□优秀	□中等	□合格	□不合格
在思考回答过程中的表现	□优秀	□中等	□合格	□不合格
对组织结构的理解情况	□优秀	□中等	□合格	□不合格
需要补充说明：				

关键术语

　　组织设计　组织结构　直线制组织结构　职能制组织结构　直线职能制组织结构　事业部制组织结构　矩阵制组织结构

综合训练

情境设计：海尔集团国际化历程中组织结构的演变

　　海尔集团是在原青岛电冰箱总厂基础上发展起来的以家电为主，集科研、生产、贸易及金融各领域为一体的国际化企业。海尔在各种不同的宏观背景下适应自身发展战略的需要，不断完善使企业持续发展的运行机制，从而保证了企业的高效运作和对市场的快速反应能力，其组织形式始终处于有序的平衡状态。

名牌战略下的组织结构（1984—1991年）

在商品短缺的计划经济时代，冰箱等家电产品还是奢侈品。尽管如此，国内电冰箱生产企业争相挤占商场有限的柜台，很难在市场上争得一席之地。一般家电企业有"捞一把就撤"的想法，大搞进口散件组装。张瑞敏经过市场调研后发现，尽管国内市场上有很多冰箱品牌，但并没有真正意义上的国产"名牌冰箱"，于是他果断提出"要么不干，要么就要争第一，创名牌"的目标。由此，海尔确立了专业化名牌发展的道路，通过引进当时国际最先进的德国利勃海尔公司的设备和技术，生产出"琴岛—利勃海尔"牌亚洲第一代四星级电冰箱，以高技术、高质量赢得了广大消费者的信任。由于当时计划经济体制仍占主导地位，而海尔只是专心于冰箱一种产品的生产，因此在组织结构上只需划分职能，采取直线制组织结构即可。

随着我国经济体制逐步向市场经济转变，质量、服务、价格等市场要素逐渐培育成形。计划经济的巨大惯性，致使国内企业习惯于只抓产品的产量，不在乎产品的质量，因此一碰上市场疲软就产生积压，只好靠降价来渡过难关。海尔在创业伊始就重视产品的质量，创市场名牌。当其他企业开始抓质量时，海尔已把战略重点转向提高服务意识和市场信誉上，成功走完了名牌战略阶段。其中，海尔的OEC组织管理模式（"日事日毕""日清日高"）发挥了重要作用。虽然海尔重视质量，但仍不免遇上管理者对过程控制不细的问题。OEC对每个人每一天每件事进行控制，每天的工作按时完成，每天的工作质量都有一点提高，这对以质取胜的海尔顺利实现名牌战略有巨大的推动作用。

多元化发展战略下的组织结构（1992—1995年）

海尔集团于1992年正式成立并初次在家电领域尝试实施多元化发展战略，生产冰柜、空调、洗衣机，开始走上超常规的发展道路。企业规模的发展壮大，难免会出现人浮于事、效率低下等弊端。海尔在1993年进行"权力分散化"，在原工厂制（直线职能制）的基础上，推进事业部制。总部集中筹划集团发展目标。集团下属是事业部，其中已经形成规模效益且管理机制较完善的被称为事业本部，未达到标准的被称为事业发展部。对于各事业部兼并的企业，集团有最终决策权。这样，海尔集团与事业部之间，事业部与各分厂之间的责权利关系相当明晰，初步呈现出分权化、扁平式的组织结构特征，适应了规模扩张和多元化经营的要求，调动了集团管理人员和职工的积极性。

全球营销网络布局过程中的组织结构（1996—1999年）

海尔为适应经济全球化的大趋势，有效实施组织结构的创新。从1997年开始，海尔先后进军以数字电视为代表的黑色家电，坚定地走多元化的发展道路并制定了挺进世界500强的发展目标。企业进入500强的首要条件需要有一流的内部管理，虽然海尔的组织结构整体上是分权化、扁平式的，但对于冰箱本部而言，仍是集权式直线职能制。这种结构对于以前单一的冰箱产品是适应的，但面对冰箱、小家电等多种产品齐头并进的快速扩张形势则会导致效率低下。

海尔集团于1996年开始实行事业本部制，1997年又在事业本部制基础上，采取了"细胞分裂"方式，使整个组织结构形成四个层次：集团总部是投资决策中心，事业本部是经营决策中心，事业部是利润中心，生产工厂是成本中心，各个层次各司其职，允许各事业本部各自为战，但不许各自为政。这种组织管理模式被称为"联合舰队模式"。海尔把这种组织模式延伸到营销体系中。各事业部下设营销公司，负责自己的产品销售、出口和海外建厂工作。集团总部设有营销中心，对各本部销售公司和进出口公司的工作实行监督控制和指导，这样既能发挥各本部销售公司和进出口公司的战斗力，又能进行整体进攻，从而能更好地配合全球营销网络中多元化发展的要求。

国际化发展进程中的组织结构（1999 年以后）

世界贸易组织瑞士达沃斯年会报告指出，21 世纪企业生存有三个条件，即企业内部的组织结构、全球化的品牌和一套能够在网上销售的战略。为了适应多变的市场及"新经济"兴起后网络销售的挑战，张瑞敏提出三个战略方向转移：其一，市场方向的转移，从国内市场向国外市场转移；其二，产业方向的转移，从制造业向服务业转移；其三，管理方向的转移，从直线职能型管理彻底向业务流程再造（BPR）的市场链转移。即形成创新订单支持流程 3R（研发/人力资源开发/客户管理）和保证订单实施完成的基础支持流程 3T（全面预算/全面设备管理/全面质量管理）。产品本部在 3R 的支持下通过新品研发、市场研发及提高服务竞争力不断创新订单；产品事业部在 3T 的支持下对商流获取的订单和产品本部创造的订单进行处理；物流本部搭建全球采购配送网络，实现 JIT（即时采购/即时配送/即时分拨物流）订单加速流；资金流搭建全面预算系统，这样形成直接面向市场的，完整的物流、商流等核心流程体系和 3R、3T 支持流程体系。

这种结构实现了企业内部和外部网络的相连，使企业形成一个开放的系统。将外部市场的压力传递给每一位员工，让他们把压力变为动力，不断追求顾客满意度最大化，从而实现海尔三个"零"的目标：质量零缺陷、服务零距离、流动资金零占用。

【思考讨论题】

1. 为什么说海尔集团组织结构的演变实质上是为了应对组织环境变化而实施的组织结构不断选择和创新的过程？

2. 结合本案例谈谈组织发展战略对组织结构设计的影响。

3. 认真阅读案例，结合理论对本案例进行分析，每人撰写约 500 字的案例分析。

公司经营活动 3：搭建组织结构

◆**实操内容**

为本公司搭建组织结构。

◆**实操目的**

1. 掌握组织结构类型。

2. 正确应用组织结构类型。

◆**活动步骤**

1. 在实操 3.1 的基础上，建立本公司的组织结构。

2. 各公司将结果向教师汇报。

3. 教师进行点评：每个公司建立的组织结构与目标一致吗？

◆**思考回答**

组织结构对组织的存在和发展是否有影响？

工作评价表

职业核心能力测评表		
职业核心能力	评价指标	自测结果
自我管理能力	1. 能跟随教师思路思考 2. 能主动参与讨论 3. 能主动将所学知识运用在实践中	□优秀　□中等　□合格　□不合格 □优秀　□中等　□合格　□不合格 □优秀　□中等　□合格　□不合格
合作交流能力	1. 能尊重他人的观点 2. 能与他人进行有效沟通 3. 能主动参与合作过程	□优秀　□中等　□合格　□不合格 □优秀　□中等　□合格　□不合格 □优秀　□中等　□合格　□不合格
解决问题能力	1. 能准确理解信息资源 2. 能客观分析信息资料 3. 能发现并解决常规问题	□优秀　□中等　□合格　□不合格 □优秀　□中等　□合格　□不合格 □优秀　□中等　□合格　□不合格
设计创新能力	1. 能够提出建设性的观点 2. 能够从不同角度提出方案 3. 能够制订创新方案并实施	□优秀　□中等　□合格　□不合格 □优秀　□中等　□合格　□不合格 □优秀　□中等　□合格　□不合格
学生签名：　　教师签名：		年　　月　　日

专业能力测评表		
职业核心能力	评价指标	自测结果
掌握组织设计	1. 理解组织设计的目的和原则 2. 掌握组织设计的程序 3. 了解组织设计的发展趋势	□优秀　□中等　□合格　□不合格 □优秀　□中等　□合格　□不合格 □优秀　□中等　□合格　□不合格
分析组织结构模式	1. 理解组织结构的内涵 2. 应用组织结构模式	□优秀　□中等　□合格　□不合格 □优秀　□中等　□合格　□不合格
学生签名：　　教师签名：		年　　月　　日

项目4 准备招才纳贤——社会知觉与个体行为

知人者智也，自知者明也。

——老子

【项目目标】

1. 认识知觉与人的行为
2. 明确社会知觉对人的行为的影响
3. 运用社会知觉效应
4. 掌握印象与偏见的内涵

【生活与组织行为】

买件红衣服穿

美国钢铁大王卡内基小时候家里很穷，有一天，他放学回家时经过一个工地，看到一位穿着华丽、老板模样的人在那儿指挥工人干活。

"请问你们在盖什么？"他走上前去问那人。

"要盖个摩天大楼，给我的百货公司和其他公司使用。"那人说。

"我长大后要怎样才能像你这样？"卡内基用羡慕的口吻问。

"第一要勤奋工作……"

"这我早知道了，老生常谈，那第二呢？"

"买件红衣服穿！"

聪明的卡内基满脸狐疑："这……这和成功有关吗？"

"有啊！"那人顺手指了指前面的工人道："你看，他们都是我的手下，但都穿着清一色的蓝衣服，所以我一个都不认识……"

说完他又特别指向其中一位工人："但你看那个穿红衣服的工人，他的身手和其他人差不多，但是我认识他，所以过几天我会请他做我的副手。"

（资料来源：张健鹏，胡足青. 小故事中的大智慧［M］. 北京：当代世界出版社，2005.）

思考："红衣服"有什么意义？你能从文中得出什么管理学观点？

【项目流程图】

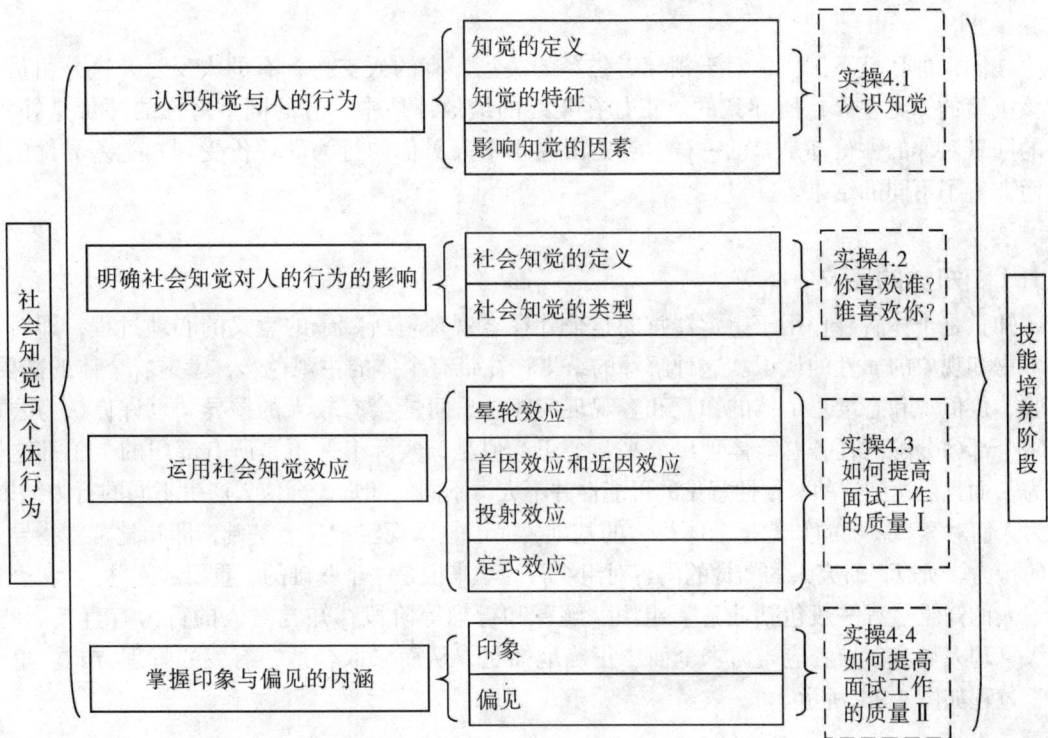

社会知觉与个体行为

认识知觉与人的行为
- 知觉的定义
- 知觉的特征
- 影响知觉的因素

实操4.1
认识知觉

明确社会知觉对人的行为的影响
- 社会知觉的定义
- 社会知觉的类型

实操4.2
你喜欢谁?
谁喜欢你?

运用社会知觉效应
- 晕轮效应
- 首因效应和近因效应
- 投射效应
- 定式效应

实操4.3
如何提高
面试工作
的质量Ⅰ

掌握印象与偏见的内涵
- 印象
- 偏见

实操4.4
如何提高
面试工作
的质量Ⅱ

技能培养阶段

任务4.1 认识知觉与人的行为

在同样的环境下工作，对于领导者仁慈的决策，有的人支持，有的人反对。这是由员工对该决策的知觉差异性所导致的。正如在年终的绩效评估中，有的同事对你的评价是好的，有的同事对你的评价却是差的一样，这是因为每个人对你的行为的评价受到知觉差异性的影响而产生了不同的结果。

4.1.1 知觉的定义

知觉是个体解释作用于感觉器官的整个外在客观环境所赋予的意义的心理过程，即对客观事物和现象的属性的认识。这种解释的结果往往带有个体的主观色彩，渗透着个体的需要、经验、价值观和态度。个体的知觉和客观现实相比，可能会有较大的差异。也许你认为公司对每个部门分配的任务总能体现出公平、公正，但是，实际上并不是所有部门的员工都这样认为，而且要达到这种一致性意见的可能性并不大。不同的知觉，会使人产生不同的行为结果，因为人们对客观事物的知觉是个体行为的基础，而不是以现实本身为基础，即知觉常常指导人们的行为。所以，研究人的知觉的内容对组织行为学来说是一个基础的、重要的问题。

人的知觉过程一般包括注意、组织、解释和行动等阶段，知觉对人的行为有直接影响，各级管理人员和领导者应当力求全面、正确地知觉，从而采取合适、有效的管理方式。整个知觉过程如图4-1所示。

图4-1 知觉过程

讨论：请利用知觉的知识解释"仁者见仁，智者见智"和"外行看热闹，内行看门道"。

实例4-1：总统在旅途中

理查德·尼克松在旅行的某晚独自一人在旅馆房间中工作至深夜，他打开门，召唤值班的副官进来，对他说："请给我叫'咖啡'。"副官马上按总统的吩咐忙碌起来。当时，该旅馆中大部分人员包括厨房人员都已下班，需要临时把他们叫来煮咖啡。这一切都需要时间，可总统过一会儿就问一遍"咖啡"。最后，副官终于给总统端来盘子，上面放着咖啡、奶油、白糖和一些甜面包。此时，副官才明白，总统不是要咖啡，而是想跟一个名叫科菲的助手谈话。

思考：副官误解总统命令的原因何在？

4.1.2 知觉的特征

1. 知觉的选择性

知觉的选择性是指人们寻找与自身关系最密切的事物作为知觉对象。同一个人在同一时间内会面对很多事物，一旦选定某种事物为对象，其他事物便成为背景。如图4-2所示。

图4-2 双关图

2. 知觉的理解性

知觉的理解性是指人们凭借以往的知识经验去认识对象。如图4-3所示，正是以知识、经验为基础的理解作用，使我们填补了画面信息的不足，把对象知觉为一个有意义的整体。

图4-3 斑点图

3. 知觉的整体性

知觉的整体性是指人们把现实对象作为一个统一的整体来知觉。知觉的整体性既表现于第一次知觉的对象，也表现在知觉过的对象，哪怕是在知觉的对象的个别属性发生变化时，主体也能对其产生完整映象。你从图4-4中看到了几个三角形？

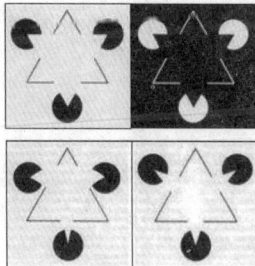

图4-4 隐形三角形

4. 知觉的恒常性

知觉的恒常性是指由于知觉经验的参与，当知觉的条件（距离、角度、照明度等）在一定范围内改变时，知觉映象保持相对稳定。如图 4 - 5 所示。

图 4 - 5　门形状的恒常性

讨论：生产车间里，如何利用知觉特征的内容进行安全管理？

4.1.3　影响知觉的因素

为什么对同一事物，不同的个体会产生不同的知觉？那是因为我们所处的是一个非常复杂的环境，有许多事物同时作用于我们。但是，在同一时间内，我们能清晰知觉到的对象是很有限的。因此，在知觉过程中，为了能合理地解释知觉到的对象，我们总是从许多事物中选择知觉对象。个体的知觉选择受很多因素的影响，归纳起来，影响知觉的因素有三个：一是知觉主体自身的特点；二是知觉对象的特点；三是知觉发生的情境。

1. 知觉主体自身的特点

当外界的客观事物刺激个体的感觉器官，个体试图对它进行解释时，解释的内容与知觉主体自身的特点密切相关。假如你是一名正在找工作的应届毕业生，你是否不论是在看报纸，还是在上网浏览时，最先关注的是招聘信息？知觉主体自身的特点影响知觉选择性的因素主要体现在以下五个方面：

（1）需要和动机。

个体的需要和动机对知觉产生强烈的影响力。在我们知觉到的事物中，越能够满足需要、符合动机的事物，越容易引起注意，成为知觉的对象；反之，与需要和动机无关的事物，则容易受到知觉的忽视。如果你努力工作是为了得到提拔，追求个人自身价值的实现，那么组织中有关这方面的条例就容易成为你关注的对象，你会对其中的每一字每一句细加斟酌。当你去逛街买衣服逛到饥饿难忍时，能引起你注意的不再是服装店，而是餐厅。

图 4 - 6　需要和动机影响人的知觉

（2）兴趣。

兴趣对人们的知觉产生影响。由于个体之间的兴趣倾向性不同，因而在同一个情境中不同的人所关注到的东西有明显的差异。一个对管理有兴趣的人跟一个对医学有兴趣的人看同样一份报纸，前者更容易注意到有关管理、培训的文章；后者更容易注意到有关医学方面的文章。

图 4 - 7　兴趣对人们的知觉产生影响

（3）经验知识。

个体以往的经验知识也会左右一个人的知觉。一方面，它会强化我们的知觉。我们往往容易注意到自己熟悉的事物。比如，一个做钢铁销售生意的老板每到一个地方，总能很快就注意到有关钢铁买卖的公司。若你曾经去过云南旅游，对那里的风俗人情印象深刻，以后不论是电视上、明信片上出现云南的风景，还是有关云南的一些话题，都容易进入你的知觉范围。

图 4 - 8　一朝被蛇咬，十年怕井绳

另一方面，过去从未经历过的事件或未出现的物体会成为我们关注的对象。在以前，我国大学生人数很少，成为一名大学生是一件非常光荣的事，在单位一般会受到重视。如今，随着高等教育的普及，这些群体成员的身份在社会中已没有什么特殊性可言，因此，我们很少为身边有一名大学生而感到惊叹，并给予更多的关注了。

（4）性格。

心胸宽广、善良的人，与人交往时，别人的优点总能先成为他的知觉对象；心胸狭窄、妒忌心强的人则反之。

（5）气质。

气质对知觉的影响主要体现在一定时间内知觉的速度和数量上。这主要是由于气质的类型不同，它们所具有的特点也有明显的差别。多血质者知觉的速度快，数量多；胆汁质者知觉的速度和数量较前者慢、少；黏液质者的知觉速度较慢，数量较少；抑郁质者知觉的速度较快，但不灵活，数量较多血质者少。

实例 4 - 2：非洲卖鞋的故事

有一天，一位鞋商吩咐他的两个销售人员："给你们一件任务——把鞋卖到非洲去。能完成者，我将会给他丰厚的回报。"

甲说："老板你这不是难为人吗，怎么可能把鞋卖给非洲人呢，那里的人根本就不穿鞋的。"

乙说："老板，我去！多好的机会啊，多大的市场啊，要是非洲人民知道穿鞋的好处，天呐，那得有多少人买我的鞋啊。"

思考：同样的任务，为什么会有不同的知觉结果？

2. 知觉对象的特点

在知觉过程中，某些客观事物通过相互对比会产生较为突出的相对特点，这迫使我们去知觉它。以下知觉对象的特点影响着个体的知觉。

（1）对象的物理及其他特性。

那些刺激性较大的、较为突出的事物，一开始特别容易引起人们的注意，成为知觉对象。教师在讲课时，讲到重点的地方，常调整说话的语调、语音，来引起学生的注意。

（2）对象与背景的对比结果。

对象不是孤立存在的，而是与一定的背景共同出现。人在知觉的过程中，总是有选择地把少数事物当成知觉的对象，而把其他事物当成知觉的背景，这在很大程度上取决于客观事物之间的对比结果。在同一时间的知觉过程中，能被人们清晰感知到的事物就成为知觉对象，而被模糊感知到的其他事物就成为知觉背景。对象与背景的对比效果越鲜明，对象就越容易在背景中被衬托出来；如果两者的对比度不明显，那么要将对象分离出来就有一定的难度。在一个安静、井然有序的环境中，一个领导的指令能清晰地被大家接收，并按其行使；反之，在一个混乱、哗然的场景中，领导的指令湮没在嘈杂声中而无法被大家接收，使之无法起到协调的作用。公司的落地玻璃窗上贴了色彩鲜明的纸张，是为了引起大家的注意，以免发生撞玻璃的事故。知觉对象与背景之间的关系并不是一成不变的，它们会随着条件的变化而转换。当你刚到车站接朋友时，来往的人群是你知觉的对象，一旦你找到朋友，那些人群就成了知觉背景。

（3）对象的社会属性。

刺激物本身的社会意义及价值不同，也影响人们的知觉结果。美国的认知心理学家布鲁纳做过一个货币实验，正说明了这一点。该实验的材料是一套面值分别为1分、5分、10分、25分、50分美元的硬币和一套与这些硬币大小完全相同的硬纸片。实验对象是30名10岁的儿童。实验程序是把这两种物品投射到银幕上，让被测试者依次观看，然后移动刺激物，要求被测试者画出刚才看到的物品。结果被测试者画的圆形纸片与实物较吻合，大小比较一致；所画的硬币却远远大于他们所看到的真正硬币。

（4）对象的组合。

知觉对象不一定都是孤立的个体，如果某些对象是以一定的方式组合在一起，并存在某些联系，那它们将成为一个整体被我们知觉。具体的组合原则为：

①接近原则。在空间上接近的对象，容易被感知为一个整体。图4-9中的六条直线因为两两相近，所以容易被人知觉为三个整体。

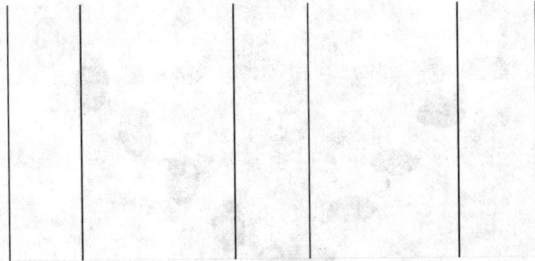

图4-9　接近原则

②相似原则。如果一些对象的性质相似，容易被感知为一个整体。如图4-10所示，人们容易将其知觉为两行黑点、一行白点构成的整体。

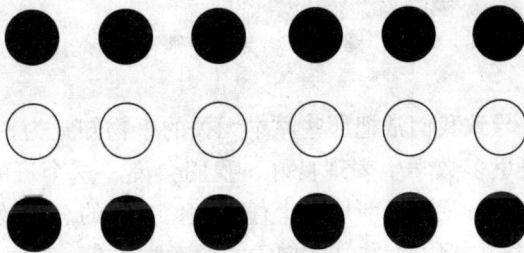

图4-10　相似原则

③闭锁原则。当几个对象共同包围着一个空间时，人们往往容易把它们组合成一个整体来知觉。如图4-11所示，容易被人知觉为三个圆。

图 4 – 11　闭锁原则

④连续原则。几个对象在空间或时间上具有连续性，它们容易组合成一个整体而被知觉。如图 4 – 12 所示，容易被人知觉为两条直线相交。

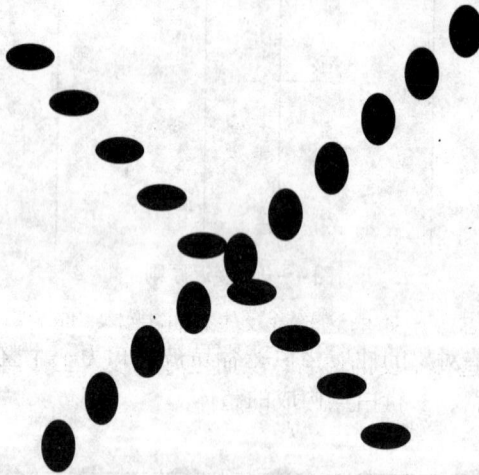

图 4 – 12　连续原则

对象组合的时空性，导致我们常把那些原本无关的事物知觉为一体。同班的学生常被视为一个整体看待，如果班里多数学生表现良好，我们会说"这个班的学生挺不错"，尽管里面也有表现不好的学生存在。某分厂新厂长上任不久，分厂的总体效益猛涨，尽管他的任职与效益的上涨没有直接关系，但人们往往倾向于将两者联系在一起评论。

3. 知觉发生的情境

在知觉的过程中，周围的环境也是影响我们知觉的因素之一。

在荒郊野外，你发现不远处有一头狮子，这时你会感到恐慌，而当你到动物园观看关在笼子里的狮子时，你却不会恐慌。如果你被派到一个公司去总结先进事迹，你看到的都是与业绩有关的事；如果是被派到一个公司调查某件事故，你看到的都是存在的问题。这都表明，个体的知觉，不仅与知觉主体自身的特点和知觉对象的特点有关，还受到知觉发生的情境的影响。

实例 4－3：亡斧疑邻

一个人丢了斧子，总怀疑是邻居的儿子偷去了，当他看到邻居的儿子时，觉得他的言语、动作、表情都像是偷了斧子的人。

后来，他发现原来是自己不小心把斧子掉进了山谷。这时他再去瞧邻居的儿子，觉得他的言语、动作、表情一点也不像偷了斧子的人。

思考：丢斧人前后态度不同的原因是什么？

实操 4.1 认识知觉

◆实操内容

认识环境与知觉的关系。

◆实操目的

1. 理解知觉的基本内涵。

2. 让学生明白环境与知觉之间的关系，能调整好心态，转变认识。

◆活动步骤

1. 准备好纸和笔。

2. 让每个学生在纸上写下自己不开心的事。

3. 教师将纸条收上来，随机抽出其中的几张，大声地念出来。

◆思考回答

1. 为什么我们有时会认为自己是全世界最倒霉的人，并且因为这样或那样的小事让自己很不开心？

2. 站在别人的角度上思考，如果这些事发生在你身上，你会有什么感受？

3. 我们怎样才能克服这种不良的情绪，从而更好地投入工作当中去呢？

◆评估标准（自评和他评）

评价指标	评估结果			
书写内容时的认真程度	□优秀	□中等	□合格	□不合格
回答问题的积极性	□优秀	□中等	□合格	□不合格
所回答内容的参考价值	□优秀	□中等	□合格	□不合格
对知觉定义的理解程度	□优秀	□中等	□合格	□不合格
对影响知觉的因素的掌握情况	□优秀	□中等	□合格	□不合格
需要补充说明：				

任务 4.2　明确社会知觉对人的行为的影响

一般的知觉现象贯穿于每个人的生活、学习和工作中。从知觉的定义中我们不难发现，知觉的对象概括起来不外乎就两种：人和物。组织行为学主要研究的是对人的知觉，以及它们对组织中人的行为的影响。这也是社会知觉的概念范畴。

4.2.1　社会知觉的定义

社会知觉，即人际知觉，是指个体通过与人的交往，根据知觉对象的外在特征，推测、判断、解释对方的心理活动、行为动机和人格特征的心理过程，如图 4-13 所示。简而言之，就是对社会中的人和群体的知觉。它影响着主体的社会行为。

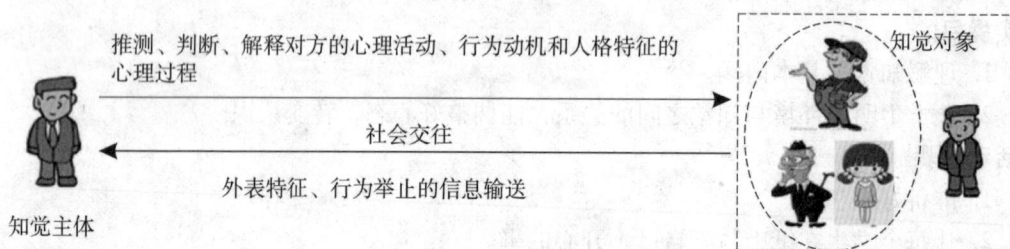

推测、判断、解释对方的心理活动、行为动机和人格特征的心理过程

社会交往

外表特征、行为举止的信息输送

知觉主体　　　　　　　　　　　　　　知觉对象

图 4-13　社会知觉

4.2.2　社会知觉的类型

1. 自我知觉

自我知觉是指个体通过观察、分析自己的行为特点来解释自己的内在性质的心理过程，如图 4-14 所示。一个人对自己的知觉与对他人的知觉是有区别的。人们掌握自己的信息比掌握他人的信息要多，且对这些信息更为熟悉，但在分析和解释的过程中，由于受到自身经历、价值观、情感和个性等众多因素的影响和制约，使之带有浓烈的主观色彩，甚至导致自我知觉发生偏差。比如，自负的人对自身能力估计过高，会感觉高高在上；自卑的人对自身能力估计偏低，会感到自己不如别人。这些都是自我知觉偏差的具体表现。虚心听取他人的批评以及经常的自我反省对正确的自我知觉都会起到一定的作用。美国企业管理协会分析了1 812 名成功的企业家，将他们的基本素质进行归纳，总结出 19 个方面，包括"能听取各种意见、能进行正确的自我批评"。管理者不但要有正确的自我知觉，还要在工作中引导员工正确地评价自己，提高员工的自我知觉能力。

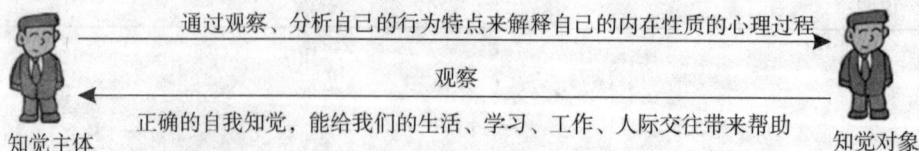

通过观察、分析自己的行为特点来解释自己的内在性质的心理过程

观察

正确的自我知觉，能给我们的生活、学习、工作、人际交往带来帮助

知觉主体　　　　　　　　　　　　　　知觉对象

图 4-14　自我知觉

实例 4-4：解差与和尚

古代有则笑话：一位解差押解一位和尚去府城。住店时和尚将他灌醉，并剃光他的头发后逃走。解差醒时发现少了一人，大吃一惊。继而一摸光头，转惊为喜："幸好和尚还在。"可随之又困惑不解："我在哪里呢?"

思考：解差的困惑是如何产生的?

2. 他人知觉

他人知觉是指个体通过对他人言行的观察和分析，解释其动机、情感、态度等内在特征的心理过程，如图 4-15 所示。管理者要全面地认识员工，可以采用观察法、作品分析法、问卷调查法、心理测量法等方式获取员工更广泛、更客观的信息。

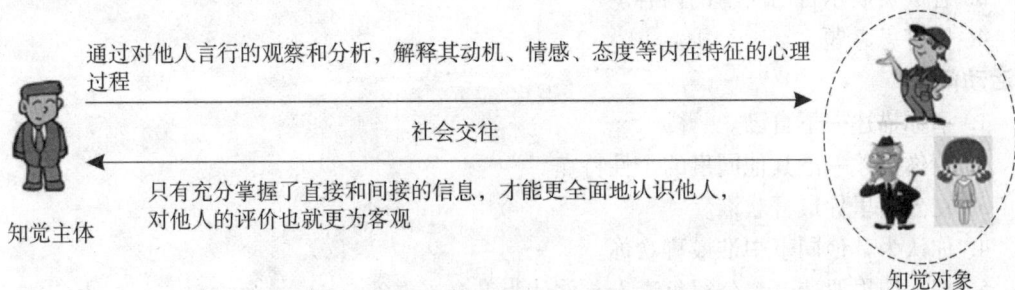

通过对他人言行的观察和分析，解释其动机、情感、态度等内在特征的心理过程

社会交往

只有充分掌握了直接和间接的信息，才能更全面地认识他人，对他人的评价也就更为客观

知觉主体

知觉对象

图 4-15　他人知觉

讨论：他人知觉的信息源有哪些?

3. 人际知觉

人际知觉是指个体在人际交往过程中，判断和解释人与人之间关系的心理过程。影响人们判断和解释人与人之间关系的因素很多，主要有：

（1）人际关系本身的特点（直接因素）。

人际关系是简单的，还是复杂的；是真的，还是假的，都是影响我们正确判断解释人际知觉的直接因素。如果你的同事是你上司的亲戚，一旦你的上司处理不好他们之间的关系，就会影响其他同事对他们之间的关系的解释。

（2）他人的言论、表情。

例如：A 常在别人面前夸 B；B 常在别人面前夸 A。

结论：A 与 B 的关系好。

（3）知觉主体自身的个性。

例如，势利的人在判断人与人之间的关系时，总认为世界上不存在不带利益的友情、爱情、亲情。

4. 角色知觉

角色知觉是指个体判断和解释人在社会活动中扮演的角色行为的心理过程。人们在不同的环境中，扮演着不同的角色。不同的角色承担着不同的义务和责任，并形成公认的行为标准。我们每个人都必须明确自身在所处环境中的角色，并随时调整自己的行为使其与所扮演的角色互相匹配。一个领导者，应以身作则，时刻检验自己的行为是否与领导角色的要求一致，才能更好地领导下属。

实操 4.2　你喜欢谁？谁喜欢你？

◆ **实操内容**

　　在公司中，你喜欢谁？谁喜欢你？

◆ **实操目的**

　　加深对自我知觉、他人知觉、人际知觉的理解。

◆ **活动步骤**

　　1. 以前面组建的公司为单位进行活动。

　　2. 准备好纸和笔，对以下五个问题进行描述。

　　3. 各成员展示自己所写的内容。

　　4. 回答思考题。

◆ **活动问题**

　　1. 请你描述一下自己。

　　2. 请你描述一下其他同事的个性特点。

　　3. 在公司里你最喜欢谁。

　　4. 你认为其他同事中谁最喜欢你。

　　5. 现在如果要选一个公司负责人，你认为谁会当选？

◆ **思考回答**

　　这个游戏意在说明什么问题？

◆ **评估标准（自评和他评）**

评价指标	评估结果			
在描述活动问题时的表现	□优秀	□中等	□合格	□不合格
在思考回答过程中的表现	□优秀	□中等	□合格	□不合格
对自我知觉、他人知觉和人际知觉的理解情况	□优秀	□中等	□合格	□不合格
需要补充说明：				

任务 4.3　运用社会知觉效应

4.3.1　晕轮效应

晕轮效应也叫以点概面效应、光环效应。晕轮效应最早是由美国著名心理学家爱德华·桑代克（E. L. Thorndike）于 20 世纪 20 年代提出的。他认为，人们对人的认知和判断往往只从局部出发、扩散而得出整体印象，也即常常以偏概全，如图 4－16 所示。如果一个人被标明是好的，他就会被一种积极肯定的光环笼罩，并被赋予一切都好的品质；如果一个人被标明是坏的，他就会被一种消极否定的暗影笼罩，并被认为具有各种坏品质。这就好像刮风前夜月亮周围出现的圆环（月晕）。事实上，圆环不过是月亮光的扩大化而已。据此，桑代克为这一心理现象起了一个恰如其分的名称——晕轮效应。在社会知觉过程中，以个体的某一特征作为基础，形成整体印象的现象，就是晕轮效应。"一白遮百丑""情人眼里出西施"就是典型的晕轮效应的例子。在组织当中，一方面，领导者可以利用晕轮效应的积极影响力，来激励员工，用它维护自己在员工心目中的好领导形象；另一方面，领导者应防止晕轮效应的消极影响，避免以偏概全看待员工，给员工带来不同程度的伤害，甚至造成组织人力资源的损失。

图 4－16　他人知觉的定义

4.3.2　首因效应和近因效应

首因效应是指第一印象对进一步知觉他人的影响；近因效应是指最近的印象对知觉他人的影响。人们对他人的第一印象，不管是否与现实相符，总是最深刻的，明显影响了往后对他人的知觉。但这并不表明第一印象永恒不变，随着往后交往的加深、信息的增加，人们对他人的第一印象会逐渐加以修正。美国心理学家洛钦斯（A. S. Lochins）的实验很好地证明了首因效应和近因效应的存在。实验将被测试者分为四组，然后将两段关于一个叫吉姆的学生的生活片段以不同的组合方式展现给各组被测试者，并要求其对吉姆进行评价。一个材料描写吉姆表现热情、外向的生活内容；另一个材料则描写他表现冷淡、内向的生活内容，如下表所示。

洛钦斯关于首效应因和近因效应的实验结果

组别	材料出示组合	友好评价比例
1	先展示热情、外向的材料，再展示冷淡、内向的材料	78%
2	先展示冷淡、内向的材料，再展示热情、外向的材料	18%
3	只展示热情、外向的材料	95%
4	只展示冷淡、内向的材料	3%

（资料来源：况志华，徐沛林. 管理心理学 ［M］. 南京：南京师范大学出版社，2003：125.）

讨论：利用首因效应和近因效应，如何提高会议管理的有效性？

4.3.3　投射效应

投射效应是指个体在知觉他人时，将自己的特点归属到他人身上的倾向。人们一旦发现对方的性别、民族、籍贯、年龄、身份、生活水平等跟自己相似时，往往容易把自身的兴趣、需要、习惯等特点套到他人身上。比如同样是潮州人，你便自然而然地认为对方一定也喜欢喝工夫茶。这种效应有时会导致我们对他人的知觉产生错误。其实，在人际交往中，我们无意之中会利用到他人的这种投射效应，来增强人际沟通的效果。我们与陌生人或新认识的朋友聊天时，一般会先问"你是哪里人""你是做什么的"以此来引出话题。如果对方是你的同乡，或职业跟你相同，那你会认为对方也应该具有跟你相同的兴趣或应该知道一些你已知道的事情。

4.3.4　定式效应

定式效应是指个体在知觉他人时，受过去经验的影响而形成的某些固定倾向。俗话说"一朝被蛇咬，十年怕井绳"就是一个典型的例子。如果你的一位朋友跟你借钱却从不还钱，你以后便会拒绝他这方面的请求。

实操4.3　如何提高面试工作的质量Ⅰ

◆实操内容

如何避免面试中存在的社会知觉偏差。

◆实操目的

正确应用社会知觉，使组织管理中的招聘工作质量得到提高。

◆活动步骤

1. 各公司讨论如何避免在招聘时受社会知觉效应的影响而招聘到不符合公司要求的员工。

2. 形成书面方案，并进行工作汇报。

3. 回答思考题。

◆**思考回答**

1. 正确理解、运用社会知觉效应对组织招聘工作有什么帮助？

2. 绩效管理工作是否也会受到社会知觉效应的影响？应如何避免？

◆**评估标准（自评和他评）**

评价指标	评估结果			
在讨论方案时的表现	□优秀	□中等	□合格	□不合格
在形成文字方案时的积极性	□优秀	□中等	□合格	□不合格
在工作汇报中的表现	□优秀	□中等	□合格	□不合格
在思考回答过程中的表现	□优秀	□中等	□合格	□不合格
对社会知觉效应的理解情况	□优秀	□中等	□合格	□不合格
需要补充说明：				

任务4.4　掌握印象与偏见的内涵

4.4.1　印象

你毕业后顺利到一家合你心意的公司上班,当同学聚会时,你们会谈论各自公司的情况,你可能会告诉他们你公司的同事和蔼可亲、团队意识强等。你向同学所描述的这些内容,其实就是你的公司留在你记忆中的形象,即印象。知觉客体留在人记忆中的形象就是印象。印象的内容中,跟组织行为学的联系较为密切的是第一印象和刻板印象的内容。

1. 第一印象

当你刚认识一个人,当你第一次去一个地方,当你第一次看一部电影,这些在你的脑海中都会留下或好或差、或深或浅的第一印象。第一印象因受某些局限性的影响而具有表面性、片面性、情境性的特点,从而影响人们的人际关系和相应的行为,比如相互吸引力、是否进一步交往等。

第一印象如何,主要由我们获得的信息决定。一方面是受到直接信息的影响,包括外表和言行举止。外表对第一印象的影响是普遍现象,尽管我们都明白"人不可貌相"。他人的言行举止也是影响第一印象的因素。一个谈吐优雅、幽默有趣的人,会给我们留下好的第一印象;而一个满口粗话、矫揉造作的人,则会给我们留下不好的第一印象。另一方面决定于第三者所提供的信息。当其他人提供的是好的信息时,那会使你形成一种正面的第一印象;当所提供的是不好的信息时,则会使你形成负面的第一印象。

当然,第一印象的固执性并不表明它是不变的,随着信息量的增加、交往的加深,第一印象会得到相应的修正。

讨论:在组织中,管理者应如何正确运用第一印象?

2. 刻板印象

刻板印象是指社会上的一部分人对某类人或事的共同的、固定的、笼统的看法和印象,它跟第一印象不同,是一种群体印象。例如:商人重利;教师文质彬彬;德国人按序行事;法国人浪漫等,都属于刻板印象的具体表现。我们在招聘信息中也可看到刻板印象的存在,例如"学生干部优先考虑"这么一句话。因为人们普遍认为当干部的学生在学校学习成绩优良,勤奋努力,工作主动积极,以后在工作中一定也会有好的表现。我们肯定它有一定的事实依据,但问题在于,这种固定的、笼统的看法并非完全准确的,不一定每个学生干部都进取心强、刻苦、善于处理人际关系、社会实践能力强,而且学校的干部工作与社会中的实际工作之间有一定的差距,在学校做得好不代表在社会工作中表现得好。

刻板印象是一种不正确的印象。虽然它概括化、简化我们知觉的复杂性,但它是一种笼统的看法和印象,是呆板而缺乏变通的,会造成知觉的偏差。管理者应该正确看待刻板印象,既要承认它客观的一面,也要看到它的局限性,才能做到真正的知人善任。

4.4.2　偏见

"经济人"假设理论认为:工人自私、懒惰、缺乏进取心、依赖性强、盲目,这种观点实质上体现了管理者对工人的一种否定的、固有的、排斥的看法，这种看法就是偏见。它的对象既指人，也指事、物。根据知觉主体的不同，我们可以把偏见分为个人偏见和社会偏见。

1. 个人偏见

个人偏见就是个人对人、事的偏见。个体的偏见有两种情况，一种是个人由于知识经验、掌握信息的不足等，无意识地导致认识有偏颇的倾向；另一种可能是因个体的动机受阻、利益受到威胁等，为了达到目的而曲解知觉信息。

2. 社会偏见

社会偏见是社会上某些群体对其他群体形成的偏见。性别歧视、民族歧视都属于社会偏见的具体表现。值得注意的是，社会偏见与刻板印象之间虽然关系密切，但是存在区别。社会偏见完全是一种消极的、否定的看法；而刻板印象既可以是一种消极的看法，也可以是一种中性的或积极的看法。在组织中，如果没有正确处理社会偏见，可能会不同程度地打击员工的积极性。管理者要承认社会偏见的存在，同时也要避免受到它的负面影响。

讨论：刻板印象和社会偏见有什么区别？

实操4.4 如何提高面试工作的质量 Ⅱ

◆实操内容

如何避免面试中存在的刻板印象与偏见？

◆实操目的

正确认识印象与偏见，使组织管理中的招聘工作质量得到提高。

◆活动步骤

1. 各公司讨论如何避免在招聘时受印象与偏见的影响而招聘到不符合公司要求的员工。
2. 形成书面方案，并进行工作汇报。
3. 回答思考题。

◆思考回答

正确理解、运用印象与偏见的理论对组织招聘工作有什么帮助？

◆评估标准（自评和他评）

评价指标	评估结果			
在讨论方案时的表现	□优秀	□中等	□合格	□不合格
在形成文字方案时的积极性	□优秀	□中等	□合格	□不合格
在工作汇报中的表现	□优秀	□中等	□合格	□不合格
在思考回答过程中的表现	□优秀	□中等	□合格	□不合格
对印象与偏见的理解情况	□优秀	□中等	□合格	□不合格
需要补充说明：				

关键术语

知觉　社会知觉　自我知觉　他人知觉　人际知觉　角色知觉　晕轮效应　首因效应

近因效应　投射效应　定式效应　印象　第一印象　刻板印象　偏见　个人偏见　社会偏见

综合训练

整合认识社会知觉的内涵

◆**实操内容**

回忆你对周围的人或事的知觉，并分析你的知觉有没有受到社会知觉效应的影响，及产生了怎样的影响。学了这章的内容后，你将会如何做？

◆**实操目的**

整合社会知觉的内涵，正确掌握社会知觉的内涵。

◆**活动步骤**

1. 根据实操内容的要求，按表格内容进行思考作答。

有过的现象	以前的做法	以后的做法

2. 在班上公开。
3. 回答思考题。

◆**思考回答**

通过本章的学习，可以提高组织管理中人力资源管理的什么问题？

公司经营活动 4：招聘准备工作

◆**实操内容**

公司成立后的招聘准备工作。

◆**实操目的**

1. 掌握社会知觉的内涵。
2. 正确运用社会知觉效应。

◆**活动步骤**

1. 根据公司结构框架撰写一份招聘方案。
2. 每位学生准备好一份简洁的求职简历。
3. 教师进行点评。

◆**思考回答**

在招聘准备工作中要考虑哪些问题？

工作评价表

<table>
<tr><td colspan="3" align="center">职业核心能力测评表</td></tr>
<tr><td>职业核心能力</td><td>评价指标</td><td>自测结果</td></tr>
<tr>
<td>自我管理能力</td>
<td>1. 能跟随教师思路思考
2. 能主动参与讨论
3. 能主动将所学知识运用在实践中</td>
<td>□优秀　□中等　□合格　□不合格
□优秀　□中等　□合格　□不合格
□优秀　□中等　□合格　□不合格</td>
</tr>
<tr>
<td>合作交流能力</td>
<td>1. 能尊重他人的观点
2. 能与他人进行有效沟通
3. 能主动参与合作过程</td>
<td>□优秀　□中等　□合格　□不合格
□优秀　□中等　□合格　□不合格
□优秀　□中等　□合格　□不合格</td>
</tr>
<tr>
<td>解决问题能力</td>
<td>1. 能准确理解信息资源
2. 能客观分析信息资料
3. 能发现并解决常规问题</td>
<td>□优秀　□中等　□合格　□不合格
□优秀　□中等　□合格　□不合格
□优秀　□中等　□合格　□不合格</td>
</tr>
<tr>
<td>设计创新能力</td>
<td>1. 能够提出建设性的观点
2. 能够从不同角度提出方案
3. 能够制订创新方案并实施</td>
<td>□优秀　□中等　□合格　□不合格
□优秀　□中等　□合格　□不合格
□优秀　□中等　□合格　□不合格</td>
</tr>
<tr><td colspan="3">学生签名：　　教师签名：　　　　　　　　　　年　　　月　　　日</td></tr>
</table>

<table>
<tr><td colspan="3" align="center">专业能力测评表</td></tr>
<tr><td>职业核心能力</td><td>评价指标</td><td>自测结果</td></tr>
<tr>
<td>认识知觉与人的行为</td>
<td>1. 理解知觉的定义及特征
2. 理解影响知觉的因素</td>
<td>□优秀　□中等　□合格　□不合格
□优秀　□中等　□合格　□不合格</td>
</tr>
<tr>
<td>明确社会知觉对人的行为的影响</td>
<td>1. 理解社会知觉的定义
2. 了解社会知觉的类型</td>
<td>□优秀　□中等　□合格　□不合格
□优秀　□中等　□合格　□不合格</td>
</tr>
<tr>
<td>运用社会知觉效应</td>
<td>正确运用社会知觉效应</td>
<td>□优秀　□中等　□合格　□不合格</td>
</tr>
<tr>
<td>掌握印象与偏见的内涵</td>
<td>1. 理解印象的内涵
2. 理解偏见的内涵</td>
<td>□优秀　□中等　□合格　□不合格
□优秀　□中等　□合格　□不合格</td>
</tr>
<tr><td colspan="3">学生签名：　　教师签名：　　　　　　　　　　年　　　月　　　日</td></tr>
</table>

项目5 做到人岗匹配——个性差异与人的行为

不知人之短，不知人之长，不知人长中之短，不知人短中之长，则不可以用人，不可以教人。

——魏源

【项目目标】

1. 理解组织中个体行为的特点
2. 理解个性的结构
3. 理解气质、性格和能力差异对组织管理的影响

【生活与组织行为】

因人而异

一条船因为发生故障即将沉没，船长吩咐大副去让乘客弃船，结果大副悻悻而回："船长，所有乘客都不愿意下去……"

船长只得亲自解决。没过多久，船长便微笑而返："我们也可以走了，因为所有乘客都下去了……"

大副惊奇地问："你是怎么劝他们的？"

"我对英国人说，作为绅士，他们应该做出表率，于是英国人全都跳下去了；我对法国人说，这是很潇洒的一件事，于是他们也都跳下去了；我对德国人说，这是命令，于是他们也跳了下去……"船长笑着说。

大副敬佩得五体投地："太妙了！太妙了！可是船长，那些美国人是怎么愿意下去的呢？"

船长说："这个也很容易，我对美国人说，大家放心地去吧，你们都是被保了险的。那些家伙赶紧夹着皮包跳下水去了！"

（资料来源：http：//bbs. tianga. cn/post. no/00-82027-1. shtml. ）

思考：船长的成功源于什么？管理者由此可得到什么启发？

【项目流程图】

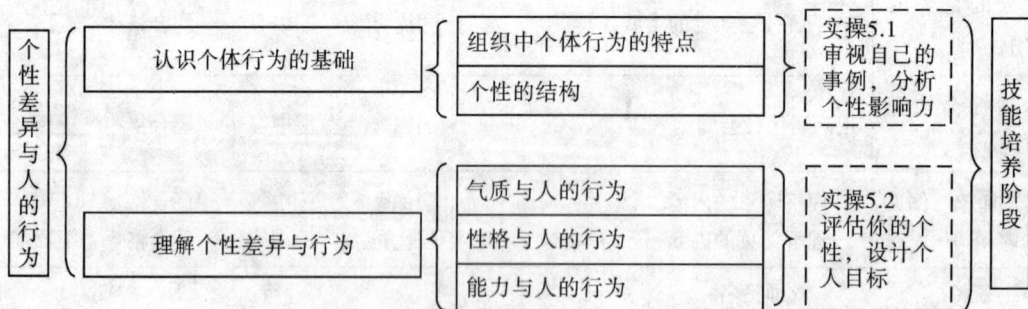

任务5.1　认识个体行为的基础

5.1.1　组织中个体行为的特点

在讨论这个问题前，让我们先来回答下面的问题，检测一下自己对人的行为了解多少。

现代组织行为学家相信的是事实而不是感觉。组织行为学家发现和收集的数据是认识的基础。然而，我们对现实世界的许多认识并不是以这些数据资料为基础的。我们在做决策和评价别人时往往有自己的看法，有时存在着偏见。

下列50道题就是检测你对人的行为的了解程度。请仔细阅读每一道题，并在其后填上"T"（正确）或"F"（错误）。

1. 喝一杯酒实际上能改善一个人的驾驶能力。
2. 大学毕业成绩位于前三名的学生参加工作后挣的钱一般比普通毕业生高。
3. 天才和愚蠢紧密相连。
4. 因为人天性好斗，故战争不可避免。
5. 足智者体弱身虚。
6. 四肢发达则头脑简单。
7. 寡言者多智。
8. 一般来说，男性司机比女性司机驾驶技术高。
9. 讲友谊就可化干戈为玉帛。
10. 所有人生来就具有取得成功的能力。
11. 高收入家庭成功者比例高，低收入家庭成功者比例低。
12. 读书越多，视力越差。
13. 一般来说，女性比男性智力水平略高一些。
14. 人的性格不是内向就是外向。
15. 从小就教孩子弹钢琴可以使他在这个领域内保持永久优势。
16. 学习之后，最初几小时忘却的东西比未来几天忘却的东西多。
17. 少量饮酒有助于学习。
18. 夜间开车好的司机一般白天开车不怎么样。
19. "左撇子"比一般人更容易成为优秀运动员。
20. 女性的直觉比男性强。
21. 抽烟者比不抽烟者的发病率高。
22. 50岁的人比20岁的人聪明。
23. 在美国总统选举中，大都是高个子战胜矮个子。
24. 若要谴责某人的过失，最好的办法就是事发之后即刻进行。
25. 音乐爱好具有遗传性。
26. 人的智商受到测验方法的影响。
27. 吸烟者善决策。

28. 矮个子的女性更愿意和比自己高的男性结婚。

29. 学术能力差的人操作能力强。

30. 冒的风险越大，取得的成绩越大。

31. 天才具有别人没有的特殊智慧。

32. 如果身体很好，智力商数可以提高2%~5%。

33. 盲人强闻。

34. 高凝聚力群体有高的劳动生产率。

35. 一般职工都会承认，挣钱是他们工作的基本原因。

36. 贫穷者最虔诚。

37. 人受到挫折时容易产生攻击性。

38. 幼年的经历一般会影响人以后的行为。

39. 神童成年后也具有优势。

40. 训练有素的心理学家能探知你的内心世界。

41. 成名者一般出身于虽然贫穷但父母努力工作的家庭。

42. 政治家有说服、影响其他人的强烈欲望。

43. 已取得成功的高层管理者对钱的欲望比对权的欲望大。

44. 每天锻炼身体有助于缓解工作紧张感，减少心脏病的发病率。

45. 大学教授比其他任何职业的人具有更强的自尊心。

46. 大多数生产线上的工人认为他们更喜欢在小群体中工作，产生这种思想的原因是生产线工作单调枯燥。

47. 医生的自杀率比其他人高。

48. 大多数为政府工作的职员所冒的风险小。

49. 大多数有效的管理者都是以高度民主的办法管理职工。

50. 大多数大学教授并非智力超群，只不过受过良好的教育。

答案：1、4~10、12~15、17~20、22、25、28~31、33~36、40~41、43、46~50 都为 F，其余的是 T。

（资料来源：周文霞，孙健敏. 组织行为学教学案例精选［M］. 上海：复旦大学出版社，1998.）

请核对自己的答案，看看做对了多少。该测验向你展示的关键不在于对错的多少，而是要你知道自己对人的行为认识并非都是正确的。有些问题的答案远远超出了人的常识。我们研究组织行为学，把它作为一门重点学科来学习，就是因为我们需要行为资料，而不仅仅是感觉和常识。组织中的人的行为受到多方面的影响，个性内容是关键的影响因素之一。因此，我们只有将个性的原理掌握好、理解透，才能正确看待组织中的人的行为的问题。

个体是构成群体或组织最基本的要素或单位。研究组织中的个体行为，对于整个组织行为的研究起到一种奠基作用。研究个体行为是管理工作中基本的、关键的、必要的工作。组织中个体行为表现形式差异很大，可能是受到年龄和性别的影响；可能与本身的职业有关；可能是受到自身所处的社会文化的影响；可能是由于自己的能力引起的；也可能是态度的表现……尽管个体所表现出来的行为是千差万别的，但通过研究分析，我们可以发现它们具有共同的特点，如下图所示。

因果性	目的性	可塑性
每个人的行为都受到一定原因的支配。因果性主要是与人的需求有关	人的行为都带有一定的目的性	人的行为可能会因情感、目标、思维、环境的变化而变化，其方式也可以通过学习来改变

行为的共同特点

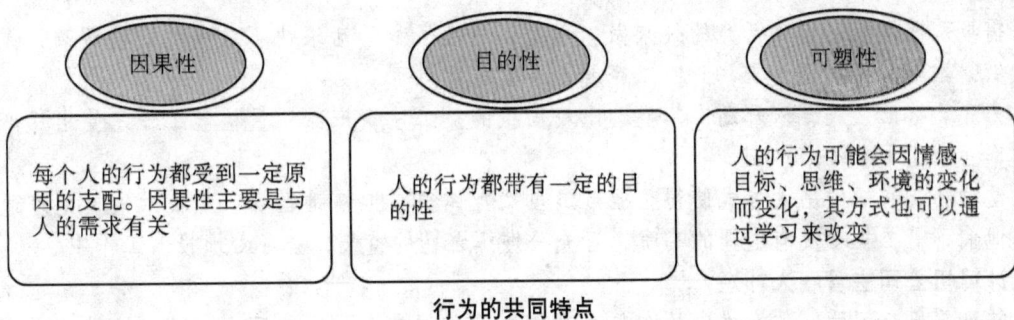

了解行为的这些特点，对我们理解个性与行为、态度与行为、挫折与行为以及后面几章的内容有很大的引导作用。

5.1.2 个性的结构

组织行为学不是研究人的一般心理行为规律的，而是研究各种工作组织中人的工作行为规则的。

1. 个性的概念

个性也称人格，指个体在实践活动中，与先天素质的共同作用下形成和发展起来的与他人区别的相对稳定的心理倾向和心理差异的总和。它反映的是一个人的整体精神面貌，而不是将一个人分成几个部分，再由各个部分进行简单组合。在强调以人为本的现代管理中，要充分调动组织中人力资源的作用，真正做到把合适的人放到合适的岗位上，管理者就必须了解和把握个性原理，对人的个性有全面的、充分的认识，并运用于管理实践之中。

2. 个性的结构

个性的结构包括两个方面，一是个性倾向性，二是个性差异性。个性倾向性包括需要、动机、价值观、人生观、兴趣、信念、世界观和理想等心理成分，它是个性中表现较为活跃的心理成分。个性差异性包括气质、性格和能力等心理成分，它是属于个性中表现较为稳定的心理成分，是本章所要讨论的主要内容。

实例 5-1：用人之道

好孩子集团总裁用人所短

好孩子集团创造了我国童车行业的一个奇迹。该企业的产品已经连续十年国内销量第一，国内市场占有率高达 25% 以上，共申请 1 000 多项专利，其高档童车连续五年居于美国童车市场第一位。好孩子集团的迅速发展，与创始人宋郑还在用人方面的明智之举是分不开的。他让坐不住的人去做推销，让怕出事的人负责安全，让争强好胜不服输的人去完成突击性任务，让六亲不认的人去做纪检和监察工作。如此一来，每个人的长处都得到了充分发挥。

有个厂长，不拘小节，在他眼里，产品有色差，甚至包装箱上出现了不合生产规范的钉子都不算问题。但是，他具有很强的鼓动和指挥能力，善于打硬仗。宋郑还就让他去负责要求不那么细致的中档车间，最后这个厂长成功了。

有一道包装工序，时常会出现质量问题，而这些质量问题总是出在同一类人身上。这些工人都很能干，也很想把事情干好，可为什么总出质量问题呢？宋郑还的研究结论是：这道工序需要那些慢性子出细活儿的人来做。于是，急性子和干活求快不求精的人被调离，慢性子和做事细致的人被调过来，此道工序就不再出质量问题了。

为了严把质量关，宋郑还专门挑选比较固执的员工从事产品质量检验工作，使出厂产品合格率达到了100%。

这种扬长避短的用人方式使得企业员工虽然身体很累但精神轻松，从技术人员到普通工人，他们不需要担心没有道理的指责，可充分发挥自己的特长，全身心地投入工作中。

计算机公司主管雇人补短

某计算机公司的一位女推销员在与客户周旋时游刃有余，谈笑风生，可一接触文字工作便一筹莫展、畏首畏尾。她说："每当我看见表格、文件，比如与客户会谈的报告、费用表时，我立刻会神经紧张。"

面对这种情况，公司主管并不强求她去克服缺点，而是决定雇一个人来帮助她处理文字方面的工作，使她能将精力全部投入产品推销。如此一来，工作绩效提高了一倍。这样，只要从新增销售利润中拿出一小部分就可以弥补增雇一个人的开支，若算总账的话结果是得远大于失的。反之，主管不雇一个人帮她补短，她陷入自己干不来、干不好的文字工作中，用不了多久，她就得被自己的劣势支配甚至折磨，以致影响到她另一特长的发挥。

思考：以上是企业管理中较为成功的两个例子。请问，这两家公司的管理者在用人方面运用了什么理论知识？这些理论知识可以给我们带来怎样的启示？

实操 5.1　审视自己的事例，分析个性影响力

◆**实操内容**

审视过去，构思未来，认识个性影响力。

◆**实操目的**

1. 理解个性结构的内涵。

2. 让学生通过分析自身事例，深刻理解个性对自身发展的影响。

3. 以此为基础，理解管理中做到个性与职位匹配的重要性。

◆**活动步骤**

1. 审视一下自己的过去：描述一下你印象中最深刻的事件。你的个性对这些事件有没有影响？有何影响？

2. 审视你的现在：你有大学生活规划吗？现在的状况如何？你的预期目标实现了吗？你认为个性差异会不会影响这些目标的实现？

3. 思考你的未来：你对未来有何感想和希望？描述一下你理想中的未来生活。要实现这样的生活，你的个性因素所起的积极作用和消极作用各有哪些？

4. 将以上内容填写在以下表格中。

	最深刻的事件/希望达到的目标	个性因素的影响作用
过去		
现在		
未来		

5. 教师进行点评：学生所举的例子是否有代表性？能否说明问题？分析个性影响作用是否客观？

◆**思考回答**

1. 个性与职位的匹配关系是否重要？
2. 管理中，组织考虑员工个性对工作行为的影响时应该注意什么问题？

◆**评估标准（自评和他评）**

评价指标	评估结果			
列举事例的真实性和代表性	□优秀	□中等	□合格	□不合格
个性因素的影响作用分析情况	□优秀	□中等	□合格	□不合格
个性与员工职业发展关系的分析情况	□优秀	□中等	□合格	□不合格
对个性与行为关系的理解情况	□优秀	□中等	□合格	□不合格
需要补充说明：				

任务 5.2   理解个性差异与行为

本任务主要研究的是个性结构中个性差异对人的行为的影响，目的在于为管理提供更有力的依据。

5.2.1   气质与人的行为

1. 气质的概念及特点

在日常生活中，我们对别人的评论会出现"这个人很有气质"这么一句话。这里的气质一般指个人的言行举止、待人接物、衣着打扮、文化修养、体态等。我们将要讨论的气质的概念是一个科学的概念。通常人们所讲的"性情""脾气""秉性"是气质的通俗说法。在心理学领域，气质是描述个性心理特征的一个重要范畴，是指人心理活动的速度、强度和灵活性方面表现出来的稳定的动力特征。例如，有的人容易害羞，有的人活泼好动、反应敏捷，有的人冷静沉着，有的人急躁、易冲动，有的人迟钝，有的人孤僻，有的人敏感。气质的动力性特征，使得个体的行为和心理表现出与众不同的特征，体现出自身的个性特点，是个体有别于他人的特性之一。

气质是人与生俱来的有别于他人的心理特征，刚出生的婴儿就已经表现出自身的气质特征。有的婴儿喜静，怕生；有的好动，不怕生。气质的先天性使得它与性格相比具有更大的稳定性。人的气质特点一般情况下是不容易因外界的变化而变化的。一个易冲动的人，在各种场合下都会表现出这一特性。但这并不表明气质是一成不变的。阅历的增加，社会生活环境的变化，特别是一些重大事件的发生，也可能不同程度地改变气质。如婚姻、事业等的成功与否，都可能改变一个人原来的气质特征及行为表现。

2. 气质的类型及特征

气质的类型多种多样。希腊医生希波克拉底（Hippocrates）提出一个观点，即气质可以分为胆汁质、多血质、黏液质、抑郁质四种类型，每种类型都具有独特的心理和行为特征，如表 5-1 所示。

表 5-1   气质的类型及特征

类型	特征
胆汁质	情绪体验强烈，反应迅速，精力旺盛，生机勃勃，直率，勇敢，坚强，主动性强，缺乏耐心，抑制力差，易冲动，敏感性低，任性，粗暴，感情用事，外倾型
多血质	活泼好动，行动敏捷，反应迅速，开朗热情，情绪发生快而多变，适应性强，善于交往，敏感性低，轻率，注意力不集中，粗心大意，外倾型
黏液质	沉稳，平静，情绪反应微弱，有耐心，自制力强，反应较慢，敏感性低，固执，保守，注意力较集中，内倾型
抑郁质	体验深刻，稳重细心，忍耐力强，敏感性高，情绪不易外露，胆小，孤僻，行动迟钝，内倾型

在现实中，更常见的是，一个人身上兼具多种类型的特征，并较倾向于其中的某一种。

3. 气质差异与组织管理行为

19 世纪，德国心理学家威廉·冯特（Wilhelm Wundt）建议："遇到了生活中一般的苦和悲，应做多血质的人（开朗的人）；遇到了生活中重大的事件，应做抑郁质的人（郑重、多思的人）；遇到了深深关系到我们利益的事情，应做胆汁质的人（积极行动的人）；最后，当做出决定时，应做黏液质的人（沉静、稳重的人）。"管理者应从中得到启示，在组织当中，员工的气质差异会直接影响到他们的心理和行为表现，要提高工作效率，做好员工的思想工作，协调好组织的人际关系，就必须在实践中根据员工的气质差异采用不同的管理方式。

（1）正确看待四种气质的性质。

气质并没有好坏之分，任何一种气质类型既有积极的一面，也有消极的一面。因此，管理者在利用各种气质积极方面的同时，对消极的方面要采取正视的态度，同时采用正确的措施来控制消极因素。而在看到气质的消极方面时，不要陷入晕轮效应，抹杀其积极的方面。

气质类型不对人的社会价值和事业成就高低起决定性作用。众多事实表明，气质类型相同的人群中，有品德高尚、成就卓著的人，也有道德败坏、一事无成的人；同样，不同气质类型的人，也有可能在同一领域或不同领域具有同等的成就。

（2）分工合作要注意到气质类型与工作的匹配和气质类型的互补性。

在分工方面，我们要注意到气质可能影响人们的工作效率。不同的工作，应由不同气质类型的人来承担，才能取得好的效果。对于要求有拼劲、不畏难、反应迅速、灵活、敏捷的工作比较适合胆汁质和多血质的人；对于要求冷静、自我控制能力强、谨慎细心的工作比较适合黏液质和抑郁质的人。例如，营销员、公关人员、宣传者、采购员、外交官等工种，活动量较大，需要员工灵活应变，善于处理人际关系，我们可以安排外倾型的员工从事这方面的工作；财会人员、档案管理员、校对员等属于稳定、重复性、细心谨慎的工作，我们可以安排内倾型的员工从事这方面的工作。另外，有些特殊的职业和工种则会对人的气质提出特殊的要求。如我国登上月球的第一人——杨利伟，他必须具有灵敏快速的反应、冷静、有胆识、临危不惧、理智的气质特征，否则难以完成这个具有划时代意义的重任。在合作方面，我们要考虑到员工气质的互补性，组织中有些工作需要由具有不同气质类型的人合作完成，取长补短，才能提高整体效率。比如，有些工作既需要敏捷、灵活的反应，也需要小心谨慎、沉着稳定的气质特点才能顺利完成，这就需要由具有不同气质的人进行合作才能达到目标。

（3）因人而异，根据不同的气质特征，采用灵活的方法开展员工思想工作。

管理者经常要做员工的思想工作，一方面是为了解决问题，另一方面是为了调动、维持员工的积极性。要想取得好的效果，就应掌握员工所具有的气质特征，有针对性地开展我们的工作。胆汁质的人情绪体验强烈、易冲动，不要跟他们直来直去，否则会恶化问题，应先肯定他们的长处，再引出问题，以理说教，严肃批评；多血质的人情绪多变、粗心大意、开朗、容易接受批评，对他们可以直入主题；黏液质的人情绪反应微弱、沉着、固执、保守，对他们要多加关心，要有耐心，多交流，不要操之过急，要反复说服；抑郁质的人情绪不易外露、敏感、脆弱，对他们千万要注意不要当众指责，应多鼓励，循循善诱，采取个别谈心、交换意见的方式开展工作。

5.2.2 性格与人的行为

1. 性格的概念

性格是指人们对现实独特的、一贯的、稳定的态度和行为方式所表现出来的心理特征。

人们对现实的看法和态度不同，外现的行为方式也会不同，所反映的心理特征就具有个人的独特性。例如，有人自信，有人自卑；有人狡猾，有人坦诚；有人节俭，有人浪费；有人勇敢，有人畏难等，这是组成性格的一部分心理因素。

性格是一个人独特的、一贯的心理特征。在某些情境中，人们所表现出来的偶然性的、一时性的态度和行为方式，不能代表一个人的性格特点。例如，某一天你的上司表现出一副紧张、急躁、霸道的样子，与一贯的和蔼可亲、潇洒自如的行为举止差距很大，不能说你的上司的性格是虚伪、傲慢、霸道。他的反常表现是受到了当时特殊情境的影响。只有当个人的态度和行为表现出一贯性和稳定性，并随时随地能自然而然地表现出来，才属于性格的概念范畴。

实例 5-2：打造"梦之团队"——九种性格的凝聚

在遥远的太空，一艘太空船正在四处漫游，由东往西，从南到北，穿梭宇宙星际，希望能找到无人到达过的地方，探索出新的文化、资源和思维。

某一天，太空船来到太阳系的某个星球，远远看去，星球很美丽，山清水秀，色彩缤纷，船长于是命令太空船驶近一点。

用先进仪器探索一番后，结论是这个星球有水、泥土、树木、动物，可以维持生命，是个很不错的地方。船长决定派遣船员作为先行部队，到地面上探索该星球是否适合居住或殖民。然而船员人才济济，该派谁去？

开路先锋8号。船长打开一幅关于船员的九种性格地图，发现8号的人生使命是保护、带领，特质是从不害怕、有谋略、目光长远、懂得保护身边人，想方设法解决困难，有力量有冲劲去克服问题。要开山劈石做先锋，建立长远目标，他们是最佳人选。

于是，船长派遣了8号人员来到星球上，先建立一个桥头堡，并为进一步发展铺路。8号尽责地策划了很多方案、目标，不过由于工程浩大，工作繁多，8号无法一一应付，便向船长要求派遣一些人来帮忙。

支援之选2号。船长再度打开船员的性格地图，发现2号的人生使命是成就他人，尽力协助他人成功，最适合做支援工作，于是又派遣2号去支援8号。不过，问题依然存在。8号只顾看长远目标，不能兼顾细节；2号只懂支援策划，却不会自行多走一步，欠缺真正勤奋办事的人，船长只好考虑加派他人去协助。

忠心队员6号。打开性格地图，船长发现6号是团队型的人，团结、忠心、安全，最适合做士兵，于是派遣他们前去。这时，一个国家已初具规模，有皇帝（8号）、宰相（2号）、士兵（6号），不过6号太重视安全，在探索时遇到危险便退缩，8号又认为需要增派将军来带领士兵。

勇字当头3号。3号正是将军的人选。他们的人生使命是达到目标后，再达到另一个目标。3号喜欢有成就，"勇"字当头，披荆斩棘，不怕痛楚，不受感情拖累，决定去做一件事时，无人可以阻挡他。3号来到星球上，听从8号的指挥，带领6号向前冲，令太空船的势力急速扩大。

不过，由于3号为求目的，有时会不计成本，横冲直撞，不惜牺牲士兵，导致怨声载道，于是8号又要求太空船派人帮忙，以制约各方，取得平衡，同时能规划各种行为上的细节。

长于规划5号。太空船长这次派来的是5号。他们理性不会冲动，人生使命是收集资料和做出分析。刚一到达，他们就搜集了所有问题的资料，逐一研究，制订解决方案，建立真正细致的拓展蓝图。有了蓝图，8号便可以根据方案带领6号去冲锋，使探索新大陆、修桥筑路等工作变得更安全。

果然，有了5号的规划，工作变得顺利得多，但还欠一点：3号有时急于求成，不顾一切，没有按照5号制订的方案去做。最终后果是，工作效果不够好，时有遗漏，或质量欠佳。

监督使者1号。为了确保所有人按标准去做，太空船长派1号来监督。1号的人生使命正是跟从标准、原则。由于1号很有判断性，是非黑白分得清楚，颇能起到监管之效，令团队运作开始畅顺。

可是不久之后，留在星球上的人又觉有所缺乏。因为平日只有工作，没有玩乐，也欠缺士气。这次，太空船长派了7号前来。

娱人先生7号。7号的人生使命是创造可能性。7号最怕闷，怕不开心。为了常常保持开心，他会设法带给每个人欢声和笑语。有了7号，星球生活开始变得丰富，吃喝玩乐一应俱全。

不过，本身拥有高度智慧的太空人，并不愿意看见留在星球上的人满足于吃喝玩乐这一肤浅的娱乐方式，更害怕他们只顾向外发展，忽略了心灵的坚守，忘却了本来的灵性。太空船长于是派遣4号前来。

心灵诗人4号。4号的人生使命是凭直觉做事，他会创作歌曲、诗章、图画，透视人的内心感受，带动所有人重投灵性感觉的怀抱。

和平大使9号。至此，星球似乎什么都有了。不过人一多，纷争、冲突便出现了。为了维持和平，船长把最后一种人（9号）派来。9号的人生使命是维持和谐。9号本身没有野心，又爱调解其他人的纷争，能够维护和平，提高团队凝聚力。

当九种人同时在星球上生存时，一个最完整的团体诞生了，这九种人共同合作、相互制衡，堪称真正的梦幻组合。这个星球，就叫作地球。

思考：看完以上故事，你有何启示？

2. 性格的类型与行为

从不同的角度，可以将性格分为不同的类型，不同类型的性格有不同的行为表现，如表5-2所示。

表5-2　性格的类型与行为表现

研究者	分类依据	类型	行为表现
瑞士心理学家荣格（C. C. Jung）	根据力比多（Libido）释入的倾向性	内倾型	细心谨慎，情感不外露，沉稳，孤僻，犹豫不决
		外倾型	善于交际，情感外露，直率，粗心，独立，果断

（续上表）

研究者	分类依据	类型	行为表现
英国心理学家培因（A. Bain）和法国心理学家李波（T. Ribot）	按何种心理机能占优势	理智型	凡事三思而后行，理智地考虑和处理事情
		情绪型	经常将情绪波动行于色，行为受情绪左右，易感情用事
		意志型	对既定目标明确，锲而不舍，自觉主动
		中间型	不以某种心理机能占优势，而兼具某两种心理机能的特点
德国的心理学家斯普兰格（E. Spranger）	根据人类文化生活的六种形式	理论型	从实际出发，善于思考问题，并做决策
		经济型	追求利益，经济观和价值观意识强烈
		审美型	唯美主义行为家
		社会型	热心投入社会工作、社会活动和社会交往
		权力型	视权力为享受，以支配他人为欲望
		宗教型	对现实生活的意义和价值不持肯定态度，相信上帝的存在

3. 性格与组织管理行为

性格是个性中最鲜明的心理特征表现，是个性特征的核心问题。它跟气质不同，气质不存在社会评价意义，但性格有好坏之分。性格会影响员工的创新能力、竞争力、人际关系处理能力，以及工作态度和工作效率。具有自主、勇敢的性格的人，一般创新能力、挑战性较为突出；热情、主动、宽容的人善于处理人际关系，可对提高群体关系的融洽性带来帮助；有合作精神、做事严谨、踏实、热情的人，表现出一种主动、积极的工作行为，能提高工作效率。

组织中管理者的管理观念影响和制约员工性格的形成。管理者的管理观念不同，他的领导风格也不一样，那么员工在组织中就会形成不同的性格特征，并通过行为表现出来。例如，管理者以"经济人假设"理论作为管理的指导思想，视员工为不愿多做工作、缺乏雄心、希望依赖他人的人，会使员工逐渐形成不思上进、依赖性强、被动、消极的性格特征和行为方式。

5.2.3　能力与人的行为

1. 能力的概念

能力是指个体顺利完成某项活动所必备的个性心理特征，其对活动效率产生直接影响。任何一项活动要顺利地、高效率地完成，必须有具有相应能力的活动参与者。我国 2004 年奥运会跨栏冠军刘翔，他能够在世界性的比赛中取得举世瞩目的成绩，是因为他具有一名成功运动员的毅力，能克服困难，同时也具有良好的动作协调能力、较强的身体平衡力、灵敏的反应力。中国台湾著名的女主播崔慈芬，之所以能一直保持优秀的成绩，连续获得地区级的各项主持人奖项，与她自身具有的学习能力、独立思考能力、较强的亲和力、灵活敏捷的应变能力、优秀的语言表达能力等有着密不可分的关系。

能力多种多样，任何人都不可能面面俱到。每个人的能力都有强的一面，也有弱的一面。在组织中，管理者不仅要明确这一点，而且要理解、掌握它们的差别，在实践中加以运用。

2. 能力与技能、知识

能力与技能、知识之间既有区别，又有联系。

（1）能力与技能、知识的区别。

能力是个体顺利完成某项任务必备的心理特征；技能是人们通过实践而获得的基本动作方式；知识是人们对经验的总结。

例如，小李早于小王学习绘画，如果从技能、知识上讲，小李比小王具有较多的绘画技能和知识。但这并不意味着他学画画的能力比小王强。有可能小王在具备了学习绘画的条件后，他的技能和知识会迅速超过小李，从而显示出较高的绘画能力。

（2）能力与技能、知识的联系。

①拥有能力是顺利掌握技能、知识的前提条件。能力强的人比能力弱的人更容易获得某方面的技能和知识，并且付出少，收获多。

②技能和知识的掌握，也会促进能力的提高。每个人都有一些潜在的能力。个体在掌握技能和知识的活动过程中，使这种潜能得以发掘。

例如，如果一个人具有领导潜能，一旦他有机会通过自学或进修获得相应的技能和知识，他在这方面的潜能就会得到开发，并逐渐得到提高。

3. 能力的类型与组织行为

人的能力是各种各样的，不同的能力，对组织分工起到不同的促进作用。一般可以这样划分：

（1）一般能力与特殊能力。

一般能力是在各种活动中表现出来的能力，如注意力、记忆力、观察力等。特殊能力专指在某种专业性的活动中表现出来的能力，如画家的形象记忆力、作家的写作能力等。

（2）模仿能力与创造能力。

模仿能力是指人们通过观察来学习知识，再以相同的方式做出反应的能力。模仿能力是按现有的方法解决问题，例如，演员的动作模仿，从字帖上模仿别人的书法等。创造能力指个体产生前所未有的事物的能力，例如，小说创作者创作新的作品。创造能力是通过提供新方法、新措施来解决问题。模仿能力与创造能力之间有一定的联系。模仿能力可以说是创造能力的前提与基础。在组织管理当中，一定的模仿能力能起到一定的作用，对于竞争如此激烈的社会，创造能力的有无关系到企业的生死存亡。

当肯德基和麦当劳在中国建立各个分店时，很多企业也模仿它们推出了类似的快餐店，它有炸鸡，我也做炸鸡；它有薯条，我也做薯条……这些企业的模仿能力很强，但由于不懂创新，最后纷纷倒闭了。我们在学习、模仿的基础上，应该进行自我创新，才能获得生存发展。

美国福特汽车公司的例子也很好地说明了在模仿的基础上进行创新所带来的好处。福特看到生产线上装配一辆 T 型车需 12 个小时，他认为太慢了，决心改进，但苦无良策。后来他去参观屠宰场、罐头厂，看看它们运输材料的生产过程。在那里他看到生产线很长，整块猪肉切碎、蒸煮、装罐、输送等过程全用滑轮，不用人力，迅速简便。他立即回厂，召集技术人员设计制造了装配汽车的输送带，装配一辆 T 型车的时间降为 83 分钟，极大地提高了装配速度。

（3）认识能力、操作能力和社交能力。

这三种能力是在管理领域中，根据活动的性质进行划分的。认识能力是指员工理解和掌握工作目标与生产任务的能力；操作能力是指员工具体实施工作计划、完成生产任务的能力；社交能力是指员工在生产、工作中保持良好人际关系的能力。管理者应该明确，不同的工作对这三种能力有不同的要求。

例如，从事人力资源部工作的人应有较强的认识能力和社交能力。

4. 能力的差异

人的能力也有个体差异，主要体现在能力的类型差异、能力的水平差异和能力的年龄差异三个方面。

（1）能力的类型差异。

能力的类型差异是能力的质的差异。人们可以按各自不同的能力组合来完成同一项活动。例如，有些人的优势能力在记忆上，有些人在思维上，有些人在模仿上，有些人在创造上等。

（2）能力的水平差异。

能力的水平差异是能力的量的差异。在同等条件下，甲比乙在某项任务中取得的成绩高，这说明甲的能力水平较高。根据实验统计表明，人的智力发展水平差异呈正态曲线分布，高智力水平和低智力水平的人所占的比例均小，中等智力水平的人所占的比例大，即两端小，中间大。

（3）能力的年龄差异。

能力在人的成长过程中也表现出差异性，有的人在早年就表现出非凡的能力，有的人到了晚年才表现出来，我们将它们分别称为"人才早熟""大器晚成"。例如，我国有"诗仙"之称的李白，他五岁通六甲，七岁观百家；而世界上杰出的发明家、科学家爱迪生小时候曾被认为是一个低智力的儿童，屡次被拒于学校门外，30 岁才开始走上发明创造的道路，为世人留下了包括电灯、留声机、有声电影在内的 1 000 多种影响深远的发明成果。对大多数人来说，能力的最佳培养期在儿童时期，成才的最佳年龄是在成年、中年时期。

5. 能力差异与组织管理行为

能力是通过人们的实践活动表现出来的。个体能力的强弱直接影响着他的活动效率及其质量。员工工作效率的高低，主要取决于该工作对能力的具体要求是否与从事本工作的人员所具有的能力互相匹配。例如，高层管理者需要有良好的洞察力、预见性、激励作用；作家要有丰富的想象力、较强的文字组织和表达能力；营销人员要有较好的口头表达能力、应变能力和人际交往能力。如果员工缺乏工作要求的能力，或者其能力远远超过工作要求时，前者会使员工在工作中常常无法顺利完成任务，时间一长，会打击员工的信心，造成组织不同程度的损失；后者会降低员工的工作满意度，从而减少员工自身的优势能力对组织的贡献。不管企业在配置人员时，还是在招聘新员工时，一定要明确员工的能力与工作要求的匹配程度，因为这直接关系到组织整体目标的实现，应做到两者之间互相匹配。而企业中有很多种分工，不同分工对能力的要求也不同。为了提高人力资源管理，组织可以在每个职位的工作说明书上明确指出对员工能力的要求。

实操 5.2　评估你的个性，设计个人目标

◆实操内容

让每个学生对自己有一个正确的认识，明确自己的职业方向。

◆ **实操目的**

1. 理解个性差异性与人的行为。

2. 为学生进行正确的定位提供分析途径，并为以后的职业生涯规划打好基础。

◆ **活动步骤**

1. 评估自己的优点和缺点。

优点（strength）	缺点（weakness）
什么是我最优秀的品质？	我的个性有什么弱点？
我曾经学习了什么？	经验或者经历上还有哪些缺陷？
我曾做过什么？	最难忘的失败是什么？
最难忘的成功是什么？	

（1）列出自己喜欢做和不喜欢做的事情及优缺点。

（2）列出自认为所具备的很重要的强项和对你的职业选择会产生影响的弱项。

（3）再从中标出那些你认为对你很重要的强、弱项。

（4）两种选择：一是努力去改正常犯的错误，提高技能；二是放弃那些自己不擅长的、技能要求很高的职业。

2. 职业机会和威胁分析。

请列出自己感兴趣的两个行业，然后认真地评估这些行业所面临的机会和威胁。

3. 列出最想实现的 3~5 个目标。

例如，希望从事哪一方面的工作；何种职位；薪水到哪个级别；管理多少人等。

注意：必须竭尽所能地发挥出自己的优势，使之与行业提供的工作机会圆满匹配。

4. 实施目标的步骤。

（1）时间。

（2）所需资源或帮助。

（3）实施途径。

（4）评估方法。

5. 按以上内容分析，撰写一份具体的方案，形成 Word 文档。

6. 以 PPT 的形式进行个人汇报。

7. 教师进行点评：完成结果如何？个性分析是否到位？个性特点与目标之间关联性如何？是否可行？

◆ **思考回答**

个性差异性与员工管理有什么关系？

◆ **评估标准（自评和他评）**

评价指标	评估结果
个性优点与缺点的评估	□优秀　　□中等　　□合格　　□不合格

评价指标	评估结果			
职业机会和威胁分析	□优秀	□中等	□合格	□不合格
目标明确性	□优秀	□中等	□合格	□不合格
目标实施可靠性方案	□优秀	□中等	□合格	□不合格
汇报是否突出重点	□优秀	□中等	□合格	□不合格
需要补充说明：				

关键术语

个性　个性差异性　气质　性格　能力

综合训练

情境设计：三星的用人之道

三星注重吸纳天才，善用个性人才，敢用奇才、怪才。

被誉为"全球第一职业经理人"的杰克·韦尔奇在参观完三星设在韩国的人力开发院之后感慨：三星已经走在了人才培养的前面。针对三星的人才战略，记者采访了三星集团中国总部社长兼三星电子大中华区总裁李相铉。

李相铉告诉记者："虽然很多人想了解关于三星中国的业绩'三级跳'之谜，但我们更愿意与中国的公众分享包括人才战略在内的三星中国成功的经验。"

吸纳天才是首要任务

掌握天才或天才级人才是人才战略的首要问题。三星目前已拥有不少具有世界一流技术水平的准天才级人才和一大批企业首脑、技术专家和专业经营者，正是这些人才支撑起了三星的大厦。三星物产株式会社人事经理金素英说："申请人越来越热切地希望加入三星。"当然，她只能挑选申请者中最优秀的人员，因此她不得不拒绝很多有天赋的应聘者，这的确是一件困难的事情。

个性人才担当大任

善用个性人才。所谓个性人才就是整体看起来不算十分优秀，但在特定方面兴趣浓厚，才能超人，能够在所在领域独树一帜的人。这样的人通常不合群，在组织内部协调共事方面存在缺陷，许多企业经营者对其不喜欢，不爱用。但三星认为，个性人才对事业极为执着，有望成为特定领域的专家。一旦扬长避短，便可担当大任。

不同部门大胆任用怪才

敢用奇才、怪才。按照李相铉的表述，三星一直坚持在不同部门大胆任用多种类型的人才，甚至曾经做过电脑"黑客"的程序高手也因为技术出众而被聘请，从事开发工作。1999年，正当风险投资悄然兴起时，当时所属三星电子软件俱乐部聘请的"软件大玩家们"的薪金达到了2亿元。这些软件方面的专家并不像人们想象的那样来自名牌大学，其实他们绝大部分没有接受过正规的大学教育。他们靠在龙山电子一条街搞点组装电脑、编程等副业打"野战"。他们居然渐渐打出了名气，有些甚至成为"黑客"或编程高手。

"中国有个词我非常欣赏，叫作'有容乃大'，三星便是一家包容性非常强的公司。"对中国文化了解颇深的李相铉如是说。事实上，三星公司中，很多高层管理人员在学校中的专业和最初进入的领域，与他们现在的职位并不一样。但是，他们在公司中获得了新的位置，实现了更好的发挥。

三星电子（北美）市场营销策略高级副总裁彼得·维法德年轻时是一个音乐厅的钢琴师。他目前仍然喜欢弹奏钢琴，不过他在三星的职位不再是一个独奏者，相反，他领导着一批天才员工，进行广泛的市场拓展策略。

公益活动员工必修课程

"三星管理者的长期目标是要使三星成为世界上最受尊敬的企业之一，"李相铉如是说。据了解，在三星内部，合理的员工职业规划、公正的评价体系深受雇员欢迎。在公司外部，三星则本着"善待周围的人们，融入当地的文化"这一核心思想，通过助学、捐赠和其他活动来表达三星对社会的赤诚之心。如今，公益活动已经被列为三星新员工入门培训的必修"课程"。

由三星电子赞助的第三届中韩青年绿色使者交流营活动移师北京，来自韩国一流大学和来自中国北京大学、清华大学、中国人民大学、北京林业大学及中央民族大学的 100 多名中韩大学生在京种下了防治风沙的"中韩友谊林"。事实上，三星从 2002 年开始赞助的"中韩未来林"计划，已经把中韩两国"未来领袖"的友谊之手握在了一起。

【思考讨论题】

1. 我们应该怎样理解三星集团"注重吸纳天才，善用个性人才，敢用奇才、怪才"的管理思想？它符合组织行为学的哪一个观点？

2. 作为一个成功的企业，三星的用人之道可以给我们提供哪些借鉴？

3. 认真阅读案例，理论结合实际对本案例进行分析，每人撰写约 500 字的案例分析。

公司经营活动 5：招聘员工

◆实操内容

招聘员工。

◆实操目的

1. 掌握个性差异与人的行为的内容。

2. 正确运用个性差异与组织管理关系，做到把合适的人放到合适的岗位上。

◆活动步骤

1. 布置招聘场景。

2. 招聘人员就位。

3. 学生自愿选择任何一家公司的任何一个部门进行应聘。

4. 录用符合条件的应聘者。

5. 各公司总结招聘工作情况。

6. 教师点评。

◆ 思考回答

如何做到把合适的人放到合适的岗位上？应考虑什么问题？

工作评价表

职业核心能力测评表		
职业核心能力	评价指标	自测结果
自我管理能力	1. 能跟随教师思路思考 2. 能主动参与讨论 3. 能主动将所学知识运用在实践中	□优秀 □中等 □合格 □不合格 □优秀 □中等 □合格 □不合格 □优秀 □中等 □合格 □不合格
合作交流能力	1. 能尊重他人的观点 2. 能与他人进行有效沟通 3. 能主动参与合作过程	□优秀 □中等 □合格 □不合格 □优秀 □中等 □合格 □不合格 □优秀 □中等 □合格 □不合格
解决问题能力	1. 能准确理解信息资源 2. 能客观分析信息资料 3. 能发现并解决常规问题	□优秀 □中等 □合格 □不合格 □优秀 □中等 □合格 □不合格 □优秀 □中等 □合格 □不合格
设计创新能力	1. 能够提出建设性的观点 2. 能够从不同角度提出方案 3. 能够制订创新方案并实施	□优秀 □中等 □合格 □不合格 □优秀 □中等 □合格 □不合格 □优秀 □中等 □合格 □不合格
学生签名：	教师签名：	年　　月　　日

专业能力测评表		
职业核心能力	评价指标	自测结果
认识个体行为的基础	1. 理解组织中个体行为的特点 2. 理解个性的结构	□优秀 □中等 □合格 □不合格 □优秀 □中等 □合格 □不合格
理解个性差异与行为	1. 理解气质与人的行为的关系 2. 理解性格与人的行为的关系 3. 理解能力与人的行为的关系	□优秀 □中等 □合格 □不合格 □优秀 □中等 □合格 □不合格 □优秀 □中等 □合格 □不合格
学生签名：	教师签名：	年　　月　　日

项目6 做好掌舵人——领导行为

管理是把事情做好,领导力是做正确的事情。

——彼得·德鲁克

【项目目标】

1. 理解领导的含义
2. 理解领导与被领导、领导行为与管理行为的关系
3. 掌握领导者的个体素质及其要求;掌握领导者群体结构的合理化
4. 掌握领导理论相关内容

【生活与组织行为】

鹦 鹉

某人去买鹦鹉,看到一只鹦鹉前标有:此鹦鹉会两门语言,售价两百元。另一只鹦鹉前则标道:此鹦鹉会四门语言,售价四百元。该买哪只呢?两只都毛色光鲜,非常灵活可爱。某人转啊转,拿不定主意。

某人突然发现一只老掉了牙的鹦鹉,毛色暗淡散乱,售价却要八百元。这人赶紧将店主叫来:"这只鹦鹉是不是会说八门语言?"店主说:"不。"

某人觉得很奇怪:"为什么又老又丑又没有能力的鹦鹉,会值这么多钱呢?"店主回答:"因为另外两只鹦鹉叫这只鹦鹉'老板'。"

思考:以上故事说明了管理中领导的什么问题?

【项目流程图】

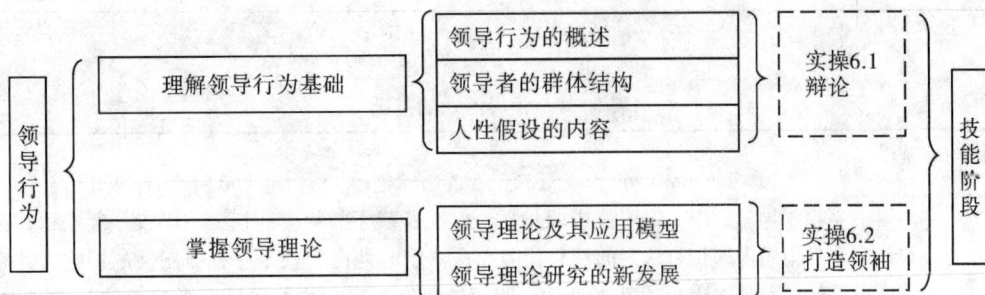

任务 6.1 理解领导行为基础

当今世界，企业（组织）之间的竞争犹如一场不见硝烟的战争，要赢得这场无硝烟的战争，领导的作用是绝对不容忽视的。以前的企业管理只注重专门研究计划、组织、指挥、控制、协调等经典管理职能，而现在的管理界对领导行为的研究和重视日益增加。因为领导者不同的行为方式与工作作风、领导群体不同的结构与功能都关乎组织战略目标的确立、发展前景的制定，以及组织成员积极性的有无、人心的向背和士气的高低。因此，当今企业要获得经营的成功，必须深入探讨领导行为的基础、领导理论的发展和领导影响力的提高，以不断增强领导活动的有效性，最大限度地调动组织成员的积极性。

6.1.1 领导行为的概述

领导行为是组织运行过程管理的一项重要内容，也是组织职能发挥的最基本的途径。一个组织绩效的高低与领导行为有着密切的关系。

1. 领导的含义

关于领导，管理专家和组织行为学者从不同方面、不同角度做过不同的描述，例如："领导是指挥和影响个人、群体、组织在一定条件下实现某种目标的行动过程"，"领导是一种群体过程，是使别人顺从的艺术"，"领导是影响力的施加，是一种说服他人的形式，是一种实现目标的手段，是吸引他人的功能或作用"等。这些说法虽然不尽全面，但从不同层次揭示了领导的特性与实质。从组织行为学的一般意义上来说，领导应该是指引导和影响群体和组织其他成员为实现组织目标而做出努力的过程或艺术。可见，领导包括了四个方面的基本含义：其一，领导一定要与群体和组织中的其他成员发生联系；其二，权力在领导和组织其他成员中不平等的分配；其三，领导者能够对组织其他成员产生各种影响；其四，领导的目的是影响被领导者为实现组织的目标做出努力，而不是更多地体现个人权威。

2. 领导活动的基础

领导活动的基础是指由领导者的职权、品德、知识、才能等诸多因素构成的领导行为发生的基本条件。

表 6 - 1　领导活动的基础

领导活动的基础	定义
职权	是指领导者处于一定职位或职务后，组织所赋予的相应的权力。职权一经获得，在特定的组织内即带有法定的性质，因而在一定时期内职权是一种强制性的影响力，它是领导活动得以进行的基本条件。职权的限度规定制约着领导者影响力的范围和程度，没有职权的人则无领导的影响力
品德	是指领导者从事领导活动所具有的个性品质和道德素质。个性品质的优劣和道德素质的高低决定着领导者在人们心目中是否有威望，因而也就决定了其影响力的大小。品德在领导活动中的影响力是非权力影响力，它是造成领导活动效果差异性的主要因素

领导活动的基础	定义
知识	是指领导者从事领导活动所具有的基础知识、专业知识和工作经验。一个领导者所拥有的知识是决定其领导行为的效率和质量的关键因素，领导者具有渊博的知识与丰富的经验也是领导活动能够对受影响者产生长久的、积极的影响的重要条件
才能	是指领导者从事领导活动所具有的认知能力、分析能力、组织能力、创造能力等。才能是一个领导者能否胜任某个职位或某项领导任务的标志，才能的高低与领导者威信的高低是一致的，也与群众对领导者的支持度、忠诚度密切相关

3. 领导者的权力来源

领导者拥有组织中的正式职位与权力即获得了组织所赋予的相应的权力，在特定的组织内领导者的权力带有法定的性质。作为领导活动的基本条件，领导权力分为五类，如表6-2所示。

表6-2 领导权力的来源

领导权力	来源
惩罚权	来自上下级关系派生出的下级对上级的畏惧感，即下级感到领导者有权力和有能力运用组织制度或组织规范来惩罚他，使他在心理和精神上产生郁闷或痛苦，在行为和物质上不能满足某些需求
奖赏权	来自下级追求满足的内在动机和强烈欲望，即下级意识到领导者有权力和有能力给予他某种形式的表彰与奖赏，使他获得愉快或满足某些需求
支配权	来自组织运行过程中长期凝结而成的下级对上级的服从的习惯和观念，即认为领导者处于组织机构中的特定地位，而具有合法的权力影响他，他必须接受领导者的影响
崇拜权	来自特定组织环境中下级对上级的信赖和佩服，即下级相信领导者具有他所需要的能力和品质，具有与自己相同的愿望和利益，从而由衷地对领导者产生钦佩的情感并愿意模仿和跟从他
专长权	是由下级对领导者具有某种专门的知识、技能和专长产生的信任和崇敬而引发，即下级深信领导者能帮助他排除障碍顺利达到组织目标和个人目标

4. 领导者的影响力

影响力是一个人在人际交往中以其身份和个性特征影响和改变他人的心理与行为的能力。领导者的影响力，就是领导者在领导活动中有效地影响和改变被领导者的心理与行为，以及使之纳入群体活动目标轨道的能力。任何领导活动都是在领导者与被领导者的相互作用中进行的，领导者如果不能影响或改变被领导者的心理和行为，就很难实现领导功能，群体目标也很难达到。一个领导者要实现其领导职能，关键在于他的影响力。判断一个人是不是一个有效的领导者，最终是由他能否有效地通过他的影响力去影响其他人的行动来决定的。

（1）领导者影响力的心理依据及其构成。

社会心理学的研究表明，领导者影响力取决于许多因素，如领导者的地位、能力、品格、知识、才能等，而领导者影响力的发挥也依赖一定的社会心理条件，离开这种社会心理定式和社会效应，领导者就无法实现其影响力。领导者影响力实现的社会心理依据见表6-3。

表6-3　领导者影响力实现的社会心理依据

心理依据	具体体现
归属心理	在社会生活中，人们总是渴望自己归属于一定的群体而成为其中的一员，并得到群体成员的关心与爱护
崇拜心理	心理学与社会学研究表明，人类对于杰出人物一般会自发地萌生出崇拜心理
模仿心理	模仿是在没有外界控制的条件下，个体受到他人行为的刺激影响，使自己的行为与之相似或相同
遵从心理	遵从是人的一种适应性心理倾向，它包括对人的遵从和对规范的遵从

（2）领导者影响力的类型。

影响力就是一个人在与他人的交往中，影响和改变他人心理或行为的能力。在组织管理活动中，每个成员都发挥着各自不同的影响力，但一般人与领导者的影响力强度有着本质的差别，前者无足轻重，而后者是起决定性作用的。领导者影响力本身作为一个多因素的综合结构，大致地说，领导者影响力的构成因素可以划分为权力因素和非权力因素两大类型，权力因素包括传统因素、职位因素、资历因素等，非权力因素包括品格因素、能力因素、知识因素、感情因素等。根据这两个因素群在领导者影响力系统中的不同作用，可以把领导者影响力划分为权力性影响力和非权力性影响力，具体如表6-4所示。

表6-4　领导者影响力的类型

类型	构成因素	性质	心理效应	具体体现
权力性影响力	传统因素	观念性	服从感	在长期的社会生活中，人们对领导者形成了这样一种印象：领导者往往有权力、有才干，他们不同于普通人
	职位因素	社会性	敬畏感	领导者在工作群体中的职位会使被领导者产生敬畏感。领导者职位越高，权力越大，人们对他的敬畏感也就越强烈，他的影响力的辐射作用也就越大
	资历因素	历史性	敬重感	领导者的资格与经历也是产生影响力的重要因素。资历反映或代表了一个人的生活阅历和经验，人们对资历较深的领导者会产生一种敬重感

类型	构成因素	性质	心理效应	具体体现
非权力性影响力	品格因素	本质性	敬爱感	包括领导者的道德品质、人格、作风等，它反映在领导者的一切言行之中
	能力因素	实践性	敬佩感	一个有才能的领导者会给工作群体带来成功的希望，使人们对他产生一种敬佩感，它会感染和吸引员工自觉去接受领导者的影响
	知识因素	科学性	信任感	知识是一个人最宝贵的财富，知识本身就是一种力量。一个领导者如果具有某种知识专长，他便会对别人产生更大的影响力
	感情因素	精神性	亲切感	感情是人对客观事物（包括人）好恶倾向的内在反映，人与人之间建立了良好的感情关系，便能产生亲切感

讨论：领导者影响力应如何正确运用？

3. 领导者与被领导者的关系

（1）指挥与服从关系。

从组织行为的角度来看，领导者与被领导者所处的地位不同，一个是指挥者，另一个是服从者。领导者的"指挥者"角色，意味着他为了大家的利益可以"发号施令"，有权指挥、安排被领导者的活动。被领导者应当听从领导者的指挥，服从领导者安排，这样组织才能正常运转起来。

（2）沟通与信任关系。

在共同完成组织预定目标的过程中，由于领导者与被领导者所处的地位不同，领导者应当在适当的场合、适当的时间，把与组织生存发展有关的情况向被领导者通报，同时积极征求被领导者的意见，以消除领导者与被领导者之间的隔阂，增进相互信任，同舟共济，共同为实现组织目标做出贡献。

（3）合作与支持关系。

领导者由于处在领导岗位上，要对组织行为目标的实现负责任，因而迫切希望与被领导者密切合作，把大家的思想统一起来，"政令畅通"，按预定的方案行事。作为被领导者应当支持领导者的正确决策，形成一股合力，促进组织目标的达成。得到被领导者的支持，对于领导者来说是十分重要的。

（4）评价与监督关系。

在具体的领导过程中，领导者为了调动被领导者的积极性，负有对被领导者评价的职责。能否正确评价被领导者，也是领导者领导艺术高低的一个重要表现。在担任评价的角色的同时，领导者也在接受被领导者的评价，被领导者有权监督领导者的领导行为。

6.1.2 领导者的群体结构

在组织领导活动的实施过程中，合理的领导结构是领导者集体具有影响力和领导工作高绩效的关键。合理的领导结构表现为领导者群体具有以下特征。

1. 管理才能综合化

现代管理本身已经成为一种专门的科学。现代领导工作很难由精通某一专业的人担任，具有综合性的专业知识和管理才能成为评价领导者是否内行的最主要标准之一。

2. 年龄结构均衡化

领导的年龄结构是指一个领导班子或领导系统内，领导者的平均年龄及年龄比例构成。合理的年龄结构是一个领导班子富于生命力、后继有人、高效率与高效能的重要条件。领导班子的年龄结构的均衡化应符合以下要求：

（1）实行老、中、青相结合的年龄结构。

老年人阅历和经验丰富，从事指导、参谋、管理工作；中年人精力充沛，年富力强，从事开拓性工作；青年人朝气蓬勃，思想敏锐，从事攻坚性工作。

（2）领导班子的平均年龄力求年轻化，防止老化，但不是绝对年轻化。

年轻化是总趋势，适宜所有管理层次的领导，但具体来说，高级决策层领导的年龄可略高一点，基层执行层领导班子的年龄要更年轻化一些。

（3）领导班子年轻化不能搞形而上学的"一刀切"，应把年龄和其他条件结合起来考虑，逐渐达到动态平衡的合理结构。

3. 智能结构多元化

智能结构是直接影响领导者决策水平与管理效能的重要条件。一个好的领导班子应该是一个由有一定远见卓识和决策能力的政治家、有组织能力和调研能力的社会活动家、有具体智慧和创造能力的实干家等构成的多元化群体智能结构。

4. 知识结构立体化

合理的知识结构，必须由具有初级、中级、高级知识水平的人，按一定的比例构成一个完整的结构，并随经济、科技、文化教育的发展及社会需要，不断予以调整，形成动态平衡的领导结构。

5. 素质结构多重化

素质结构即指领导班子的心理品质结构。在同一个领导集体中，既需要探索、创新、开拓的外向型人才，也需要勤恳、踏实、实干的稳定型人才；既需要说干就干、有雷厉风行作风的人才，也需要考虑周到、办事仔细的人才。

6.1.3　人性假设的内容

管理中的人性观，是反映人类在组织活动过程中，对人自身的认识、对人价值的关注和对人尊严的重视的认识及其态度，它集中体现在"以人为本"的管理思想的出现。"以人为本"已成为现代人类管理文明的基本标志。因此，"人本管理"思想的演变过程，其实质就是管理中人性假设理论的演变过程。

在企业管理中，对人的了解与管理是一个长期和复杂的过程，领导者既要从组织行为和工作效率上了解员工，又要明白员工是什么样的人，才能针对性地采取有效的管理措施，最大限度地调动员工的积极性。

关于管理中的人性理论，比较系统的理论成果主要形成于现代，最有代表性的是由美国心理学家埃德加·沙因（Edgar H. Schein）于1965年总结提出的四种人性假设理论："经济人"（X理论）、"社会人""自我实现人"（Y理论）、"复杂人"（超Y理论）。

讨论：人性假设对领导者看待职工、确定与职工的关系有什么影响？

1.“经济人”假设

“经济人”假设称为“理性经济人”。这种假设主要来源于道格拉斯·麦格雷戈（Douglas M. Mc Gregor）的 X－Y 理论中的 X 理论。这种假设认为，人的一切行为都是为了最大限度地满足自己的利益，工作动机是为了获得经济报酬。“经济人”假设理论观点见图 6－1。

大多数人是懒惰的，总是尽可能地逃避工作

由于大多数人逃避工作，必须对他们进行强制、控制或惩罚，迫使他们实现目标

大多数人都是为了满足基本的生理需要和安全需要，所以他们将选择那些在经济上获利最大的事去做

大多数人都没什么雄心壮志，也不喜欢负什么责任，而宁可让人领导

多数人都是符合上述设想的人，而有一些人能够自己鼓励自己，能够克制感情冲动，因此他们应负起管理的职能

图 6－1 “经济人”假设理论观点

2.“社会人”假设

“社会人”假设是在著名的霍桑试验的基础上提出的。梅奥等人在试验中发现：在某些环境下，激励的效果仅仅依靠金钱和环境因素是远远不够的，更重要的还有人对社会、心理方面的追求。“社会人”假设理论观点见图 6－2。

人是由社会需求而引起工作的动机的，并且通过与同事的关系而获得认同

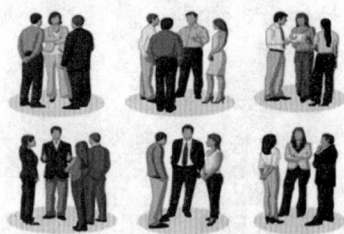

工业革命与工业合理化的结果，使工作本身失去了意义，因此，只能从工作上的社会关系去寻求意义

员工对同事们的社会影响力要比领导者所给予的经济诱因和控制更为重要

员工的工作效率随着领导者能满足他们社会需要的程度而改变

图6-2　"社会人"假设理论观点

3. "自我实现人"假设

"自我实现人"假设是以马斯洛的"需要层次理论"为出发点，来源于麦格雷戈的Y理论。"自我实现人"假设认为人总期望自身的潜力能得以发挥，只有这样，才能产生最大的满足感。"自我实现人"假设理论观点见图6-3。

一般人并非天性不喜欢工作，员工会把工作中的体力和脑力消耗看作与休息或游戏一样自然的事情

人的自我实现的需求和组织要求并没有矛盾，如果提供适当的机会，可以将两者结合起来

外来的控制和惩罚并非为实现组织目标而努力的唯一方法，如果人们对工作做出承诺，他就能自我引导和自我控制

在解决组织的问题时，人们普遍具有较高的想象力、创造性以及决策能力

普通人在适当的条件下能学会接受甚至寻求责任

图6-3　"自我实现人"假设理论观点

4. "复杂人"假设

"复杂人"假设是在20世纪70年代左右提出的假设。"复杂人"假设认为，人是复杂的，不仅因人而异，而且同一个人会因时、因地、因事的变更而有不同的表现。"复杂人"

假设理论观点见图6-4。

人的需求是多种多样的，而且这些需求随着人的发展和生活条件的变化而产生变化

人在同一时间内有各种需求和动机；一个人在不同的单位或同一单位的不同部门工作，会产生不同的需求

人在组织中的工作和生活条件是不断变化的，因为会产生新的需求和动机

由于人的需求不同，能力各异，对不同的管理方式会有不同的反应，因此没有同时适合任何组织、任何时间、任何个人的统一的管理方式

图6-4　"复杂人"假设理论观点

实例6-1：新上任的销售部经理

在上个月月底公司的办公会议上，公司陈经理宣布了一项人事任免决定：任命陈军为销售部经理，免去他现任的公司办公室副主任职务。

陈经理上任后，一直在琢磨：怎样才能抓好销售部的工作呢？他认为销售部任务是否能完成全部都落在销售员身上，因此抓好销售员是个关键。陈经理在他上任的第一次全体销售部员工大会上表示，他先要花一周时间做调查研究，在此期间一切仍按原来的程序工作。这一周内陈经理做了三件事：一是查阅近5年来本公司销售统计资料，特别注意每个销售员每个月完成的销售量。他发现，前三年销售员完成的量为30~40台/月，可这两年一直为25~30台/月。销售员的人数从原来的6个，增加到8个，到现在是10个，但销售总量没有大大的增加。二是他走访了本市和邻近地区的同类厂，了解他们的销售情况，特别是销售员的工作情况，了解到大体上好的厂家销售员的销售量达30~35台/月，差的只有10~20台/月。三是制订一个销售员的奖金、浮动工资与完成销售量挂钩的方案。陈经理发现，以往销售员的奖金与完成的销售量有些挂钩，但拉开的差距不大，浮动工资基本是平均分摊。陈经理准备在这方面进行突破。

在第二次全体销售部员工大会以后，陈经理把10位销售员留下来继续开会，在会上他推出了一个奖金、浮动工资与完成销售量挂钩的试行方案。方案的要点有三：①每位销售员每月应完成的销售量定为38台。②完成这一指标得全奖，如完成不了，则每少一台扣20%的奖金，达不到34台，扣除全额奖金（值得一提的是，全额奖金的金额约为工资的2/3）。③连续3个月完成指标，第4个月向上浮动一级工资，连续一年完成指标再向上浮动一级工资；如享受浮动工资后，没完成指标，第2个月起取消浮动工资；如连续半年完不成指标，则下调一级工资，连续一年完不成，再下调半级工资。在对试行方案做解释时，陈经理说，方案是在调查研究的基础上制订出来的，试行方案首先需要大家转变观念，体现按劳分配原则。

同时他告诉销售员，他实施奖金向销售员倾斜的原则，销售员的奖金为一般员工的200%，但若想全额拿到，则必须完成指标。同时他补充，完成销售量是以资金回笼到位为准。可想而知，这方案一宣布，马上引起销售员的一片哗然。但陈经理坚持实施这一方案，虽然口头上解释说：这是试行方案，可在实施中修改，但一定要施行；心里却在想：就得采取强硬措施，好好管一管，要不大家怎么肯拼命干。

思考：陈经理对人的看法属于哪种人性假设？陈经理的方案对员工有什么影响？为什么？你认为该如何改进？

5. 人性假设与领导

有效实施人本管理的前提是领导者必须正视和把握人性的特点，既要认识人的社会本性，也要把握人的个性。只要充分认识和正确掌握员工的共同性和差异性，才能在管理中做到以人性为起点，尊重人的价值，激发人的潜能，提高人的可持续发展的水平，从而真正地实践"以人为本"的管理理念。

（1）重视员工需求，实施人本管理。

组织中员工的个人需求是承担工作任务和从事各种活动的根据与动因。随着人们社会实践活动的深入和拓展，以及人自身能力的提高，人的需求内容和满足需求的方式也会随之变化和发展。这就要求领导者要对员工的个人需求状况进行深入的调查研究，充分了解和把握员工需求发展的总体状况和个别差异，有针对性地制定管理措施，合理满足员工的需求。实施人本管理最基本的要求就是要满足员工个人发展的需求，但是，富有成效地实施人本管理更要重视满足员工的社会心理需求和精神需求。具体而言：

①营造和谐人际环境，增强和谐管理职能。组织内部和谐人际环境包括领导者与被领导者之间、领导者与领导者之间、被领导者与被领导者之间、个体与群体之间、群体与群体之间以及个体自身的和谐。通过营造和谐人际环境，满足员工各种社会心理需求，从而形成和谐的管理，以增强组织的凝聚力和员工对组织的向心力。

②激发员工高层次精神需求，使组织文化深入人心。组织内部员工的高层次精神需求包括发展、成就、自我实现、奉献等，员工的这些精神需求是一定文化的产物。良好的组织文化一旦深入人心，可以促使员工的精神状态和思想境界得到提升。因此，领导者要重视组织文化的营造，切实满足员工基本需求和激发员工的高层次精神需求，树立一种与组织成员的理想、抱负、价值观相吻合的组织精神，使成员的个人发展与组织发展有机结合，从而塑造以人为中心的管理哲学和理念。

（2）尊重员工个性，实施权变管理。

人的社会本性体现了人的共性，而人的共性是一定政治、经济、文化等发展的产物，也是人性发展的共同规律性。因此，领导者首先必须把握员工的共性，使组织管理过程中的"人"的系统与组织的目标系统、结构系统以及技术系统等相互协调，从而实施整体管理。与此同时，领导者也要积极关注员工的个性，有效开展因地、因时、因人、因事制宜的权变管理。组织中的员工个体之间还存在着明显的差异性，领导者只有尊重和洞察员工的需求、动机、价值观、理想、能力、气质、性格等方面的个性差异，才能实现个性、职位与组织目标之间合理配置以提高管理效能。

（3）激发员工的创新意识，凝聚组织发展潜力。

创新意识是创新的起点，创新能力是创新的关键，激励机制是创新的保障。实施人本管理，要求领导者运作有效的激励机制，善于激发员工的创新意识，鼓励员工大胆地开展创新活动，以凝聚组织发展潜力，不断提高组织可持续发展水平，积极推进组织的变革与发展。

组织的生存与发展，离不开各种资源系统的支持，如物质资源、资金资源、人力资源、技术资源等。其中物质资源是基础，人力资源是核心。因此，领导者要有效地开发人力资源，不断提高职工的智力水平，尤其是创新能力。只有不断提高人的可持续发展水平，才能推进组织的可持续发展，也才能真正促进人性的完善与发展。

实操 6.1　辩论

◆ **实操内容**

正方：领导者影响力不只是由权力决定；反方：领导者影响力由权力决定。

◆ **实操目的**

掌握领导影响力的实质内容，有利于在运用时能对领导这一概念有正确的认识。

◆ **活动步骤**

1. 由各公司推荐人选将班级分为两组或若干小组，并分别确定正、反方。

2. 正反双方在辩论过程中既要回答对方所提问题，也要向对方提出问题。双方所提所答的内容都必须紧扣辩题。

3. 将辩论内容形成书面材料，呈交教师。

4. 由教师或评委给予评分，并在记分卡上登记。

◆ **思考回答**

领导者影响力如何构成？

◆ **评估标准（自评和他评）**

评价指标	评估结果			
在公司选派辩手时主动配合的程度	□优秀	□中等	□合格	□不合格
在公司进行辩论内容整理时的表现（团队合作、参与程度）	□优秀	□中等	□合格	□不合格
在辩论时的表现（发言）	□优秀	□中等	□合格	□不合格
在思考回答过程中的表现	□优秀	□中等	□合格	□不合格
对领导者影响力的理解情况	□优秀	□中等	□合格	□不合格
需要补充说明：				

任务 6.2 掌握领导理论

6.2.1 领导理论及其应用模型

领导理论主要是在领导活动中通过对领导者的个性、行为、作风以及影响领导有效性的环境变量的考察和分析，揭示领导者与领导活动之间内在联系的理论，旨在提高领导行为的正确性、有效性。一个组织的领导者在实施有效管理的过程中，既要善于学习又要敢于实践先进的领导理论，促进组织的发展和实现组织的目标。

1. 领导特性理论

领导特性理论的研究出发点是领导者的个人特性对领导活动效果产生影响，它运用归纳分析法并根据领导效果的好坏，试图解释优秀的领导者与失败的领导者在个人特性方面的差异，由此确定优秀的领导者应具备的个性特征。研究者认为，只要找出成功领导者应具备的特性，再考察和分析一个组织中的领导者是否具备这些特性，就能确定他是不是一个优秀的领导者。领导特性理论按其对领导特性来源所做的不同解释，可分为传统特性理论和现代特性理论。

（1）传统特性理论。

传统特性理论把领导者置于组织的中心位置，通过对领导者与被领导者的个性特质进行比较，认为领导者的特性是与生俱来的，是由遗传决定的，只要是领导者，就一定具有超人的素质。早期的特性理论学者曾经把一些社会名流作为研究对象，并从这些对象的生理素质入手，认为有效领导者比普通人要身材高大、体格魁梧、自信开朗等，由此断定天赋条件是一个人能否成为领导者的根本因素。在这一理论的影响下，许多心理学家对社会上那些成功和失败的领导者进行了深入的调查，他们研究了领导者的进攻性、雄心、果断性、智力以及身体特征，试图找出天才的领导者所具有的个体特征。例如，美国心理学家吉普（Gibb）认为天才的领导者应具备以下 7 个条件：善言、外表英俊潇洒、智力过人、具有自信心、心理健康、有支配他人的倾向、外向而敏感。

一般来说，传统特性理论的研究基于对个体天赋条件的假设，它对领导者特性的认识不统一，某些研究所得的结果本身就自相矛盾。例如，有些人认为领导者应该具有黏液质气质，即冷静理智的头脑；而有些人则认为领导者应该具有多血质气质，即热情灵活的特点。事实上，现实中并非一切领导者都具有所谓的领导特性，而是许多非领导者不同程度地具备了领导者的一些特征。传统特性理论也忽视了领导效能与被领导者所处环境之间的关系。有些领导者在某个环境中工作干得很出色，是个优秀的领导者，但到了另外一个环境后，却表现不出领导才能，甚至是个平庸者。可见，传统特性理论存在许多弊端，并非解释领导的科学理论。

（2）现代特性理论。

与传统特性理论不同，现代特性理论认为先天的素质只是人的心理发展的生理条件，它是可以在社会实践中得以培养与发展的。因此，该理论主要是从满足实际工作需要和胜任领导工作所需满足的要求方面来研究领导者应具有的能力、修养和个性。20 世纪 60 年代，以美国管理学家埃得温·吉塞利（Edwin E. Ghiselli）为代表的现代特性理论派学者主要集中研究了领导素质，它包括三个方面的内容，如表 6 – 5 所示。

表 6 – 5　埃得温·吉塞利领导素质内容

领导特质要素	主要内容
领导者的能力	包括管理能力、智力、独创性
领导者的个性特征	包括果断性、自信心、指挥能力、成熟程度、男人气质/女人气质、与劳动阶级的密切关系
领导者激励方面的特性	包括职业成就的需要、自我实现的需要、权力的需要、金钱报酬的需要、安全的需要

吉塞利的研究表明，某些特性对有效领导是非常重要的，按其重要性排列，有效领导者应具备的能力依次是：管理能力、职业成就的需要、智力、果断性、自信心、独创性。

2. **领导行为理论**

（1）领导行为四分图模式。

美国俄亥俄州立大学商业研究所自 1945 年起开始对领导行为进行了一系列研究，研究人员最初列举出 1 000 多项构成领导行为的因素并设计了领导行为的描述调查表。随着研究活动的不断深入，一些研究人员对烦琐的领导行为调查表进行项目整合，最终将领导行为的内容归结为两个方面：以人为重和以工作为重。

以人为重是指领导者注重建立与被领导者之间的友谊、尊重和信任的关系，包括：尊重下属的意见；给下属以较多的工作主动权；体贴他们的思想感情；注重满足下属的需要；平易近人，平等待人；关心群体、作风民主。以工作为重是指领导者注重规定他与工作群体的关系，建立明确的组织模式、意见交流渠道和工作程序，包括：设计组织机构；明确职责、权力、相互关系和沟通方法；确定工作目标和要求；制定工作程序、工作方法和制度。根据调查，研究者发现领导行为的这两方面常常是同时存在的，只是可能强调的侧重点不同，领导者的行为可以是这两个方面的任意组合，即可以用两个坐标的平面组合形成四种类型的领导行为。图 6 – 5 就是所谓的领导行为四分图模式。

图 6 – 5　领导行为四分图模式

领导行为四分图模式的研究者认为，以人为重和以工作为重两种领导方式不是相互矛盾、相互排斥的，而应是相互联系的。一个领导者只有把两者相互结合起来，才能进行有效的领导。

（2）领导方式的双维因素。

行为科学家斯托格第（R. M. Stogdill）等人认为，组织中的领导行为主要包含以下两种因素：创立结构和关怀。

所谓"创立结构"是指把重点直接放在完成组织绩效上的领导行为，如把任务规定得很明确，工作程序条理分明，强调管理工作的制度化，它主张使用职权与奖惩手段去控制和促使组织目标的完成；而"关怀"则是以人际关系为中心，强调员工的个人需要。领导信任下级并积极与下级进行沟通，鼓励他们参与决策的制定，营造组织内部相互尊重、相互体谅的工作氛围。

领导方式的双维因素的研究者把领导的行为归并为创立结构和关怀两种因素，认为这两种因素不是互相排斥的，而且应该可以把它们结合起来。领导行为通常是两方面兼而有之的一个综合体，不同的领导者可能其中一方面的比重大，而另一方面的比重小。

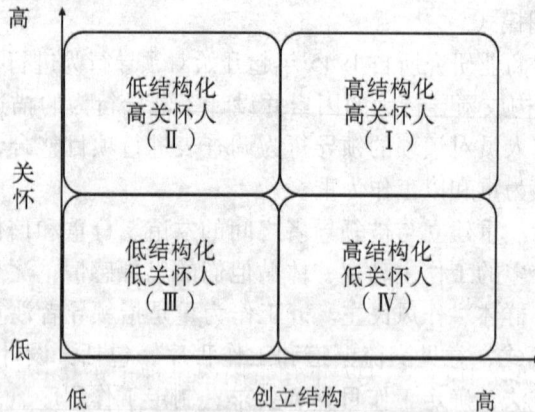

图6-6 领导方式的双维因素图

如图6-6所示，在第Ⅰ象限，领导者对两个方面均关心；在第Ⅱ象限，领导者最关心的是领导与部属之间的关系，互相尊重的气氛较浓，而对工作的关心程度略低；在第Ⅲ象限，领导者对人和对工作都比较漠视；在第Ⅳ象限，领导者最关心的是完成工作，对工作高度主动，而忽视对人的关心。领导方式双维因素理论据此提出了成功的领导的"双高假说"：

$$成功的领导 = 高创立结构 + 高关怀人$$

（3）领导方格理论。

为了探讨领导行为四分图模式在组织管理实践中的应用，在领导行为四分图模式的基础上，美国行为科学家罗伯特·布莱克（Robert Blake）和简·莫顿（S. Mouton）于1964年提出了"领导方格理论"模型。他们认为，企业中的领导方式存在着"对人的关心"和"对生产的关心"两种不同的结合。布莱克和莫顿将领导行为四分图模式中"以人为重"改为"对人的关心度"，将"以工作为重"改为"对生产的关心度"，将关心度分别划分为9个等份，分成81个方格，如图6-7所示，从而将领导者行为划分成许多不同的类型。在评价领导者的领导行为时，应按他们这两方面的行为寻找交叉点，这个交叉点是其领导行为类型。纵轴的积分越高，表示领导者越重视人的因素；横轴上的积分越高，表示领导者越重视生产。布莱克和莫顿据此列出了五种典型的领导方式并指出为了避免在企业管理的领导中趋于极端的方式（或者是科学管理，或者是人际关系；或者以生产为中心，或者以人为中心；或者以 X 理论为依据，或者以 Y 理论为依据），应该采取各种综合的领导方式。

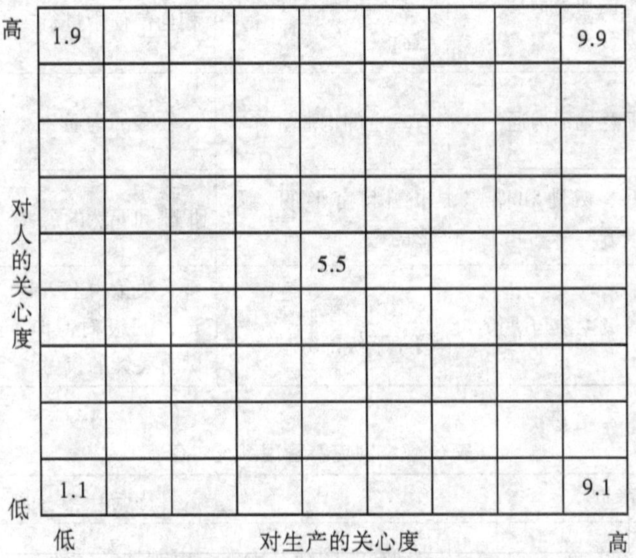

图 6 - 7 "领导方格理论" 模型

（4）利克特的领导系统模式。

美国密执安大学社会研究中心于 1947 年开始用两维理论进行"以生产为中心"和"以人为中心"两种领导方式的比较研究。该中心的利克特（R. Likert）教授曾对一家保险公司和一家电力公司的 9 000 名员工进行调查，从中分别挑选出员工情绪最高和最低的群体各 40 个，并对这些群体中的全部员工（约 500 名）进行访问，同时访问公司的各级管理人员。经过对调查情况的分析，他们得出下列结论：高生产效率的部门之间，员工的士气并无差别；领导者关心员工的部门生产效率高，领导者靠施加压力抓生产的部门生产效率低；领导者与下属接触多的部门生产效率高，领导者与下属接触少的部门生产效率低；领导者向下属授权、听取其意见，并让他们参与决策的部门生产效率高，领导者采取独裁方式的部门生产效率低。经过长期研究，利克特在《管理的模式》一书中，把企业中领导方式归结为 4 种基本形态，即系统 1、系统 2、系统 3、系统 4，这四种基本形态构成一个管理系统，如表 6 - 6 所示。

表6-6 利克特管理系统

		系统1	系统2	系统3	系统4
上下级关系	信任程度	对下属无信心、不信任	有主仆之间的信赖关系	上下级之间有相当，但不完全的信任	有完全的信任
	交往	极少交往或交往在恐惧和不信任中进行	交往在领导者屈就、下属惶恐情况下进行	适度的交往，并在相当信任中进行	深入友善地交往，有高度的信任
	沟通程度	上下意见不沟通	有一定的沟通	比较多的沟通	上下左右意见完全沟通
工作激励	奖惩程度	恐吓、威胁和偶尔的报酬	报酬和有形的、无形的惩罚	报酬和偶然的惩罚	优厚的报酬，启发自觉
	参与程度	下属极少参与决策	决策由上级制定，授予下级部分权力	重大决策由上级制定，下级对具体问题有决策的权力	下级参与决策，底层完全参与控制

表6-7 利克特管理系统内容

系统	领导类型	特点
系统1	压迫式的集权领导	权力集中在组织最高一级，由领导者做决定，下级无任何发言权，只有执行权；上级规定严格的工作标准和方式，下级如达不到规定的目标就要受到惩罚。在这种方式下，上下级之间缺少交往，领导者对下级缺乏信任，下级对领导者也心存恐惧戒备心理。组织中若有非正式群体，则对正式组织的目标通常持反对态度
系统2	仁慈式的集权领导	权力集中在组织最高一级，但授予中下层部分权力。领导者对下级采取父母对子女的方式，持有一种较谦和的态度；一般决策是由领导者所制定，但下级也可做出一定限度的决策；下级也有恐惧戒备心理，交往是在上级屈就和下级惶恐的气氛下进行的。组织中的非正式群体对组织的目标可能反对也可能不反对
系统3	协商式的民主领导	领导者对下级有一定程度的信任，但重要任务的决策权仍在最高一级；中下层有权制定较低层次的决策；上下级之间具有双向的信息沟通。组织中的非正式群体有时对正式组织的目标表示支持，有时也会反对
系统4	参与式的民主领导	上下级之间彼此信任、平等，上级让下级参与管理，有问题互相协商讨论，共同制定目标，最高领导者做最后决策；上下级之间不仅有双向沟通，还有平行沟通；对工作的进展、组织的报酬，下级有评估的权力

利克特认为，参与式的民主领导是理想的领导方式，领导方式为系统4的企业生产效率要比一般企业高10%~40%。他指出，注重用奖罚方法来调动员工积极性的管理形式已过时

了，只有依靠自主管理从内心来调动员工的积极性，才能充分挖掘组织成员的潜力；独裁式的管理无法达到民主管理体制所能达到的生产水平和员工对工作的满意感。他建议领导者要真心诚意地让员工参与管理。因此，利克特大力提倡领导方式为系统1、系统2的企业向系统3、系统4的企业转变。

3. 领导作风理论

领导作风理论是研究领导者的工作作风类型及其影响，以分析和探讨最佳的领导作风。领导作风理论是由美国心理学家勒温（K. Lewin）最早进行研究的。他以权力定位为基本变量，即以领导运用职权为基础，通过各种试验后认为，领导者在领导过程中表现出来的工作作风分为三种基本类型，即专制式领导作风、民主式领导作风、放任式领导作风，与之相适应形成三种领导方式，即专制式领导、民主式领导、放任式领导。

（1）专制式领导。

专制式领导是一种独断专行的领导行为，它把权力定位于领导者个人并依靠权力和强制命令让人服从。专制式领导作风的主要特点是：独断专行，主要从工作和技术的角度来考虑管理，从不考虑别人的意见，所有的决策由领导者自己做出；领导者亲自设计工作计划，指定工作内容和进行人事安排，从不把任何消息告诉下属，下属没有参与决策的机会，而只能察言观色、奉命行事；主要靠行政命令、纪律约束、训斥和惩罚来管理，只有偶尔的奖励；领导者很少参加群体活动，与下属保持一定的心理距离，没有交流。勒温经过实验证明，专制式领导作风虽然通过严格的管理达到了工作目标，但组织成员没有责任感、情绪消极、士气低落，消极态度和对抗情绪会不断增长。

（2）民主式领导。

民主式领导是一种以理服人、以身作则的领导行为，它把权力定位于群体并通过建立良好的人际关系进行管理。民主式领导作风的主要特点是：所有的决策都是在领导者的鼓励和协助下由群体讨论决定的，管理方式主要靠非正式的权力和权威，而不是靠职位权力和命令使人服从；领导者从人际关系方面考虑管理，认为领导者的权力是由他领导的群体赋予的，因此分配工作时领导者会考虑到个人的能力、兴趣，下属有较大的工作自由度和较多的选择性、灵活性；领导者积极参与群体活动，与下属无任何心理上的距离。勒温经过实验证明，民主式领导作风工作效率最高，不但完成工作目标，而且组织成员态度端正，工作积极主动并有创造性，群体之间关系融洽、气氛活跃、情绪稳定。

（3）放任式领导。

这是一种俱乐部式的领导行为。持这种领导作风的人只是从福利方面考虑管理，认为权力来自被领导者的信赖。这种领导者工作事先无布置，事后无检查，权力定位于组织中的每一个成员，一切悉听尊便，无规章制度。勒温在试验的基础上认为，放任式领导作风工作效率最低，只达到社交目标而未完成组织目标。

勒温还指出，在实际工作中，上述三种极端的领导作风并不常见，大量的领导人所采用的作风往往是处于两种极端类型的混合体，如某些专制的领导者有时候会成为"开明的独裁者"。

4. 领导权变理论

对有效领导研究的深入使许多管理学家尤其是领导理论的研究者认识到，预测领导成功而对领导现象进行的研究比对领导者特性和行为的分析更为复杂，因为有效领导不仅取决于领导者的特性和行为，也取决于所处的特定情境如被领导者的素质、工作性质等。领导特性和领导行为能否促进有效领导还受环境因素的制约，有效的领导行为应当随着领导者的特点和环境的变化而变化。这种认为领导行为应随环境因素的变化而变化的理论就是领导权变理论，其比较有代表性的是菲德勒的"有效领导的权变模式"和豪斯的"途径—目标"领导理论。

（1）菲德勒的"有效领导的权变模式"。

美国伊利诺伊大学的菲德勒（Fred E. Fiedler）从组织绩效和领导态度之间的关系着手进行研究，经过长期的调查试验，于1966年提出了"有效领导的权变模式"（简称"菲德勒模式"）。"菲德勒模式"认为，各种类型的领导方式都可能在一定的环境中有效，其有效性取决于领导方式是否与其所处的环境相适应。菲德勒经过试验，把影响领导有效性的环境因素归结为"领导者与被领导者的关系""任务的结构""领导者的职权"，并提出了领导类型与环境变量之间的关系，如表6-8所示。

表6-8　领导类型与环境变量之间的关系

对领导的有利性	环境类型	领导者与被领导者的关系	任务的结构	领导者的职权	有效领导类型
有利	1	良好	有结构	强	任务导向型
	2	良好	有结构	弱	任务导向型
	3	良好	无结构	强	任务导向型
中间状态	4	良好	无结构	弱	人际关系型
	5	不良	有结构	强	任务导向型
	6	不良	有结构	弱	无资料
	7	不良	无结构	强	无资料
不利	8	不良	无结构	弱	任务导向性

（资料来源：关培兰．组织行为学［M］．北京：中国人民大学出版社，2004.）

①领导者与被领导者的关系。领导者与被领导者的关系是指领导者得到被领导者拥护和支持的程度，即领导者是否受下属的喜爱、尊敬和信任，是否能吸引并使下属愿意追随他。领导者与下属之间相互信任、相互喜欢的程度越高，领导者的权力和影响力也越大；反之，其影响力就越小。

②任务的结构。任务的结构是指工作或任务的明确性和下属对任务或工作的负责程度。如果所领导的群体要完成的任务清楚，组织纪律明确，成员有章可循，则工作质量比较容易控制，领导者也可有的放矢；反之，工作规定不明确，成员不知道如何去做，领导者就会处于被动地位。

③领导者的职权。领导者的职权指组织赋予领导者正式地位所拥有的权力。正式权力和权威是否明确、充分，在上级和整个组织中所得到的支持是否有力，直接影响到领导的有效性。一个领导者对其下属的奖惩的直接决定权力越大，其对下属的控制力也越大，群体成员遵从指导的程度越高，领导环境越好。

菲德勒研究指出：有效的群体绩效取决于"与下属相互作用的领导者的风格"以及"环境对领导者的控制和影响程度"两者之间的合理匹配。当个体的领导风格得分与三项环境权变匹配评估分数相匹配时，便可以得到最佳的领导效果。

（2）豪斯的"途径—目标"领导理论。

"途径—目标"领导理论是在 20 世纪 70 年代由加拿大多伦多大学教授罗伯特·J. 豪斯（Robert J. House）提出来的。该理论以期望理论以及对工作和员工的关心程度的模型为基础，认为领导者的工作效率就是帮助和激励下属达到组织的目标，并使他们在工作中得到满足。有效的领导者能够通过明确下属的任务、理清路程中的各种障碍，以帮助下属顺利达到目标，而且领导者在这个方面发挥的作用越大，越能提高下属对目标价值的认识，也越能有效激励下属。"途径—目标"领导理论归纳了四种指导型领导方式，认为领导者的工作是给予下属以具体的指导并使这种指导合乎下属的要求。

"途径—目标"领导理论认为，在现实活动中，不存在任何情况下都能激发下属工作动机和满足感的方式，不同的环境应选择不同的领导方式。当工作群体内部存在激烈的冲突时，指导型领导会带来更高的员工满意度；内控型下属对参与型领导更为满意；外控型下属对指导型领导更为满意；当任务结构不明时，成就期待型领导会带来更多的满意；当下属完成结构清晰、具体明确的任务时，支持型领导更受尊敬；对于能力强或经验丰富的下属，指导型领导变得多余，成为累赘；组织中的正式权力关系越明确、越官僚化，领导者越应表现出支持型行为，降低指导型行为。

领导者选择领导方式时，要考虑两种情境因素：其一，下属的个性特点，包括下属的领悟能力、教育水平、对成就的需求、愿意承担责任的程度等。下属的个性特点不尽相同，个性特点影响着他们对不同领导类型的接受和满意程度。例如，有的人自视能力甚高，认为自己能够控制或影响周围的事物，他喜欢接受参与型领导者；有的人认为工作的成效是机运使然，自己无法控制，他往往就喜欢指导型领导者。其二，工作环境的特点，包括工作性质、权力结构、工作小组的情况等。如果工作任务模糊不清，下属无所适从时，下属希望有指导型领导者，以帮助下属做出明确的规定和安排；对于例行性工作或内容已明确的工作，他们则希望有支持型领导者，以使个人的需要得到满足。

5. 领导生命周期理论

领导生命周期理论又称领导寿命循环理论，由赫西（Hersey）和布兰查德（Blanchard）提出。该理论引进了"下属成熟度"的概念，注意到时间或下属所处的职业生涯发展阶段对领导风格的影响。领导生命周期理论指出，所谓"下属成熟度"是指个体完成某一具体任务的能力和意愿的程度，无论领导者做什么，其效果都取决于下属接纳或拒绝的程度。领导生命周期理论同样以"任务行为"与"关系行为"作为划分领导风格的两个维度，但它加入了"下属成熟度"后认为，每一个维度都有高有低，可以组成 4 种具体的领导风格：命令式（高任务—低关系）、说服式（高任务—高关系）、参与式（低任务—高关系）和授权式（低任务—低关系），具体如图 6-8 所示。

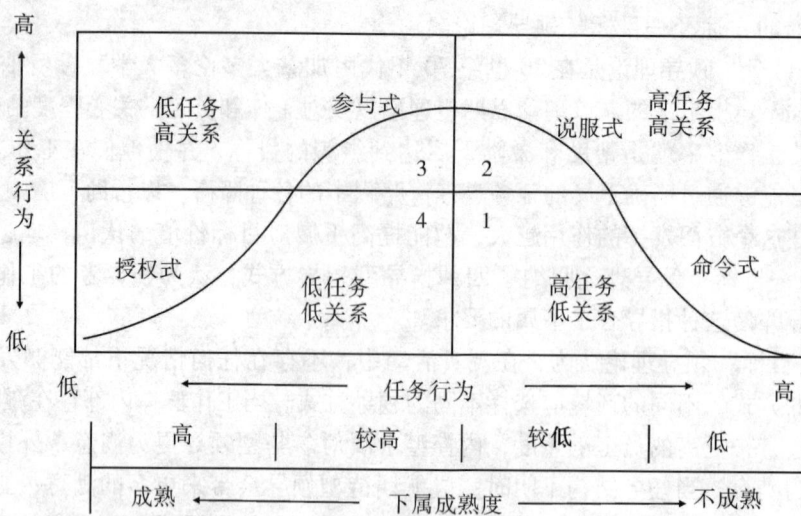

图 6-8　领导生命周期曲线

（资料来源：徐子健. 管理学：第二版 [M]. 北京：对外经济贸易大学出版社，2008.）

领导生命周期理论强调，当下属成熟度水平不断提高时，领导者不但可以不断减少对下属行为和活动的控制，还可以不断减少关系行为：当下属处于其职业生涯的早期阶段时，他更需要的是领导的指导和帮助；随着职业能力的成长，纯粹指导型的领导方式已不能令其满意，此时，任务与关怀并重的领导方式更适合他；当他进入职业生涯的鼎盛期时，领导自然已不需要对他给予过多的监督与指导，此时采用参与型的领导方式最合适；最后，当他进入职业生涯的晚期，在各方面都可以自主，领导只需要授权即可。下属由低到高的四个成熟度阶段的行为表现如表 6-9 所示。

表 6-9　下属成熟度四个阶段

成熟度阶段	具体表现
低	此阶段的人对于执行某任务既无能为力又不情愿。他们既不能胜任工作又不能被信任。在该阶段，下属需要得到明确而具体的指导
较低	此阶段的人缺乏能力，但愿意从事没有必要的工作任务。他们有积极性，但目前尚缺乏足够的技能。在该阶段中，领导者需要采取高任务—高关系行为。高任务行为能弥补下属能力的欠缺，高关系行为则试图使下属在心理上"领会"领导的意图
较高	此阶段的人有能力却不愿意干领导者希望他们做的工作。在该阶段中出现的激励问题运用支持性、非指导性的领导风格可获得最佳解决
高	此阶段的人既有能力又愿意干领导让他们做的工作。在该阶段中，领导者不需要做太多的事情，因为下属既愿意又有能力承担任务

实例 6-2：林苗的难处

林苗在盛华生物制剂有限公司生产部工作了两年后，被调到人力资源部从事员工培训工作。在她的努力下，公司的培训工作变化很大。随着公司业务的迅速扩展，员工培训的需求日益增加，公司从其他部门抽调了两名员工，又招了一名应届毕业生，决定在人力资源部下组建人员培训处，而林苗就理所当然地成为培训主管的最合适人选。

然而，培训处成立不久，林苗就遇到了麻烦。她感觉到她的领导——人力资源部的李主任总是绕过她向培训处的员工下发指令，而李主任的指令经常与她对下属的要求格格不入。她曾找李主任谈过，也提醒他有什么要求应该首先告诉她，但情况似乎没有得到改变。李主任为人不错，但不知为什么他对年轻员工总是比较冷淡，而且对人力资源部下属几个部门的女主管好像也不大放心，总喜欢亲自处理一些应该由下属处理的事务。其实李主任对另外几个主管也颇有微词，只不过他对林苗这个年轻女主管好像特别不放心。

这天上午，李主任又叫林苗的一个下属把林苗安排的下周培训人员名单送过去，还执意换掉了几个人。这件事让林苗感到非常被动，她担心如果再这样继续下去，她的工作将无法顺利地开展。她想，或许调到其他部门会更好一些……

思考：1. 设想一下人力资源部培训处在实施领导行为过程中可能出现的后果。

　　　2. 针对案例中的情况，根据你所学习的领导理论，进行角色换位思考：

　　　①假如你是上级领导，你会……

　　　②假如你是李主任，你会……

　　　③假如你是林苗，你会……

6.2.2　领导理论研究的新发展

究竟什么是有效的领导方式？在理论探讨和实际试验中，针对该问题的各种观点仁者见仁，智者见智。虽然学者创立了许多有意义的理论模式并对组织中领导行为的有效实施有着重要的指导作用，但领导理论研究一直处于不断的发展过程中。领导理论研究的新发展是在对现有理论体系、理论模型和理论模式的完善与丰富中得以实现的。

1. 领导者—成员交换理论

以往的领导理论都基于"领导方式的既定性"的假设，而这一假设在实际中并不必然存在。领导者—成员交换理论置换了领导者对其下属的方式都相同的条件，认为在领导者与某下属相互作用的初期，领导者就有可能根据下属的个性特征、能力高低等特点将其划到圈内或圈外，从而形成了特殊关系；圈内的下属可能受到领导更多的信任、特权、奖励，与圈外的下属相比，其绩效评估的级别更高。相应地，他们对领导的满意度更高，离职率更低。

2. 领导交易理论

领导交易理论认为，交易型领导者通过明确角色与任务要求，来指导、激励下属达到组织和个人的目标。它不强调让下属参与决策，也不注重发挥下属的积极性和主动性，因而交易型领导者没有充分发挥领导者的职能，也没有通过领导者魅力的展现来激励下属实现目标。交易型领导者一般具有以下特点：

（1）权变奖励。交易型领导者认为良好的绩效才是奖励的前提，他们也承认下属的成就，但是下属要想获得奖励，就要看下属是否努力以及努力的程度，他受到的奖励要与他所付出的努力互相交换。

（2）主动管理。交易型领导者把管理的重点放在监督上，他们监督下属的行为。如果发现下属有不符合规范和标准的行为，他们会指导和帮助下属改正。一般情况下，他们对下属的工作和活动不进行干预，只有在下属没有达到目标时他们才插手。

（3）自由任务。交易型领导者容易不负责任和回避决策。他们认为目标、任务、条件和途径都已给予下属，具体实施靠下属的努力实现，只要检查结果达到标准即可。

3. 领导变革理论

领导变革理论认为，变革型领导者关心下属的日常生活和发展的需要，帮助下属用新观念去看待问题，从而改变下属对问题的看法。他们通过提高下属对完成任务的价值与重要意义的认识，强调集体和组织的利益高于个人的利益，强调追求更高层次的需求等来激励、唤醒和鼓励下属为达到组织目标而付出更大努力。

领导变革理论是在领导交易理论的基础上形成的。变革型领导者易使下属提高努力水平和绩效水平，变革型领导者也比交易型领导者更具有领导魅力，而且不同于有超凡魅力的领导者。有超凡魅力的领导者仅想让下属适应领导魅力的世界，而变革型领导者侧重于培养下属的能力，使他们不仅能完成已做出决策的任务，而且完全有能力解决领导者所提出的问题。变革型领导者一般具有两个基本特征：一是具有领袖魅力。变革型领导者能够提供远见和使命感，通过自身的能力和素质不断赢得下属的尊重和信任，形成组织的凝聚力，向下属灌输实现目标的荣誉感，使下属自愿地发挥他们的潜力。二是有感召力。变革型领导者不是下达任务后就不管不问，而是关注每一个人，针对不同的人采取不同的方法，根据不同的情况，或培训，或指导，或向其提出建议。

很多研究表明，变革型领导者与低离职率、高生产率和高员工满意度之间有着更高的相关性。变革型领导者能够用自己个人的想象力和精力鼓励下属，发挥他们的能动性，使工作更有成效。变革型领导者必须具备的五种新领导技能：

（1）远见卓识。他对不断变化的内外部环境能高瞻远瞩。

（2）控制技能。他能运用榜样的作用和说服的方式使下属按领导者和组织的意图行事。

（3）价值观综合技能。他能把员工在经济、心理、安全和物质方面的需求统合起来，使组织中的成员具有共同的动机、价值观和目标。

（4）授权技能。他乐意与下属分享权力，并能有效地指导下属正确行使权力。

（5）自知。他能明白自己的需求和目标，也了解下属的需求与目标。

4. 自我领导理论

自我领导理论认为，任何人都是自己的主导者，只有个人才有权去选择和确定新的方向，所有的重新组合主要是对自我领导的选择。自我领导理论包括三个观点：其一，所有的变化都是自我改变，温和的行为方式或随波逐流都不可能导致变化；其二，随着自我变化，人的内心充满激情；其三，未来发展的趋势是每个人都有很大的自主权去支配自己的收获，因此变化需要自我领导。

自我领导理论强调，自我领导是领导的精髓。领导者必须不断地提高他们自己的个人目标、价值、想象力和勇气。他们不但必须面对外部竞争的威胁，而且要对付内部缺乏领导凝聚力的威胁，因此，21 世纪自我领导是对领导的最终挑战——这是一种生存技能。

实操6.2 打造领袖

◆**实操内容**

通过游戏让学生掌握领导理论的相关知识。

◆**实操目的**

这个游戏可以帮助识别各种领导风格的一些明显特点，帮助管理者确定自己的领导风格。

◆**活动道具**

准备历史上深受众人瞩目的领导者的画像，每张画像旁边贴一张空白的题板纸，给每个学生发一份表格（见发放材料），每个学生有两张投票用的小纸条。每个学生要有一支钢笔或铅笔。

◆**活动步骤**

1. 把材料中的表格发给学生。针对表格中的每个问题从挂在墙上的领导者中选出一个相匹配的领导者，同一个领导者可以选择一次以上。

2. 让他们互相看看其他人的选择。大声地念出问题，让学生站在针对该问题自己所选出的领导者画像下面。

3. 让学生说一下他们选择这个领导者的理由，并把原因记在画像旁边的题板纸上。

4. 对于每个问题都重复步骤1、2、3。

5. 让学生重新坐好。选出学生选票高的两三个画像。

6. 让小组回顾一下写在那些画像旁边的题板纸上的意见，并说出那些领导者最有可能会说的关于管理本质的典型语录。

◆**思考回答**

1. 有哪些被选出来的领导者是让大家感到很惊讶的吗？

2. 有哪些领导者总是被选中？如果有，你认为他为什么总是被选中呢？如果没有，是不是每一位领导者都具有一些共同的特征呢？在选择一位领导者时，这些共同的特征是不是常被提及呢？

3. 你对不同的领导风格或管理风格有什么看法？

4. 领导者和管理者有什么不同？

5. 你审视过自己的风格和偏好吗？

6. 如果你是一位领导者，你的员工站在你的画像下面，你认为他们看重你的什么特征？在什么情况下，他们会选择其他领导者？

7. 有趣的要点：什么障碍（内部的和外部的）会阻碍你成为你想成为的那个类型的领导者？基于这一点思考，在今后的工作中，你会怎么改进？

附：发放材料

"处在首位的领导者"是一个短语，描述了一类人，他们通过一些能力的组合，人性、时机的把握，成为所处时代的文化圣像。下面列出了一些处在首位的领导者，这些名字有可能是你们耳熟能详的。

显然，并不是每个人都能成为领导者，但是，任何一位领导者必须严肃对待下面的问题：

如何使人们具有完成任务的动力？如何使人们协调一致？如何确保信息能够一级级地传达下去？如何发现最低级别的员工在想什么和在做什么？当工作变得繁重时，怎样才能使他们不抱怨？

从下面列出的处在首位的领导者名单中，根据下面的每一个问题选择一位领导者。你对领导者的选择必须基于你自己对该领导者的个性特征、能力和领导风格的感觉。

这里列举的处在首位的领导者有：毛泽东、邓小平、亚伯拉罕·林肯、琼·阿切尔、埃莉诺·罗斯福、比尔·盖茨、张瑞敏。

1. 在你的工作中，哪位领导者可能是最有效的沟通者？

_____

2. 在你的工作中，哪位领导者在谈判过程中可能是最有才能的？

_____

3. 在你的工作中，哪位领导者可能是最有效地解决问题的人？

_____

4. 在危机中，你会信任哪位领导者？

_____

5. 哪位领导者会对你的工作业绩有积极的评价？

_____

6. 哪位领导者最适合做你的上级监管者？

_____

7. 作为一个管理者，哪位领导者的风格与你自己的风格最为相似？

_____

（资料来源：刘永中，金才兵，何乔. 管理培训游戏全案：升级版［M］. 广州：广东经济出版社，2008.）

◆评估标准（自评和他评）

评价指标	评估结果			
在公司活动时主动配合的程度	□优秀	□中等	□合格	□不合格
在活动时的表现（发言）	□优秀	□中等	□合格	□不合格
在思考回答过程中的表现	□优秀	□中等	□合格	□不合格
对领导理论的理解情况	□优秀	□中等	□合格	□不合格
需要补充说明：				

关键术语

领导　领导者　被领导者　惩罚权　奖赏权　支配权　崇拜权　专长权　领导行为　领导影响力　权力性影响力　非权力性影响力　领导理论

综合训练

情境设计 6-1：古井酒厂的领导者

新春伊始，是许多企业回顾成绩、展望未来的时候，尤其是那些效益好的企业，更要在此时表彰一番以鼓舞士气。然而在连续几年保持高速发展的古井酒厂，此时却组织全体员工认真学习该厂《发展中的五大失误》等重要文件，并要求各部门结合本部门实际，深刻领会文件精神，找出本单位和个人工作中的不足与失误，制定措施加以改进，掀起了一个以"反思失误，提高认识，统一思想"为主题的学习热潮。

古井酒厂近年来的高速发展令人瞩目，已连续五年进入按利税排序的中国 500 家最大工业企业行列。特别是 1994 年，该厂实现销售收入 5.96 亿元，利税 3.29 亿元，各项主要经济指标创历史同期最高水平。可贵的是，该厂处优势而不忘看困难，谈成绩而不忘谈失误。1994 年年底，在王效金厂长的亲自主持下，求真务实的古井人对近年来的工作进行了深刻而全面的反思，以现代规范的企业制度审视自己走过的路，总结出了发展中的五大失误：人才的增长和干部素质的提高跟不上企业的发展；跨行业开发尚未建立起一套科学的监督管理机制；营销体系和机制尚不能完全适应市场不断发展变化的需要；市场竞争机制给企业带来的不利影响没有及时得到消除；职工在生产技术上的主观能动性、创造性发挥不够。该厂还将这五大失误以文件形式下发各部门学习讨论。

为配合并推动各部门的学习，该厂宣传部门还采取在《古井报》开设"我看五大失误"专栏等多种形式，在全厂范围内广泛而深入地开展讨论活动。全体古井人通过这次学习讨论，从失误中总结经验、吸取教训，从而提高了认识，统一了思想，以保证在以后的工作中扬长避短，不断提高工作运行质量，为古井"1995 年进一步强化市场建设，实施名牌战略，发行B 股，深化股份制规范改造，导入 CIS 战略，再创新辉煌"打下坚实的思想基础。

【思考讨论题】

1. 王效金厂长的管理风格是什么样的？
2. 这个案例对你有哪些启示？
3. 认真阅读案例，理论结合实际对本案例进行分析，每人撰写约 450 字的案例分析。

情境设计 6-2：彩电大王

从丑小鸭到白天鹅，长虹电子集团公司（以下简称为"长虹"）经历了十几年的发展。在 1985 年到 1996 年的十年间，长虹的电视机产量增长了 15 倍，销售收入增长 190 倍，实现利润增长 99 倍，企业每年各项经济指标的增长率平均在 50% 以上。十几年前，"长虹"这个名字在中国彩电行业还名不见经传，上级在公开点名批评长虹"胆子太小，步子太慢"的同时，表扬了一家比长虹更小的电视机厂，推广其"沿海开窗、世界设点"的经验。长虹厂长倪润峰要求中层干部一起熟读《三国演义》。根据诸葛亮《隆中对》中为刘备制定的策略，倪润峰通过对四川环境、信息、交通等不利因素的分析，制定了"先王蜀，而后霸天下"的经营思路。同时，根据长虹财力有限的现实，他冒着在一棵树上吊死的危险，立志把长虹彩电树立为中国彩电行业的"常山赵子龙"。长虹一次性投入 4 000 万元支持彩色显像管建设。这一举措使长虹有了稳定的货源，为占领四川和西南市场，进军中原提供了物质保证。终于，"红太阳一族"成了常胜将军赵云。1993 年年底，31 岁的清华大学博士后赵勇因参加国家重点工程项目而回到家乡，商调在长虹的妻子去北京。倪润峰学刘备三顾茅庐，几次探访，留下了赵勇。赵勇率领一班人日夜鏖战，耗资 80 万元，在一年内攻克了大屏幕彩电模具的科技难题，填补了国内的空白。在这之前，长虹二十一寸彩电模具需耗资 40 万美元才能从美国引进。在长期的工作中，倪润峰创造出一套"倪氏二五三单元工作法"：一年中，50% 的时间跑市场和指导销售，50% 的时间抓经营管理和指导生产；一天中，上午四小时与各部门共商发展大计，下午四小时与商家洽谈业务，而晚上四小时研读各种信息。正由于厂长的带头作用，长虹人善于利用和分享信息资源，建立了一整套搜集、筛选信息的网络和机制，每个分厂当天产量、质量和员工状况等信息和全国几百家营销商搜集的当地政情、商情、民情，每天都要报到总经理办公室，每天由办公室将这两方面的信息加上文件、报刊和电台等其他渠道获取的信息编印成《长虹快讯》《信息专刊》《环球动态》等，供总经理和其他有关领导每天参考。另外，董事会经常召开重大经济信息分析会以保证做出正确的决策。因此，长虹人能"事事先想一步、招招先行一步"。

长虹作为我国最大的彩电企业，为适应竞争和发展的需要，强调全厂自我教育，主要包括两方面的内容：一是危机忧患意识和竞争意识的教育。改革开放以来，我国共引进 113 条彩电生产线，初步形成了国内彩电工业。1989 年第一次彩电降价使国内百家企业垮掉了一半。1996 年第二次降价使我国彩电行业进一步向集团化和规模化集中，竞争形势更加严峻。当长虹在国内竞争中崛起之时，索尼与上海合作年产彩电 320 万台，飞利浦与苏州合作年产彩电 80 万台，松下与山东合作年产彩电 100 万台，三星与天津合作年产彩电 100 万台。长虹以发展民族工业为己任，广泛开展危机忧患意识和竞争意识的教育，使大家认清形势，共创企业的未来。二是主人翁意识和严格管理教育。长虹有严明的纪律和制度。凡职工一个月迟到、早退、旷工两次，予以辞退；上班时，统一着装，女工不准戴首饰，不准化妆，不准穿高跟鞋；上班前不准喝酒；员工不能从事第二职业……曾经有四名职工上班打麻将，一人旁观，结果全部被开除。一位年轻干部外出办事，中间去了一趟股市交易所，回来后被就地免职。厂长倪润峰认为，只有工厂兴旺，才是全体职工最大利益之所在，所以严格管理完全是必需的。

【思考讨论题】

1. 作为成功的企业家，长虹电子集团总经理"彩电大王"倪润峰表现出怎样的优秀品质？

2. 倪润峰的成功经验对企业经营管理者有何启发？要成为优秀的领导者，应该具备哪些条件？

3. 从信息管理的角度来看，倪润峰的"倪氏二五三单元工作法"与长虹人的"先字诀"说明了什么问题？

4. 认真阅读案例，理论结合实际对本案例进行分析，每人撰写约 500 字的案例分析。

公司经营活动6：竞职演讲

◆实操内容

各公司根据本组织结构情况，已将员工进行岗位安排。在本阶段的经营活动中，主要是产生各部门的领导者，本次实操将通过竞职演讲，选出各部门的领导者。

竞职演讲题目：如果我当上××

◆实操目的

通过演讲，让学生将领导有关知识融会贯通。

◆活动步骤

1. 各部门以自荐和推荐方式产生部门领导候选人。

2. 各候选人充分准备好演讲稿。

3. 各公司组织好竞职演讲工作，包括主持人、投票环节的设置等。公司所有员工都要投票。

4. 各候选人上台演讲。

5. 进行投票，产生部门领导者。

6. 教师就竞职演讲者及各公司组织工作进行点评。

◆思考回答

要想取得成功，候选人竞职演讲前应做哪些准备？

工作评价表

职业核心能力测评表					
职业核心能力	评价指标	自测结果			
自我管理能力	1. 能跟随教师思路思考 2. 能主动参与讨论 3. 能主动将所学知识运用在实践中	□优秀 □优秀 □优秀	□中等 □中等 □中等	□合格 □合格 □合格	□不合格 □不合格 □不合格
合作交流能力	1. 能尊重他人的观点 2. 能与他人进行有效沟通 3. 能主动参与合作过程	□优秀 □优秀 □优秀	□中等 □中等 □中等	□合格 □合格 □合格	□不合格 □不合格 □不合格
解决问题能力	1. 能准确理解信息资源 2. 能客观分析信息资料 3. 能发现并解决常规问题	□优秀 □优秀 □优秀	□中等 □中等 □中等	□合格 □合格 □合格	□不合格 □不合格 □不合格
设计创新能力	1. 能够提出建设性的观点 2. 能够从不同角度提出方案 3. 能够制订创新方案并实施	□优秀 □优秀 □优秀	□中等 □中等 □中等	□合格 □合格 □合格	□不合格 □不合格 □不合格
学生签名： 教师签名：			年 月 日		

专业能力测评表			
职业核心能力	评价指标	自测结果	
理解领导行为基础	1. 理解领导行为的概述 2. 理解领导者的群体结构 3. 掌握人性假设的内容	□优秀　　□中等　　□合格　　□不合格 □优秀　　□中等　　□合格　　□不合格 □优秀　　□中等　　□合格　　□不合格	
掌握领导理念	1. 运用领导理论及其应用模型 2. 理解领导理论研究的新发展	□优秀　　□中等　　□合格　　□不合格 □优秀　　□中等　　□合格　　□不合格	
学生签名：　　　　教师签名：			年　　月　　日

项目 7　调控行为方向——态度与行为

心态若改变，态度跟着改变；态度改变，习惯跟着改变；习惯改变，性格跟着改变；性格改变，人生就跟着改变。

——亚伯拉罕·马斯洛

【项目目标】
1. 认识态度的内涵
2. 理解态度形成和转变的影响因素
3. 掌握组织中形成和转变员工态度的措施
4. 掌握工作满意度的内涵

【生活与组织行为】
态度改变命运

古时候有甲、乙两个秀才去赶考，路上遇到了一口棺材。甲说："真倒霉，碰上了棺材，这次考试死定了。"乙说："棺材，升官发财，看来我的运气来了，这次一定能考上。"当他们考试的时候，两人的努力程度就不一样，结果乙考上了。回家以后他们都跟自己的夫人说，那口棺材可真灵啊。

思考：甲和乙出现不同命运结果的原因是什么？

【项目流程图】

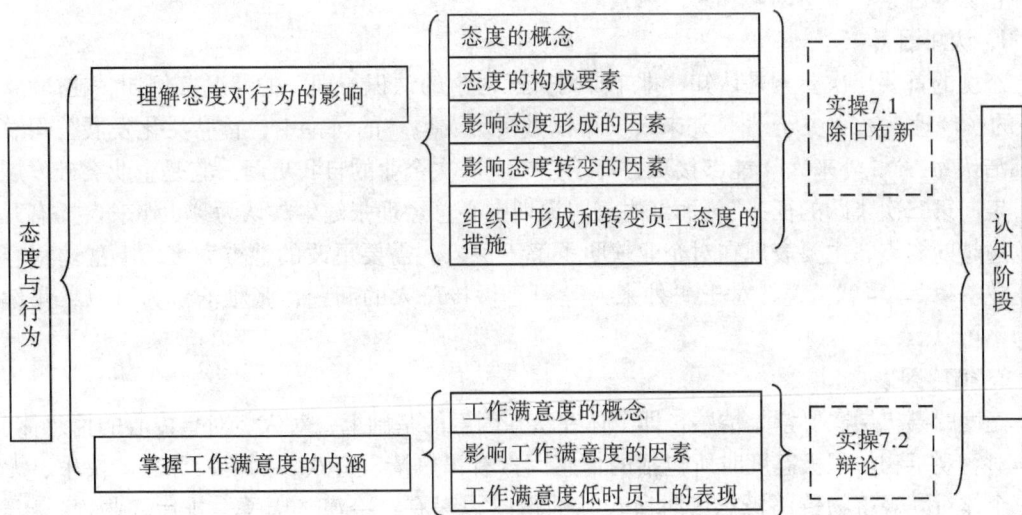

任务 7.1 理解态度对行为的影响

7.1.1 态度的概念

态度是个体对人、对情境以及客观事物的评价和心理、行为的倾向性。这种倾向性表现为：要么支持要么反对；要么喜欢要么不喜欢；要么亲近要么疏远等。

个人态度会影响到他的行为方式，这一点在儿童身上便可发现。对儿童进行观察，你会发现，他们喜欢模仿大人对人、对事的态度，特别是他们对所喜欢的人的态度，然后体现在行为上。但面对他们不喜欢的人，他们会表现出一种对立的态度，你说"这个东西好玩"，他们偏偏说"一点都不好玩"。人们也常常模仿名人及其对重大事件的态度，这就是我们所说的"名人效应"。商家在广告宣传中就是利用这一点来改变我们对其产品的评价的。内蒙古蒙牛乳业集团就是一个典型的、成功的例子。中国首位航天员杨利伟上天，蒙牛成了唯一的牛奶赞助商。我们不得不承认，它成功地利用了这一具有划时代意义的航天事件来增加消费者对蒙牛产品的喜欢程度，进而带来了对该集团有利的行为——更多的人消费蒙牛产品。在组织中，员工对工作环境的人和事所持的态度会影响到他们的工作行为。例如，公司对员工的年终考核制度进行改革，将奖金与绩效挂钩，绩效的好坏决定奖金的多少，如果员工支持这项改革，那么他在平时的工作中表现出主动、积极、努力的行为；否则将表现出抵制、消极的行为倾向。

7.1.2 态度的构成要素

态度不是一种单一的心理倾向，是由多种心理因素构成的。构成态度的心理因素一般有三种：认知因素、情感因素和意向因素。

1. 认知因素

态度的首要层次要素是认知，即个体对人、对事的认识与理解的情况。例如，在2004年5月的《经理人》上关于"'外来人'可以做接班人吗"的讨论中，首席文化发展公司总裁张雅洁认为，"'外来人'能够接班，等于完成了一次企业的自我更新，它是企业突破发展瓶颈，走向第二次飞跃的征兆"；而红牛集团深圳中心总经理张健生却认为"'外来人'有几个难以逾越的弱点，主要表现在对企业软肋了解不深入，需要更改的地方太多，下猛药很容易把企业治死"。也就是说，对于"外来人"可否做接班人的问题，张雅洁认为可以，张健生认为不可以。

2. 情感因素

态度的第二层次要素是情感，即个体在认知因素的基础上，对人、对事内心的情感体验。个体对客观事物持积极态度时所包括的情感因素有：热情、喜欢、同情、尊敬、快乐、无畏等；个体对客观事物持消极态度时所包括的情感因素有：冷漠、厌恶、排斥、蔑视、痛苦、恐慌等。

3. 意向因素

态度的第三层次要素是意向，即个体对人、对事的行为准备状态和反应倾向。例如，当你与一位新同事交往时，认为他为人真诚、有修养，你就会想亲近他，与他交谈；否则，你会想方设法远离他。

一般情况下，态度的这三个构成因素之间是协调、统一的关系。例如，当你认为自己所从事的营销工作是一项既有挑战，又能给你带来快乐的工作，你就会喜欢它。为了能拥有它，你在工作上会表现出负责、努力、积极主动的行为。

然而，在现实生活中，可能受到内外因素的影响，这三者之间是冲突、不统一的。例如，有些人在理智上认为学习是一件有利的事，但是由于受到其他因素的影响，在感情上却不喜欢学习，在意向上可能表现出远离与学习有关的事。

讨论：如何理解态度的三个构成要素与分析组织中员工的工作行为有关？

实例 7-1：态度如何影响的士司机的职业生涯

A 先生要从徐家汇赶去机场，在美罗大厦前等待出租车。一辆大众的士的司机发现了他，的士非常专业地、径直地停在他的面前。这一停，于是有了后面的让 A 先生深感震撼的故事，像上了一堂生动的 MBA 案例课。以下是大众的士司机向 A 先生传授如何做成功的士司机的经过。

"去哪里……好的，机场。我在徐家汇就喜欢做美罗大厦的生意。这里我只做两个地方：美罗大厦和均瑶大厦。你知道吗？接到你之前，我在美罗大厦门口兜了两圈，终于被我看到你了！从写字楼里出来的，肯定去得不近……"

"做的士司机，也要用科学的方法。"他说。

"要懂得统计。我做过精确的计算。我说给你听啊。我每天开 17 个小时的车，每小时成本 34.5 元……"

"我每天要交 380 元，油费大概 210 元。一天 17 小时，平均每小时固定成本 22 元，再加上平均每小时 12.5 元的油费。这是不是就是 34.5 元？"A 先生有些惊讶，他打了 10 年的车，第一次听到有的士司机这么计算成本。以前的司机都会说，每公里成本 0.3 元，另外每天交多少钱之类的。

"成本是不能按公里算的，只能按时间算。你看，计价器有一个'检查'功能。你可以看到一天的详细记录。我做过数据分析，每次载客之间的空驶时间平均为 7 分钟。如果上来一个起步价，10 元，大概要开 10 分钟。也就是每一个 10 元的客人要花 17 分钟的成本，就是9.8。不赚钱啊！如果说做浦东、杭州、青浦的客人是吃饭，做 10 元的客人连吃菜都算不上，只能算是撒了些味精。"

"千万不能被客户拉着满街跑，而是通过选择停车的地点、时间和客户，主动地决定你要去的地方。"A 先生非常惊讶，这听上去很有意思。"有人说做的士司机是靠运气吃饭的职业。我认为不是。你要站在客户的位置上，从客户的角度去思考。"

"给你举个例子，医院门口，一个拿着药的，一个拿着脸盆的，你带哪一个？"A 先生想了想，说不知道。

"你要带那个拿脸盆的。一般人小病小痛的到医院看一下，拿点药，不一定会去很远的医院。拿着脸盆打车的，那是出院的。住院哪有不死人的？今天二楼有人死了，明天三楼又死了一个。从医院出来的人通常会有一种重获新生的感觉，重新认识生命的意义——健康才最重要。那天那个人说：'走，去青浦。'眼睛都不眨一下。你说他会打车到人民广场，再去坐青浦线吗？绝对不会！

"再给你举个例子。有一天在人民广场前面，三个人在招手，一个是年轻女子，拿着小包，刚买完东西；还有一对青年男女，一看就是逛街的；第三个是拿着笔记本包的男子。我看一个人只要3秒钟。我毫不犹豫地停在那个男子面前。那个男子上车后说：'延安高架、南北高架……'还没说后面就忍不住问，'为什么你毫不犹豫地开到我面前？前面还有两个人，他们要是想上车，我也不好意思和他们抢。'我回答说，'中午的时候，还有十几分钟就1点了。那个女孩子是中午溜出来买东西的，估计公司很近；那对男女是游客，没拿什么东西，不会去很远；你是出去办事的，拿着笔记本包，一看就是公务。而且这个时候出去，估计应该不会近。'那个男的说，'你说对了，去宝山。'

"那些在超市门口、地铁口打车，穿着睡衣的人可能去很远吗？可能去机场吗？机场也不会让他进啊。

"很多司机都抱怨，生意不好做啊，油价又涨了啊，都从别人身上找原因。我说，你总是从别人身上找原因，就永远不能提高利润。从自己身上找找看，问题出在哪里。

"有一次，有个人在南丹路拦车，去田林。后来又有一次，一个人在南丹路拦车，还是去田林。我就问了，怎么你们从南丹路出来的人，很多都是去田林呢？人家说，在南丹路有一个公共汽车总站，我们都是坐公共汽车从浦东到这里，然后搭车去田林的。我恍然大悟。比如你看我们开过的这条路，没有写字楼，没有酒店，什么都没有，只有公共汽车站，站在这里拦车的多半都是刚下公共汽车的，再选择一条最短路径打车。在这里拦车的客户通常不会高于15元。

"所以我说，态度决定一切！"

A先生听十几个总裁讲过这句话，第一次听的士司机这么说。

"要用科学的方法——统计学来做生意。天天等在地铁站口排队，怎么能赚到钱？每个月就赚500块钱怎么养活老婆、孩子？这就是在谋杀啊！慢性谋杀你的全家。所以要用知识武装自己。学习知识可以把一个人变成聪明的人，一个聪明的人学习知识可以变成很聪明的人。一个很聪明的人学习知识，可以变成天才。

"有一次一个人打车去火车站，我问他打算怎么走。他说这么这么走。我说慢，上高架，再这么这么走。他说，这就绕远了。我说，没关系，你经常走你有经验，你那么走50元，你按我的走法，等里程表50元了，我就翻表。你只给50元就好了，多的算我的。按你说的那么走要50分钟，我带你这么走只要25分钟。最后，按我的路走，多走了4公里，快了25分钟，我只收了50元。乘客很高兴，省了10元钱左右。这4公里对我来说就是1块多的油钱。我相当于用1块多钱买了25分钟。我刚才说了，我一小时的成本34.5元，我多划算啊！

"在大众公司，一般每位司机每月赚三四千。做得好的5 000元左右。顶级的司机大概每月能有7 000元。全大众2万个司机，大概只有2~3个司机，万里挑一，每月能拿到8 000元以上。我就是这2~3个人中的一个。而且很稳定，基本不会有太大的波动。

"我常常说我是一个快乐的车夫。有人说，你是因为赚的钱多，所以快乐。我对他们说，你们正好错了，是因为我有快乐、积极的心态，所以赚的钱多。

"要懂得体味工作带给你的美。堵在人民广场的时候，很多司机抱怨，又堵车了！真是倒霉。千万不要这样，用心体会一下这个城市的美，外面有很多漂亮的女孩子经过，非常现代的高楼大厦，虽然买不起，但是可以用欣赏的眼光去享受。开车去机场，看着两边的景色，多美啊！再看看里程表，100多块了，就更美了！每一份工作都有它美丽的地方，我们要懂得从工作中体会这种美丽。"

"我 10 年前是强生公司的总教练。8 年前在公司做过三个不同部门的经理。后来我不干了，一个月就四五千块，没意思，于是就主动来做司机。我愿意做一个快乐的车夫。哈哈。"

到了机场，A 先生给他留了一张名片，说："你有没有兴趣这个星期五，到我公司，给微软的员工讲一讲你是怎么开的士的？你就当打着表，60 公里一小时，你讲多久，我就付你多少钱。"

思考：都是的士司机，有人月薪三四千元，有人却赚 5 000 元，甚至有的能像文中这位司机一样赚 8 000 元以上。面对同样的行业环境，却存在着收入的差异，请问这些差异是由什么决定的？

7.1.3　影响态度形成的因素

在生活中，也存在着类似上面例子的现象。这反映出：态度与气质不同，它不是与生俱来的，个体对态度对象形成什么样的态度，是由个体在后天社会生活环境中受到多方面的影响而逐渐形成的。影响态度形成的因素主要有：

1. 社会文化

个体总是生活在一定的社会环境中，不同的社会环境都具有与众不同的文化特点，这些特点无不影响和制约着个体对人、对事的态度。例如后文综合训练沃尔玛公司的例子中，美国人与加拿大人之所以对同一种仪式有不同的态度，主要是受到各自不同的社会文化的影响而形成的。

2. 群体规范

各种不同的群体都有一定的行为规范，个体要想在群体中站住脚、不受孤立，他总要使自己的态度与群体规范保持一定的一致性。在高凝聚力的群体中，群体规范对个体态度的约束力更加明显。

3. 信息和知识

人们在社会活动过程中获得的信息和知识影响着个体态度的形成。人们对某人、某事所获得的信息越全面、越客观，那么他就会形成较有代表性的态度。同样地，知识面越广的人，对客观事物的态度就越切合实际。

4. 个体的需求

一般来说，凡是能满足个体的需求，或能促进目标实现的事物，总是使人产生喜欢的、积极的态度；凡是阻碍个体需求的满足，或阻碍目标实现的事物，总是使人产生厌恶的、消极的态度；而那些与个体的需求无关的事物，人们形成的是漠然的态度。

5. 个性差异性

一般而言，内倾型的人，对新生事物是一种漠不关心的态度；外倾型的人刚好相反，是一种积极的态度；自信、有主见的人，对人、对事的态度有独到之处；自卑、依赖性强的人，对人、对事的态度是人云亦云、毫无主见。

6. 个体经历

如果个体经历过被推销人员欺骗的事情，那么他对推销员的态度是疏远，甚至有反感的倾向。

实例 7-2：宙斯和猴子

宙斯通知林中所有动物，许诺给被评为"最漂亮孩子"的动物发奖品。猴子与其他动物一起来到宙斯这里，她以慈祥的母爱，带着一只扁鼻无毛、相貌丑陋的小猴子，前来参加评奖。当她把小猴子带给大家看时，引得了一阵哄堂大笑。但她坚定地说："我不知道宙斯会不会将奖品给我儿子。但至少有一点我十分清楚，在我眼里，这小猴子是最可爱的、最漂亮的、最活泼的。"

（资料来源：《伊索寓言》）

思考：这则寓言给我们什么启示？

7.1.4 影响态度转变的因素

1. 态度转变的形式

态度的转变指人从旧态度变为新态度。个体的态度随着内外部因素的影响而发生变化。态度转变从形成上看主要表现为两个方面——量变和质变。

（1）量变主要指态度在强弱方面的变化。

在组织中，由于新制度推行后所带来的利润大大提高，员工的收入也相应提高，使员工从原来对新制度的一般支持转变为积极支持、执行的态度；或者新制度推行后生产率降低，使员工的收入受到损失，员工就会从原来的一般抵制转变为强烈抵制的态度。这是态度的量变中正强化的表现形式。另一种形式是负强化，例如，员工对组织人员的调配由原来的强烈反对转变为一般反对；或是由原来的积极支持转变为一般支持。

（2）质变是指由原来的旧态度转变为一种性质与之不同的新态度。

质变使态度的方向发生改变，可以是从积极到消极的态度转变，也可以是从消极到积极的态度转变。例如，你由原来对生产工作的喜欢转变为厌恶；你对别人提出的观点从反对转变为支持。

2. 影响态度转变的因素

影响态度转变的因素很多，最主要的有以下四个方面：

（1）旧态度的特点。

当旧态度成为个体一种习惯性的行为倾向性时，那么这种态度一般很难受到影响而转变；如果一个人对人、对事持有一种极端的态度，其他人想去改变他的这种态度是不容易的。转变态度的强弱比转变态度的方向要容易得多。构成态度的三个因素的协调与否也影响态度的转变，三者越统一，就越稳定，就越难改变，否则，就容易改变。

（2）个性特征。

个性对态度的转变的影响，既包括个性倾向性的影响，也包括个性差异性的影响。

一方面，个体态度会随着需要、理想、价值观、兴趣等因素的变化而变化。例如，大多数人饥饿时，一看到食物就产生喜爱之情；当吃饱喝足后，面前的食物再可口，他们也视而不见。

另一方面，气质、能力和性格也是促使态度转变的主要影响因素之一。能力水平的高低影响一个人在态度转变中的主动性，一般情况下，能力水平高，有较高的分辨力，主动性较强；能力水平低的人，则较为被动。气质类型的差异影响一个人在态度转变中的难易性。灵活性强的胆汁质和多血质的人，其心理活动可塑性较强，容易受到外界的影响和他人的说服，容易转变态度；灵活性差的黏液质和抑郁质的人，其心理活动可塑性差，态度一旦形成就较为稳定，不容易受到外界的影响，不易转变态度。

（3）社会环境。

社会环境包括社会制度、社会交往、社会文化、国家法规法律、风俗习惯等，对人的态度的转变具有强有力的影响。例如，德国人对法律、法规和纪律的遵守和自觉性可成为其他国家的公民学习的典范。它所具有的社会环境的特性对影响人的态度的转变，可从下面的例子体现出来。2005 年第 3 期《读者》中的《伟大的德国精神》中有这么一段内容：作者一行人到达汉堡的地铁总站时，发现站台上没有一个售票员、检票员，也没有穿着制服四处潜伏、随时准备抓那些随地吐痰、翻越座位的旅客的治安人员，只有一个信息咨询总台、几台自动售票机和熙熙攘攘的旅客。而且不管是乘地铁、公共汽车、轮渡都没有一个人来查票。一个逃票的荒唐想法跃入他们的大脑。这时，他们遇到一个来自中国哈尔滨医科大学的留学生，当作者一行人跟他提到逃票的事时，他笑着说："刚到德国时，逃票太容易了。你只要做到胆大、心细、脸皮厚，就可免费到德国各地旅游。可现在，随着对德国文化的认可，我觉得逃票是一种懦夫的表现，是一种耻辱。每次出门，就自觉地遵守这里的规章制度，它像一只无形的道德之手来规范每个人荒诞的、不合法则的行为……"

（4）个体的经验。

一个由于违反交通规则，而使身心受到严重伤害的人，在以后他会由原来漠视交通规则的态度变为自觉遵守交通规则的新态度。

7.1.5　组织中形成和转变员工态度的措施

管理者掌握了以上关于态度的形成与转变的规律后，对于管理的实际工作有指导性的意义。在组织中，员工对组织环境中的人、事、物的态度如何，会关系到组织的效率和发展。一个目标，一项方针政策，一个改革方案，都使员工产生不同的态度，可能是支持的，也可能是反对的；可能是拥护的，也可能是抵制的。做好员工的思想工作，使他们形成或转变适合组织发展的态度是管理的重要职能。具体的措施有：

1. 完善员工的培训制度

在现代企业中，要让员工形成有利于组织目标的实现、方针政策的推行的态度，或转变原来不利于组织目标实现、阻碍改革制度执行的态度，主要方法是进行培训。这类培训应以正确的态度为导向，以企业文化精神作为思想基础，为员工提供轻松快乐的学习氛围，让员工形成积极的态度，改变原来的消极态度。

麦当劳的管理理论认为：企业首先应该是培养人的学校，其次才是快餐店。因为麦当劳属于服务性行业，有优良职业道德的人，才能被称为一流的员工。所以，他们以公司自身的经验和"麦当劳精神"来培养自己的员工，让员工形成与企业目标相一致的态度，使麦当劳一直是肯德基最强大的竞争对手。

2. 提高员工对活动的参与程度

员工对组织活动的参与程度越高，所形成的态度与组织目标就越一致，改变态度的可能性就越大。这一管理方法其实就是利用角色扮演来形成和改变员工的态度的，即让人们互换身份，设身处地地理解对方在这一角色上的感受，从而改变原有的认知和态度。例如，让员工"当一天领导者"，让领导者"当一天普通员工"，这对于促进领导者和工人之间的相互理解、相互支持有很大的帮助。

3. 利用群体规范

个体所处的群体规范、人际关系等，对个体态度的形成和转变有重要的影响和制约作用——效果好、速度快、更持久。勒温的实验提供了强有力的论据。例如，20世纪40年代，美国心理学家勒温进行了一项研究，即群体规定在家庭主妇对动物内脏的消极态度转变中的作用。美国的家庭主妇一般不喜欢用动物的内脏（如猪肝、牛肝等）做菜。但在"二战"期间，由于食品短缺，美国政府希望能说服家庭主妇们购买一向不受欢迎的动物内脏来做菜。勒温设计了两种情境：第一种情境是把一些家庭主妇们集中在一起，由口齿伶俐的人做半小时的讲解和劝说，使她们明白这些食品如何味美价廉，营养价值如何丰富，采用动物内脏做菜对国家贡献有多大等，并发给她们一份烹调动物内脏的食谱。第二种情境仅把一些家庭主妇集中在一起，简单地告诉她们，群体规定大家今后要用动物内脏做菜。一周后，进行检查发现，前者只有3%的人改变态度，而后者有32%的人改变态度。

实操7.1 除旧布新

◆**实操内容**

通过情境设计让学生掌握态度相关内容。

◆**实操目的**

让学生明白旧态度对他们接受新态度会产生强烈且经常是负面的影响。

◆**活动步骤**

1. 把材料发给学生，或用幻灯片给他们展示你希望他们改变的新方向。

2. 给他们3分钟去理解并记忆老方向与新方向之间的联系。

3. 以公司为单位选派表演者。

4. 一切就绪后，请他们把材料放在一旁，面对教室前方站立。

5. 按照"上、下、左、右、前、后"的顺序依次给他们下十个老方向的指令，请他们在3秒内说出新方向并做出相应的动作。

6. 请他们就自己完成的准确程度计分。

7. 教师进行点评：表演者反应如何？表演效果受到什么的影响？

◆**思考回答**

在接受新态度时，旧态度是如何影响你的？应如何做才能减少旧态度的负面影响？

◆**评估标准（自评和他评）**

评价指标	评估结果			
在公司选派人员参演时的参与程度	□优秀	□中等	□合格	□不合格
在公司成立时、信息汇总时的表现（团队合作、参与程度）	□优秀	□中等	□合格	□不合格
在公司汇报信息时的表现（发言）	□优秀	□中等	□合格	□不合格
在思考回答过程中的表现	□优秀	□中等	□合格	□不合格
对态度相关内容的理解情况	□优秀	□中等	□合格	□不合格
需要补充说明：				

任务 7.2　掌握工作满意度的内涵

7.2.1　工作满意度的概念

工作满意度特指员工对他所从事的工作的评价和行为倾向。员工的工作满意度与他们在组织中的行为之间是相互影响的。对所从事的工作有高满意度的员工，在工作中就表现出积极的态度和行为；而工作满意度低的员工，在工作中就表现出消极的态度和行为。对工作满意度的研究在组织行为学中有很重要的作用。

7.2.2　影响工作满意度的因素

在工作职位竞争很强的今天，当"工作是幸福的"成为很多人的口头禅时，人们是否会因自己能拥有一份工作而感到幸福呢？对自己的工作职位是否满意呢？关于这个问题，我们可从一份来自 2004 年 6 月 16 日《青年参考》与《中国工作幸福指数调查》报告中寻找答案。这里所指的工作幸福指数其实就是我们所说的工作满意度。

中国人力资源开发网联合国内众多知名人力资源管理和心理学专家以及知名媒体，在全国范围内开展的"工作幸福指数调查"并公布了结果。

调查显示，28.8% 的被调查者的工作幸福感偏低，也就是说，基本上每 10 个在职人士就有 3 个人的工作幸福感偏低；如果加上得分处于 2～3 分的被调查者，则有 64% 的被调查者的工作幸福指数得分偏低；工作幸福感较高的被调查者只有 9.7%。

那么，为什么工作幸福指数不高？让我们从下面的调查结果中找答案。

◆19.6% 的被调查者认为自己的工作职责不是很明确。

◆26.3% 的被调查者认为他们的工作与生活之间经常发生冲突。

◆33.6% 的被调查者认为自己的工作量不合理。

◆11.6% 的被调查者反映他们的工作并没得到家人和朋友的支持。

◆16.4% 的被调查者与同事的关系不融洽。

◆40.4% 的被调查者对工作环境和工作条件不满意。

◆47.5% 的被调查者对自己所在单位的发展前途缺乏信心。

◆34.2% 的被调查不喜欢自己的工作。

◆52.0% 的被调查者对自己直接上级的管理方法和风格感到不满意。

◆52.1% 的被调查者认为自己工资待遇与对单位的贡献不成正比。

◆62.2% 的被调查者觉得自己所在单位的管理制度与流程不合理。

◆11.5% 的被调查者对目前的工作感到力不从心。

从上面的调查我们可看出，目前人们对自己工作的满意度并不乐观，正如报告中说的"中国在职人士的工作幸福感偏低，值得政府、企业和在职人士的进一步关注"，因为有研究指出，员工对工作满意与否，与生产率之间是有一定联系的。那么员工在工作当中，主要是受到哪些因素的影响，使得他们产生或高或低的工作满意度呢？这是管理者必须关心的问题。根据以上报告及其他的研究结果，我们归纳出影响员工工作满意度的重要因素有以下五点。

1. 挑战性的工作

大部分员工在面对有一定难度的工作时，比面对较易的工作时表现出更大的兴趣和投入。

这是因为前者给他们提供了展示自身能力和技能的平台，内容丰富，不单调，在一定程度上能反映他们的能力和水平，具有挑战性。当然，这些工作应该是在员工付出最大的努力之后能够取得成果的，即工作的挑战性不能太强，如果工作挑战性超过员工的实际能力，会使员工产生挫折和失败的感觉，打击他们的积极性和自信心。

2. 公平的待遇

员工所希望的公平待遇包括公平的薪酬、分配制度和晋升机会，而且不低于他们的期望。关于这个问题，我们可以通过对员工的经济契约和心理契约的分析来理解。当员工加入到某个组织时，他除了与组织签订了经济契约之外，还签订了一份非书面的心理契约。前者是指员工以时间、能力和体力换取薪酬和适当的工作条件，后者是指员工同意给予组织一定的忠诚及额外的心理努力的同时，希望获得经济报酬以外的期望：工作安全感、与同事之间的关系、组织支持他们实现发展的愿望。如果这两方面不能够给员工带来公平感，那么员工就会降低工作满意度，减少自己对工作的贡献。相反地，如果员工的经济期望和心理期望都能够得到满足，工作满意度就会得到提高，他们愿意继续留在本组织工作，并且投入更大的努力。

3. 支持性的工作环境

目前，有小部分特殊行业的企业对员工实行"将办公地点移到家里"的工作方式，受到员工的喜欢。它主要就是根据工作本身的特点，给员工一个自由支配的工作环境，让他们发挥出更好的才能。当我们到东莞某家广告策划公司参观时，给我们一种与平时工作氛围不同的感觉——随和感。每个人边用电脑办公边随心所欲地听自己喜欢的音乐，这种环境有利于放松他们的神经，让创造力和想象力得到充分的发挥。企业的这种安排，其实就是为了给员工提供他们所喜欢的工作环境，最终也是为了提高工作效率。员工会关心他们的工作环境，一是为了个人的舒适感，二是为了更好地完成工作。有研究证明，员工对工作环境的期望是安全的、舒适的，温度、灯光及其他环境因素不应太强或太弱，工作场所离家比较近，卫生、设备比较现代化，有充足的工具和机械设备。从某个角度来看，自由撰稿人就是为了追求一种支持性的工作环境。

4. 和谐的人际关系

这种人际关系包括上下级、同级之间的关系。人们向往到具有较高团队精神的公司工作，因为这种群体一般能够给员工提供一种向上、融洽的群体关系。人们从事某项工作，除了能得到相应的报酬，还可满足他们社会交往的需要。所以，友好的同事关系、互助型的团队会提高人们的工作满意度。如果员工所在的群体是一个钩心斗角的、争夺名利的群体，员工除了得应付激烈竞争所带来的压力外，还得想着怎么去应付这种冲突，这将降低他们的工作满意度。

5. 个性与工作的匹配

当员工个人的兴趣、能力、理想、气质及性格等个性特征与工作相匹配时，员工会感到自己的才能得到展现，工作带来成功的可能性更大，他们的自尊和自我实现的需要得到满足，因此有较高的工作满意度。

7.2.3 工作满意度低时员工的表现

当员工对他所从事的工作的满意度低时，即对工作所处环境表示不满时，员工会从行动上发泄他们的这种体验，比如他们会出现抱怨、偷窃组织的财产等行为，如下图所示。

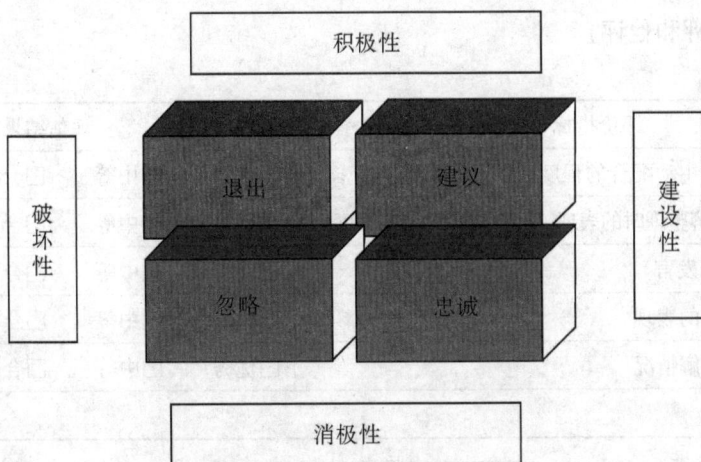

员工对工作不满的反应图

（资料来源：斯蒂芬 P 罗宾斯．组织行为学：第七版 ［M］．孙建敏，李原，等译．北京：中国人民大学出版社，1997．）

1. 退出

离开组织，包括换职位或辞职。

2. 建议

用积极性和建设性的态度试图改善目前的环境。

3. 忠诚

期待环境的改善。

4. 忽略

让消极的态度向更糟糕的方向发展。

实操7.2 辩论

◆**实操内容**

正方：工作满意度高，工作效率不一定高；反方：工作满意度高，工作效率一定高。

◆**实操目的**

让学生正确掌握工作满意度与工作效率之间的关系，在今后实践中能把握好两者的关系。

◆**活动步骤**

1. 由各公司推荐人选将班级分为两组或若干小组，并分别确定正、反方。

2. 正反双方在辩论过程中既要回答对方所提问题，也要向对方提出问题。双方所提所答的内容都必须紧扣辩题。

3. 将辩论内容形成书面材料，呈交教师。

4. 由教师或评委给予评分，并在记分卡上登记。

◆**思考回答**

工作满意度与工作效率之间有什么关系？如何正确看待？

评价指标	评估结果			
在公司选派辩手时主动配合的程度	□优秀	□中等	□合格	□不合格
在公司进行辩论内容整理时的表现（团队合作、参与程度）	□优秀	□中等	□合格	□不合格
在辩论时的表现（发言）	□优秀	□中等	□合格	□不合格
在思考回答过程中的表现	□优秀	□中等	□合格	□不合格
对工作满意度的理解情况	□优秀	□中等	□合格	□不合格
需要补充说明：				

关键术语

态度　态度转变的形式　工作满意度

综合训练

情境设计 7-1：沃尔玛特色的仪式受到的冷遇

在美国，沃尔玛商店有一个特别的仪式——在每天早上，由经理们带领全体员工高唱激动人心的国歌《星条旗永不落》，然后齐声拼出公司的名称：给我一个 W，给我一个 A，给我一个 L……再高呼"顾客第一"，呐喊已有的公司数目。从这仪式中，员工充满激情地领会着公司的经营哲学。然而，加拿大人却很难与美国人共享这种外向而新颖的乐观态度。当沃尔玛公司进驻加拿大时，管理者认为所有他们应该做的只是把清晨的仪式加拿大化，将美国国歌改为加拿大国歌就会产生一样的效果。然而，加拿大人对他们这种热情的外露方式感到难为情，他们拒绝在清晨仪式上唱加拿大国歌，不愿意参加公司的欢呼与呐喊。

【思考讨论题】

1. 为什么美国人与加拿大人对相同的仪式有不同的态度？请利用态度的有关内容进行分析。

2. 认真阅读案例，理论结合实际对本案例进行分析，每人撰写约 500 字的案例分析。

情境设计 7-2：一份能让我感到满意度高的工作

【实操形式】

个人完成。

【实操时间】

20～30 分钟。

【实操道具】

纸、笔。

【实操场地】

教室。

【实操目的】

分析能让自己满意的工作的特点。

【活动步骤】

1. 先认真分析并填写以下表格的内容。

我喜欢并能做好的事 (1) (2) (3) (4)	我喜欢但做不好的事 (1) (2) (3) (4)
我不喜欢但能做好的事 (1) (2) (3) (4)	我不喜欢也做不好的事 (1) (2) (3) (4)

2. 填写以下表格。

理想工作最重要的因素 (1) (2) (3) (4) (5) (6)

（资料来源：多萝西·马西克，约瑟夫·赛尔策，彼得·韦尔．组织行为学：体验与案例：第6版[M]．王水雄，李国武，孙龙，译．北京：中信出版社，2004. 有删改）

3. 填写好以上两表格后，请同学公布自己的答案。

【思考回答】

1. 你与其他同学之间的答案存在哪些差异？

2. 对于理想工作的看法，有没有共同点的存在？若有的话，有哪些？

公司经营活动7：常常掌握员工的工作满意度

◆ 实操内容

员工按部就班后，为了保证工作效率，常常需要掌握员工的工作满意度。

◆ **实操目的**

1. 掌握态度和工作满意度的内容。
2. 正确运用态度和工作满意度的内容。

◆ **活动步骤**

1. 各公司根据公司实际设计一份工作满意度调查表。
2. 每位员工完成调查表。
3. 公司临时负责人收集、整理、总结调查资料。
4. 将调查结果形成文字进行汇报。
5. 教师点评。

◆ **思考回答**

招聘准备工作要考虑哪些问题？

工作评价表

职业核心能力测评表					
职业核心能力	评价指标	自测结果			
自我管理能力	1. 能跟随教师思路思考	□优秀	□中等	□合格	□不合格
	2. 能主动参与讨论	□优秀	□中等	□合格	□不合格
	3. 能主动将所学知识运用在实践中	□优秀	□中等	□合格	□不合格
合作交流能力	1. 能尊重他人的观点	□优秀	□中等	□合格	□不合格
	2. 能与他人进行有效沟通	□优秀	□中等	□合格	□不合格
	3. 能主动参与合作过程	□优秀	□中等	□合格	□不合格
解决问题能力	1. 能准确理解信息资源	□优秀	□中等	□合格	□不合格
	2. 能客观分析信息资料	□优秀	□中等	□合格	□不合格
	3. 能发现并解决常规问题	□优秀	□中等	□合格	□不合格
设计创新能力	1. 能够提出建设性的观点	□优秀	□中等	□合格	□不合格
	2. 能够从不同角度提出方案	□优秀	□中等	□合格	□不合格
	3. 能够制订创新方案并实施	□优秀	□中等	□合格	□不合格
学生签名： 教师签名：				年 月 日	

专业能力测评表		
职业核心能力	评价指标	自测结果
理解态度对行为的影响	1. 理解态度的概念 2. 理解态度的构成要素 3. 掌握影响态度形成的因素 4. 理解影响态度转变的因素 5. 理解组织中形成和转变员工态度的措施	□优秀　□中等　□合格　□不合格 □优秀　□中等　□合格　□不合格 □优秀　□中等　□合格　□不合格 □优秀　□中等　□合格　□不合格 □优秀　□中等　□合格　□不合格
掌握工作满意度的内涵	1. 理解工作满意度的概念 2. 理解影响工作满意度的因素 3. 理解工作满意度低时员工的表现	□优秀　□中等　□合格　□不合格 □优秀　□中等　□合格　□不合格 □优秀　□中等　□合格　□不合格
学生签名：　　　　教师签名：		年　　　月　　　日

项目8 提高员工抗压力——挫折与行为

故天将降大任于斯人也，必先苦其心志，劳其筋骨，饿其体肤，空乏其身，行拂乱其所为，所以动心忍性，曾益其所不能。

——《孟子》

【项目目标】

1. 认识挫折的内涵
2. 理解挫折的个体差异性
3. 运用挫折理论

【生活与组织行为】

勇把挫折当动力

19世纪，法国著名科幻小说家儒勒·凡尔纳的第一部作品《气球上的五星期》一连投了15家出版社，均不被赏识，第16次投稿才被接受。美国作家杰克·伦敦最初投稿，也没有一家出版社愿意接受，以致他不得不去干苦力活。后来他的《北方故事》被一家有眼力的《西洋月刊》看中，一举成名。丹麦著名童话家安徒生处女作问世时，有人因为他是一个鞋匠的儿子，便攻击他的作品"别字连篇""不懂文法""不懂修辞"。但他毫不气馁，笔耕不辍，终于成名。英国诗人拜伦19岁时写作的《闲散的时光》出版后，即有人把他骂得"狗血淋头"，说他"把感情抒发在一片死气沉沉的沼泽上"。然而拜伦并未退缩，而是以更为优秀的诗作来回敬那个诋毁者。

思考：以上故事给你什么启发？

【项目流程图】

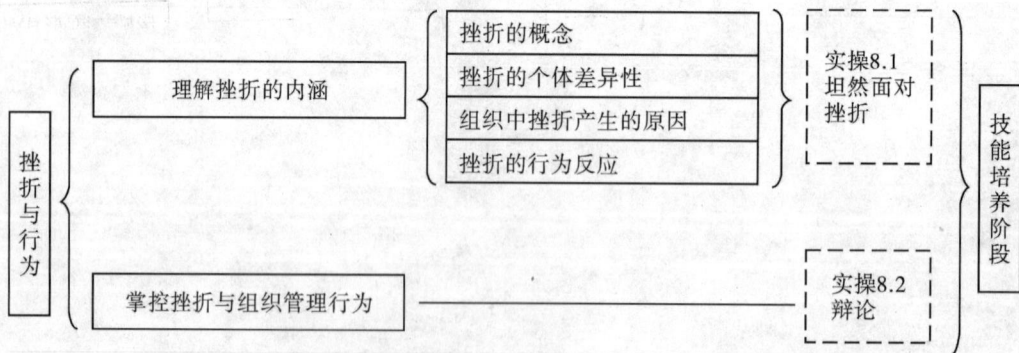

任务 8.1 理解挫折的内涵

8.1.1 挫折的概念

挫折是指人在执行活动期间，指向目标的行为遇到障碍或干扰，导致动机和需要不能得到满足时，产生消极的情绪状态。例如，参加高考的某个学生，基础扎实，在平时的考试中表现出色，老师寄予厚望，他自己也信心百倍，相信在高考中能取得好的成绩，考上重点大学。万万没想到的是，就在高考的前一天晚上，他发高烧。尽管他在第二天坚持参加考试，但由于身体的原因导致他考得非常不理想，这使他整个假期都处在痛苦当中。

8.1.2 挫折的个体差异性

在社会生活中，每个人都会遇到挫折。但在面对挫折时，不同的人会有不同的反应，表现出明显的个体差异性。有的人反应小，若无其事；有的人反应强烈，痛苦不安；有的人越挫越勇，百折不挠；有的人一蹶不振，精神崩溃；有的人随着环境的变化而淡忘；有的人一直不能释怀。个体对挫折有各种各样的反应，其根本原因与个体抱负水平和个体容忍力有关系。

1. 个体抱负水平与挫折的差异性

个体抱负水平也是个体的自我要求水平，指个体自己所规定达到的目标或标准。例如，销售员甲要求自己的月销售额要达到 10 万元；乙则要求自己的月销售额至少达到 13 万元，也就是说，乙比甲的抱负水平高。

个体由于抱负水平的不同，对挫折的反应存在个体差异。抱负水平高的人比抱负水平低的人对于失败的体验更加强烈。我们再以上面的例子来说明。如果在月终清算中，甲和乙的销售额均为 10 万元，对甲而言无所谓挫折，而对乙来说，则会打击他的信心，并且产生挫折感；如果月结时两人的销售额均为 8 万元，那么乙的挫折感比甲强烈。

2. 个体容忍力与挫折的差异性

个体容忍力是指个体受到挫折时控制心理和行为不失常的能力。不同的人，面对挫折时，容忍力会有差异性。容忍力大的人，面对挫折时，能较好地控制自己避免行为的失常，能迅速调整心理状态；而容忍力小的人，面对挫折容易产生失常的行为，不易调整失衡的心理状态。容忍力的大小，主要的影响因素有：

（1）个体容忍力的大小受到个体的生理条件的影响。

在生理方面，一般情况下，体弱多病、生理上有缺陷的人比发育正常、身强力壮的人容忍力小。

（2）个体容忍力的大小也受到生活环境、习惯的影响。

一个从小养成饭来张口、衣来伸手的人，没经受过风风雨雨或习惯逃避困难的人，其挫折容忍力很小，会因为小小的失败而紧张不安。在当今社会，家庭的过分宠爱使得现在的学生面对挫折的容忍力越来越小，有的面对学业的失败，就自杀；有的无法接受失恋而做出偏激行为。这都是挫折容忍力小所导致的悲剧。家庭或学校有责任让学生意识到，在当今如此激烈竞争的社会中，挫折是无法避免的，必须学会正视挫折，学会如何加强挫折容忍力，而不是逃避挫折。

（3）个体的容忍力大小还受到个体对挫折的知觉和判断的影响。

个体容忍力随个体对挫折的实质性内容解释和推测的不同而不同。

小林和小张两人因家里有事，需要回家，因此他们想借此提前休年假。以他们对上司余经理的了解，认为她应该会同意的。当他们递上请假申请表时，却遭到拒绝。小林觉得余经理故意刁难，心理受到了打击；而小张却认为是因为余经理忙于处理最近部门发生的一连串问题，心情不佳。

在组织当中，企业除了提高员工的生活条件外，还应注重教育和培养他们形成较强的挫折容忍力。有些企业已经意识到这方面的问题，比如采取一些挑战自我、挑战极限的野外训练等来加强员工的挫折容忍力。

讨论：在组织管理中如何正确理解挫折的个体差异性？

实例：让他犯一个可以弥补的错误

某公司市场部的王主管是一个很有能力的人，他做事果断、有魄力，可又是一个极其自负的人，常常是想好了一个创意就认为一定能行，而且要立即实施，基本不听其他人的意见。

有一次，他和 A 广告公司的业务员就本公司产品促销的事进行商计，双方最终达成了一致意见，但还没有签合同。王主管大致向市场部李经理说明了一下这次促销计划，当李经理对其中有关环节的可行性表示怀疑、提出异议时，王主管态度坚决地表示一点问题都没有。李经理见他如此固执，便想借此事给他一个教训。于是就同意签合同。

果不出李经理所料，就是在他表示异议的那个促销环节上，A 广告公司没有办法执行到位。由于这次促销活动是配合着公司的广告投放来做的，促销执行不到位，势必会影响公司的宣传力度。这个时候，王主管才真正着急起来，多次与 A 广告公司交涉未果后，他不得不求助于李经理，并深刻检讨了自己的过失。

李经理并没有过多地追究他的失误，只是立即着手请律师与 A 广告公司进行交涉，同时第一时间与有实力的 B 广告公司签订合同，让其立即接手继续进行这次的产品促销活动，并要求王主管继续跟进这项计划，务必使促销方案执行到位。其实，就在李经理同意王主管签合同时，李经理已做好了准备，与 B 广告公司谈妥了一切，只等着签合同后就立即实施。

李经理把公司的损失降到了最低，并借助这件事使王主管好好地反省了一下。从那以后，王主管渐渐改正了自己自负的缺点，做事时能事先听取别人的意见了。

思考：你赞同李经理的做法吗？这种做法的目的是什么？

8.1.3 组织中挫折产生的原因

1. 组织的管理方式或领导风格

管理者以"经济人"假设为指导思想的管理方式，或专制式的领导风格，主要用权力、控制和惩罚的方法管理员工，形成了员工的自我实现和组织管理方针之间的互相抵制，使他们产生挫折感。

2. 组织中的工作环境

员工的工作环境是否安全、是否有利于工作的顺利进行，也是挫折感产生的因素之一。

当员工所处的工作环境的灯光、通风、噪音、温度、安全、卫生等不理想时，不但会对他们的身体健康带来危害，也会引起情绪的紧张与不满。

3. 组织中的人际关系

组织中的人际关系包括上下级、同级之间的关系。如果管理者不给员工反映意见、提出建议的机会，不倾听员工的心声；同事之间见难不相帮，甚至还讥笑、挖苦，这样员工会对组织群体关系缺乏信赖，产生不满，甚至仇视的情绪。

4. 个性与工作的匹配

个性与工作之间的匹配与否不仅是影响员工工作满意度高低的因素，也是他们产生挫折的原因之一。怀才不遇、大材小用都在不同程度上使员工产生挫折感。我国唐代著名诗人李白就是因为感到自己怀才不遇，才常常以饮酒吟诗来抵抗这种不满的情绪。

8.1.4 挫折的行为反应

挫折使人们产生情绪方面的一系列反应，并表现为积极的、理智的，或消极的、破坏性的行为。

1. 消极的行为反应

（1）攻击。

个体将挫折所产生的消极情绪转化为对其他人、物或自身的破坏或伤害。例如有人一遇到挫折，就通过摔东西、谩骂他人等来进行攻击。

（2）退化。

个体受到挫折时，表现出与自己的年龄、身份不相称的幼稚行为。例如像小孩那样撒泼无赖、就地打滚、大哭不停。

（3）逃避。

个体受到挫折时不敢面对。例如不敢承担有风险的工作，不承认自己心爱的工作已失去。

（4）表同。

个体通过模仿自己崇拜的人的言行、打扮等，在心理享受他人的成功，以此冲淡自己受到的挫折感。

（5）文饰。

个体面对挫折时，将其内心不安的情感隐藏起来，表现出不为所动的样子，甚至还向他人解释自己没受到打击，来维护心理的平衡。例如失去心爱的人时告诉他人"我不想吊死在一棵树上"。

（6）放弃。

当个体多次受挫后，逐渐对自己失去信心，感到茫然无助，表现出自暴自弃。

2. 积极的行为反应

（1）升华。

个体面对挫折时，化悲痛为力量，做出更有意义的成就。在我国的历史上，不少英雄、革命者面对各种挫折时，都表现出这种有建设性的行为反应。

（2）继续努力。

个体遇到挫折时，不气馁，努力找出解决方案，克服困难。

（3）补偿。

个体在实现目标遇到挫折时，主动放弃该目标，改用实现其他目标来弥补心理上的创伤。

（4）调整目标。

个体遇到挫折时，理智地、客观地分析，适当调整目标的难度，以取得成功。

实操 8.1　坦然面对挫折

◆实操内容

通过游戏让学生理解挫折相关内容。

◆实操目的

增强个人对挫折的处理能力，提高个体容忍力。

◆活动步骤

1. 请填写表 8－1。

表 8－1　可能的挫折之源及解决措施

可能的挫折之源具体事例	解决挫折的措施
工作中任务：	
工作的人际关系：	
工作职责：	
工作条件：	
工作变动：	
工作与家庭间的冲突：	
亲朋间的关系：	
职业发展问题：	
财务或健康问题：	
其他挫折：	

2. 填写表 8－2（如果你希望提高以下某些方面的容忍力，请填写下表中的相应部分）。

表 8－2　提高个体容忍力

个体容忍力的要素	最近我做了什么	理想状态	个人目标	达到个人目标的计划
练习		心血管调节：每隔一天都要进行20～30分钟的锻炼。增加身体柔韧性和强度的锻炼同样不错		

(续上表)

个体容忍力的要素	最近我做了什么	理想状态	个人目标	达到个人目标的计划
饮食		每天吃各种各样的食物，其卡路里不要超过肥肉的30%。男性每一磅重量平均要消耗12卡路里，女性为11卡路里。要降低重量，就必须少摄入卡路里，并多使用它们（比如锻炼）。理想状态下，你应该让卡路里摄入量与你的理想体重平衡		
冥想		每天两次，每次大约20分钟		
对自身的预期		使用不会使自己受到限制的语言，为自己创造合理的预期		
责任承担		对工作活动以及个人关系的责任感		
挑战		感到被一些行动和新的体验挑战		

3. 填写表8-3中战胜挫折所需要的社会支持之源。

表8-3 社会支持之源

第一部分：不同的人都能够提供支持，一般而言有6种人。在每一栏填入给你提供了支持或者你指望能够从中获得帮助的人的名字
在工作中（你的上司和其他在组织中地位比你高的人）：
在工作中（你工作群体中的成员或其他同事）：
在家中（家庭成员）：
在社会中（朋友）：
其他人：
第二部分：现在问自己以下问题 你获得了足够的支持吗？ 如果"获得了"，你需要做什么事情来维持你的支持系统？ 如果"没有获得"，你怎么建立你的支持系统？

（资料来源：多萝西·马西克，约瑟夫·赛尔策，彼得·韦尔. 组织行为学：体验与案例：第6版[M]. 王水雄，李国武，孙龙，译. 北京：中信出版社，2004.）

◆思考回答

1. 谈谈表8-1中解决挫折之源的措施。

2. 表8-2中所提供的提高容忍力的方式对你来说有效吗？你是否认真按计划实施过？

3. 表8-3中的社会支持之源对你来说帮助有多大？

4. 挫折在生活中难以避免，对于如何更好地做到坦然面对它们，你还有什么好的建议？

◆评估标准（自评和他评）

评价指标	评估结果			
在公司讨论时主动积极程度	□优秀	□中等	□合格	□不合格
在公司信息汇总时的表现（团队合作、参与程度）	□优秀	□中等	□合格	□不合格
在公司汇报信息时的表现（发言）	□优秀	□中等	□合格	□不合格
在思考回答过程中的表现	□优秀	□中等	□合格	□不合格
对挫折相关内容的理解情况	□优秀	□中等	□合格	□不合格
需要补充说明：				

任务 8.2　掌握挫折与组织管理行为

组织中员工受到挫折会影响他们的工作效率、出勤率，以及团体的凝聚力。管理者应重视做好员工的思想工作，引导他们正确面对挫折，提高他们处理挫折的能力。

1. 多途径了解员工的挫折成因，加强管理

管理者可通过调查、与员工进行个别谈话、增强上下级之间的交流等来了解员工的思想动态。掌握他们心理方面的变化，并采取相应的措施来减轻或消除他们的挫折感。

2. 协调人际关系

组织中融洽的人际关系有助于促进员工之间的互相信赖、互相帮助、互相支持、互相尊重，员工在这种环境中一旦遇到挫折，也能得到宽慰。

3. 调换工作环境

调换工作环境是为了员工不在受挫的情境下触景生情、睹物思事，有助于转移他们的注意力，消除不良情绪。

4. 多方面提高他们的容忍力

个体容忍力的高低影响员工应对挫折的能力。管理者可通过各种磨炼意志力的活动和培训来提高其容忍力。

5. 精神发泄

管理者要给员工提供适当的发泄机会，管理者认真、耐心地倾听员工的心声，这也是减轻或消除员工挫折感的有效方法。日本的松下电器公司，专门设立了"精神健康室"，先让员工发泄情绪，然后由高级经理人员或心理学家与其谈心，询问个人的困难与不满，征求其对企业的意见和要求，以减轻或消除员工的挫折感。

总而言之，挫折对组织管理来说有两面性作用。如果领导者能掌握好挫折的内容，把挫折变成一种激励，一般能对员工产生三种类型的积极态度：一是员工遇到挫折后冷静地分析原因，适当地改变、转换需要，调整行为；二是员工遇到挫折后承认自己能力的不足，从而降低甚至放弃原来的需要；三是员工遇到挫折后不灰心、不丧气，决心以更坚强的意志、更果敢的行为追求原来的目标，满足原来的需要。

实操 8.2　辩论

◆实操内容

正方：员工需要在逆境中才能成长；反方：员工需要在顺境中才能成长。

◆实操目的

正确掌握挫折与个人成长的关系。

◆活动步骤

1. 由各公司推荐人选将班级分为两组或若干小组，并分别确定正、反方。

2. 正反双方在辩论过程中既要回答对方所提问题，也要向对方提出问题。双方所提所答的内容都必须紧扣辩题。

3. 将辩论内容形成书面材料，呈交教师。

4. 由教师或评委给予评分，并在记分卡上登记。

◆**思考回答**

挫折对员工是否不利？员工的挫折问题是否应纳入管理者的管理范围？

◆**评估标准（自评和他评）**

评价指标	评估结果			
在公司选派辩手时主动配合的程度	□优秀	□中等	□合格	□不合格
在公司进行辩论内容整理时的表现（团队合作、参与程度）	□优秀	□中等	□合格	□不合格
在辩论时的表现（发言）	□优秀	□中等	□合格	□不合格
在思考回答过程中的表现	□优秀	□中等	□合格	□不合格
对挫折的理解情况	□优秀	□中等	□合格	□不合格
需要补充说明：				

关键术语

挫折　个体抱负水平　个体容忍力

综合训练

情境设计 8-1：挫折与管理

有一位新员工在做报表时，上司提醒他："单纯地罗列信息是不行的，应该加一些数据。"但是，这位新员工很不以为然。当新员工把80多页的报表交给老板时，老板很不高兴，批评他说："你是在写长篇小说吗，一篇80多页的报表没有一个数字，整个一书呆子……"

有一家做衬衣的企业，他们的衬衣设计得很有特色，销量也不错，因此，这家企业的研发部部长也很有地位和声望。

但是后来，因为衬衣行业的竞争过于激烈，在无法保住衬衣市场份额的情况下，公司决定尽快向 T 恤等过渡。

由于衬衣和 T 恤的面料和做工都不同，为了实现公司的战略转型，获得新的发展，公司必须设计出新的产品。但这时，曾经立下汗马功劳的研发部部长却不愿意改变，而老板考虑到他们曾一起创业，也不忍心解雇他。于是，又成立了研发二部，另找了一个研发工程师负责。

过去，老板不在时，研发部部长就是最高领导，很多图纸资料、设计工具，都要到研发部部长那里去领取。而现在他却不给，使得新来的研发工程师很难开展工作。为了改变这种局面，老板专门设立了研发总监一职，把这位老研发部部长挂起来，只让他指点别人，而不让他做研发。看似官职大了，实际权威却小了。

1. 以上组织中的管理者如何运用挫折进行管理?

2. 认真阅读案例，理论结合实际对本案例进行分析，每人撰写约500字的案例分析。

情境设计8-2：张弘的遭遇

女青年张弘平时工作热情比较高，性格也较泼辣。但是，有一次她骑自行车载母亲外出时，发生了车祸，母亲不幸死亡，这使她的精神受到严重打击，变得和以前判若两人。事情虽已过去了半年，但她的情绪总是很低沉，工作提不起精神，经常出错。

单位领导通过调查发现，张弘半年来情绪一直很沮丧。除了由于意外事故引起的悲痛外，还有其他原因。她家住农村，奶奶和邻居都很迷信，说她是"丧门星"。另外，她每天上下班都要路过出事地点，时过境未迁。针对这种情况，单位领导在集体宿舍为她安排了床位，并经常与她谈心，开导她，业余时间还有意识地鼓励她参加一些集体活动，多与其他青年接触。不久后，她基本摆脱了过去的情绪环境，置身于一个温暖的集体中，脸上渐渐有了笑容，精神变得开朗，工作干劲也恢复了。

【思考讨论题】

1. 挫折产生的原因有哪些?

2. 结合案例，分析张弘的行为反应有哪些?

3. 面对员工的挫折，组织应该采取什么管理行为才能使员工的挫折不阻碍其工作的正常进行?

4. 认真阅读案例，理论结合实际对本案例进行分析，每人撰写约300字的案例分析。

公司经营活动8：解压游戏

◆**实操内容**

通过本游戏，让公司成员将内心压力进行释放。

◆**实操目的**

掌握挫折的内容。

◆**活动步骤**

1. 由各公司员工将工作中压力源罗列出来并进行排序（不记名）。

2. 将罗列出来的压力源资料上交给公司。

3. 公司提供相应的场所及道具让员工宣泄，如某个领导或同事的画像、工作内容卡片等。

4. 员工进入指定解压场所解压。

5. 教师点评。

◆**思考回答**

如何正确看待组织中员工的压力?

工作评价表

职业核心能力测评表					
职业核心能力	评价指标	自测结果			
自我管理能力	1. 能跟随教师思路思考 2. 能主动参与讨论 3. 能主动将所学知识运用在实践中	□优秀 □优秀 □优秀	□中等 □中等 □中等	□合格 □合格 □合格	□不合格 □不合格 □不合格
合作交流能力	1. 能尊重他人的观点 2. 能与他人进行有效沟通 3. 能主动参与合作过程	□优秀 □优秀 □优秀	□中等 □中等 □中等	□合格 □合格 □合格	□不合格 □不合格 □不合格
解决问题能力	1. 能准确理解信息资源 2. 能客观分析信息资料 3. 能发现并解决常规问题	□优秀 □优秀 □优秀	□中等 □中等 □中等	□合格 □合格 □合格	□不合格 □不合格 □不合格
设计创新能力	1. 能够提出建设性的观点 2. 能够从不同角度提出方案 3. 能够制订创新方案并实施	□优秀 □优秀 □优秀	□中等 □中等 □中等	□合格 □合格 □合格	□不合格 □不合格 □不合格
学生签名：	教师签名：		年	月	日

专业能力测评表					
职业核心能力	评价指标	自测结果			
理解挫折的内涵	1. 理解挫折的概念 2. 掌握挫折的个体差异性 3. 掌握组织中挫折产生的原因 4. 理解挫折的行为反应	□优秀 □优秀 □优秀 □优秀	□中等 □中等 □中等 □中等	□合格 □合格 □合格 □合格	□不合格 □不合格 □不合格 □不合格
掌握挫折与组织管理行为	掌握挫折与组织管理行为	□优秀	□中等	□合格	□不合格
学生签名：	教师签名：		年	月	日

项目9 力争 "1+1>2" ——群体行为

凝聚产生力量，团结诞生希望。

——佚名

【项目目标】

1. 认识群体的内涵
2. 理解群体效应的影响力
3. 运用群体规范和压力的运用
4. 掌握群体凝聚力
5. 正确运用非正式群体知识

【生活与组织行为】

钓 鱼

从前，两个饥饿的人得到了一个长者的恩赐——一根鱼竿和一篓鲜活硕大的鱼。其中一个人要了鱼竿，另一个人要了一篓鱼，他们得到各自想要的东西后，分道扬镳。其中一个马上把鱼烧起来吃了，结果死在了空空的鱼篓边。另一个向海边走去，因为他知道海里有鱼，他用尽了最后的力气向海边跑去，结果他死在了海边。

同样有两个饥饿的人，他们也得到了同样的一根鱼竿和一篓鲜活硕大的鱼。不同的是，他们没有分开，而是一起每餐煮一条鱼，然后向遥远的海边走去。从此，他们过着以捕鱼为生的日子，过几年，他们盖上了自己的房子，后来又各自娶了妻子，生了小孩，过着幸福美满的生活。

思考：导致两个故事不同结果的原因是什么？

【项目流程图】

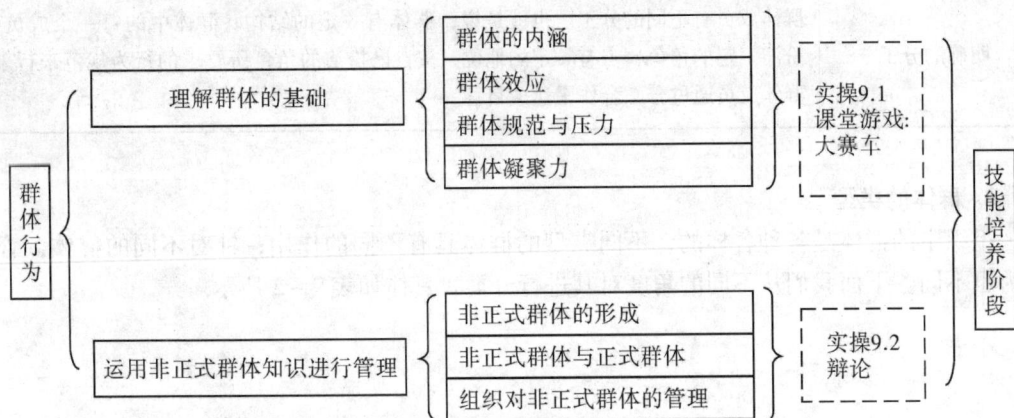

任务 9.1　理解群体的基础

我们在项目 5 中主要学习了个性差异的内容，目的在于让组织明确人与人之间既有共性，也有差异性，对症下药才能取得好的效果。但是，这并不说明群体的力量是每个个体力量的简单相加，可以说，前者远远大于后者。从这个项目开始，我们将会了解到，组织作为一个大的群体，里面有着许许多多正式群体和非正式群体。群体行为跟个体行为一样，是组织行为学的重要内容。

9.1.1　群体的内涵

1. 群体的概念

群体是指为了实现某一特定目标，由两个或两个以上相互依赖、相互作用的个体组成的集合体。例如一个公司、一个车间、一个行政部，高校里的一个系、级、班等，都属于群体的概念范畴。

群体具有自身特点，如表 9 – 1 所示。

表 9 – 1　群体的特点

特点	具体体现
共同的目标	群体成员具有某个共同的目标。共同的目标是使每个个体组合成一个群体的基础。如果将群体中的每个个体比喻成散珠，那么共同的目标就像一根线，将每个个体串成一个圆。这个目标必须通过大家分工合作，共同努力才能实现
共同的行为规范	群体成员具有共同的行为规范。为了使目标能顺利实现，群体制定了要求每个个体都必须遵守的规范或规则。这些行为规范对群体成员都有很强的约束力
明确的群体意识	每个个体有明确的群体意识。群体中的每个成员都能意识到自己从属于某一个群体，在心理和行为上相互承认对方的存在
明确的分工	群体成员有不同的分工。也就是说，群体有一定的结构。群体中的每一个成员都扮演一定的角色，占有一定的地位，按自己扮演的角色所要求的行为规范来行事。群体成员通过分工合作来达成目标

2. 群体的类型

组织中的群体是各种各样的，不同类型的群体具有不同的作用；针对不同的群体，管理行为也不同。下面我们从不同的角度对其进行分类，具体如表 9 – 2 所示。

表9-2 群体的类型

分类依据	群体类型	概念
群体的结构功能	正式群体	正式群体是指由官方按正式文件明文组成的群体。这种群体是为了实现共同的目标而组成。它的编制固定、职责分配明确、规章制度完备、上下级关系明确。群体成员的行为受到群体规范的制约。正式群体还可以继续细分，一般来说，较为多见的有命令型群体和任务型群体
	非正式群体	非正式群体是指由非官方成立的群体，且是自发形成的。这种群体一般是由一些性格相投、志趣相近、信念相似的个体在人际交往中结成
群体的规模	小型群体	小型群体是指那些规模较小，成员之间经常能直接联系和接触的群体。例如，一个科室、一个任务小组等
	大型群体	大型群体是指那些通过共同目标和各层次的组织机构，以间接方式联系的群体。它的特点为人数多，分布广，成员间关系松散、接触少。例如，一个国家、一个企业等
群体实际存在与否	实属群体	实属群体是指个体真正参与其中的，实实在在存在的群体。例如，一个实际存在的公司等。这种群体中的成员都以直接或间接的方式进行联系，相互影响、相互制约。正式群体、非正式群体、小型群体、大型群体都属于实属群体
	假设群体	假设群体也称为参照群体或统计群体，是为了某种需要而假设的一种实际未必存在的群体。这种群体中的成员并没有实际联系，完全是研究者为了研究的需要，而按某个相同特点在观念上将个体组合在一起。通过研究、掌握假设群体的特点和规律，来帮助管理实属群体

讨论：命令型群体与任务型群体有什么关系？

3. 群体对个体的作用

人不是孤立的个体，而是社会化的人。人在社会这个大舞台中，属于不同的群体，扮演着各种各样的角色，而不同的角色会给个体提供不同的利益，满足个体不同的需要。

（1）安全需要。

加入某一个群体后，个体能减少独处时的孤独感、不安全感，借助他人的力量来增强勇气，减少自我怀疑感。

（2）归属和爱的需要。

个体从属于一个群体后，能满足其归属和爱的需要。个体在群体中，能获得归属感，并通过人际交往，在给予他人爱的同时，获得他人的爱。

（3）地位需要。

个体加入一个自己受重视的群体中，会得到被认可的满足感。

（4）自尊需要。

个体在群体中通过付出自己的努力和爱，得到群体成员的肯定时，个体能体会到自己存在的价值，感到自己活得充实、有价值。

（5）权力需要。

人类有控制他人、支配他人的需要，即权力需要。这种需要是单个个人无法实现的，必须在群体活动中才能得到实现。

（6）目标实现需要。

个体需要实现某一目标来满足某方面的需要，而目标的实现，大多需要集合众人的智慧和力量才能完成。群体能帮助从属于它的个体实现这个目标。

9.1.2　群体效应

一个工作群体，既可以产生"1＋1＞2"的工作效果，也可以产生"1＋1＝1"的工作效果。群体的工作效果如何，与群体成员的工作行为有直接的关系。与此同时，群体对成员的行为也会产生制约、影响和改变等作用。群体对成员的影响和改变作用概括起来有五种效应：社会助长效应、社会致弱效应、社会惰化效应、社会趋同效应、从众效应。

1. 社会助长效应

社会助长效应是指群体对成员有促进、提高效率的效应。群体活动中成员的行为是在一定的群体氛围中进行的，个体一旦意识到这种行为涉及群体的评价、监督和鼓励等因素，在竞争意识和成就需要的激发下，会调动自身的热情度、积极性和聪明才智，尽力完成任务，希望得到群体的肯定、赞扬和尊重。

2. 社会致弱效应

群体对个体的行为能带来积极效应的同时，也会带来消极效应，即社会致弱效应。社会致弱效应是指群体成员受到群体压力的影响而使自身能力无法正常发挥，降低工作效率。一般来说，当竞争氛围强烈、压力太大、工作难度过高时，社会致弱效应会较为明显。例如，有些运动员在小型比赛中能取得好的成绩，而一旦参加大型比赛就频频失手，最终失败而归。

群体对成员所起的效应是社会助长效应还是社会致弱效应，主要受到个体的心理特征和个体对活动的熟练程度的影响。

个体的心理特征。社会助长效应容易对自信、开朗、外向、心理成熟的人产生作用；自卑、孤僻、内向的人容易受到社会致弱效应的影响。

个体对活动的熟练程度。个体对活动越熟练，在群体的环境中越容易表现得出色；而对活动越生疏，越容易出差错。

3. 社会惰化效应

社会惰化效应是指个体在群体中的工作效果不如单独一个人工作时好的一种倾向。正如一首歌所唱的"一个和尚挑呀么挑水喝，两个和尚抬呀么抬水喝，三个和尚没水喝没呀没水喝"，这说明在人多的情况下，成员会出现相互推托的现象，也就是我们前面所说的"1＋1＝1"的现象。

20世纪20年代末，德国心理学家瑞格尔曼（Ringelmann）在拉绳实验中，验证个人绩效之和与群体绩效的关系是否相等，也即3个人一起拉绳的拉力是否是1个人单独拉绳的3倍，8个人一起拉绳的拉力是否是1个人单独拉绳的8倍。实验结果为3人群体的拉力只是1个人拉力的2.5倍，8人群体的拉力还不到1个人拉力的4倍。

讨论：群体对成员产生社会惰化效应的原因是什么？

4. 社会趋同效应

社会趋同效应也称为社会标准化倾向，是指群体成员在群体规范的效应下，缩短差距，而趋向于相同的意见、观点和行为倾向。产生这种效应的原因有：第一，个体在群体为了保证自己的利益不受到损害，将注意力转移到群体规范和标准上，以免触犯群体规范的条文而受到惩罚；第二，与群体成员之间的相互效应、相互感染有关；第三，受到群体压力的影响，群体成员之所以要加入某一群体，是因为个体在群体中有寻求归属和爱的需要，如果某个成员的行为与其他成员有太大的差别，会受到其他成员的孤立和排斥，这样个体无法体验到归属感和爱。基于这三个原因，群体成员会尽量将个人的行为变得大众化。

5. 从众效应

从众效应是指个体在群体的压力下，改变自己的观点，在意见和行为上保持与群体其他成员一致的现象。一个典型的例子就是美国社会心理学家阿希（S. E. Asch）在1951年进行的实验。阿希把被测试者分成多个小群体，要求其对手中的两张卡片上的直线的长短进行比较，并将答案大声说出来。一张卡片上画有一条直线，另一张卡片上画有三条长短不一的直线，如图9-1所示。左边卡片中直线B与右边卡片中直线O一样长。从图中可以看出，左边的三条直线之间的长度差别十分明显，一般情况下，人们独立判断失误的概率不会超过1%。

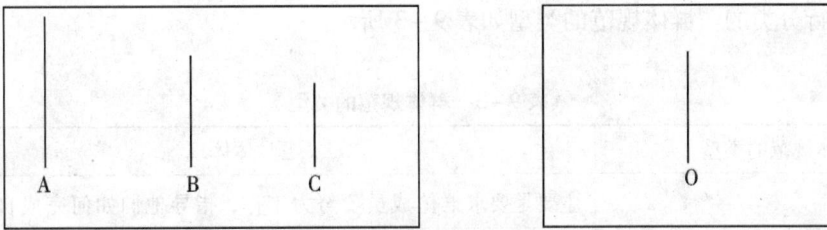

图 9 - 1　阿希实验所用卡片

但阿希感兴趣的是，如果各小组的其他成员在一开始故意给出错误的答案，最后会出现什么样的情况呢？阿希在每一组中只安排了一个不知内情的被测试者，其他六位都是他的助手。回答的顺序也是事先安排好，那位不知内情的被测试者被安排在最后一个回答，而他的助手都先故意做出错误的回答。实验先进行两套类似的练习，在进行第一套练习时所有的被测试者都给出了正确的答案。进入上述这个练习时，前面的六个人都给出一个明显的错误答案——都说图中直线C的长度与直线O一样长。最后轮到那位不知内情的被测试者回答，他是坚定地相信自己，公开说出与群体中其他成员不同的答案，还是为了与群体中其他成员保持一致，选择一个自己认为是错误的答案呢？经过多次试验，结果有35%的被测试者顺从其他成员的意见，做出错误的判断。

从众效应受不同环境的影响，对组织管理既可能产生积极的作用，也可能产生消极的作用。管理者可以通过营造一个高凝聚力的氛围，利用从众效应来改变员工错误的观点和行为。例如，在一家纪律严明、向心力强的企业，原来纪律性较差的应届毕业生进入这样的企业后，由于从众效应，会受到群体的感染而变得积极。此外，也可能受到从众效应的影响，员工为了维护共同的利益，保持与他人的行为或意见一致，降低工作效率。例如，在计件工资的制度下，员工害怕产量的提高会使管理者改变现行的工资制度或奖励制度，或裁员，或使干得慢的员工受到惩罚，所以都维持中等水平的产量，虽然自己有能力提高效率，但因群体的压力，只能从众。

讨论：从众行为产生的原因是什么？

9.1.3 群体规范与压力

1. 群体规范

员工在工作场所中要穿工作服，而在参加周年庆功舞会时，要穿上礼服；上级领导可以对旷工的下属进行惩罚，而下属却没有惩罚领导的权力；在工作之余，与上级是好朋友，可以畅所欲言，在工作环境中，就算上级有错，也不可以在别人面前指出；与女性交往时，不要问她的年龄等。这些都是规范的体现。

群体规范是指群体成员共同认可、接受和遵守的行为标准。所有的群体都有自己的规范，群体规范的形成使成员明白自己在不同的情境下，应有不同的行为，哪些可以做，哪些不能做。群体规范被群体成员接受后，就成为群体成员行为外部控制的影响力。

群体规范有正式的、被写入组织手册的、规定员工应遵守的规章制度和程序，比如旷工一天应扣多少工资。但更多的规范是非正式的，比如，就算别人不告诉你，你也要懂得公司有领导来视察时，不能与他人高谈阔论，大声喧哗；不要随便询问别人的收入等。

不同的群体，形成不同的规范，群体规范的内容是千差万别的。尽管其阐述的内容各异，还是可以进行分类的。群体规范的类型如表9-3所示。

表9-3　群体规范的类型

群体规范的类型	具体体现
与群体绩效的活动有关的群体规范	主要是要求群体成员要努力工作，指导他们如何完成自己的工作，应该采取什么措施来解决问题，应该用什么样的工作行为来提高工作效率等。这类规范能帮助员工提高工作绩效
与群体成员的形象有关的规范	主要涉及对员工工作时的着装要求，如何应答客户或消费者的询问或投诉，怎样维护和恢复自己组织的信誉等。这些规定可成为组织的无形资产
与资源的分配有关的规范	主要包括人才、资金、信息的分配，工具、设备的分发，任务的安排等
非正式群体中的不成文规范	主要是对非正式群体中的成员的约束。例如，工作之余应与谁进餐，与谁一起娱乐等

群体规范的形成，是为了使群体、组织的目标能顺利实现。群体规范对成员具有认知标准化的作用，并产生社会趋同效应。我们在项目5中讲了，个体具有差异性，使得人们在观点、习惯和待人接物方面也有不同之处。然而，在群体规范的引导下，人们会为了保障共同的目标和利益，在一定程度上约束和纠正自己原来与组织目标不一致的观点和行为方式，明白什么该做，什么不该做。

管理者应重视完善群体规范的建设，应看到它对组织目标实现的重要性，群体规范还要体现出时代性，应与时俱进，及时制定并随内外环境的变化而修正。

2. 群体压力

某一员工只要再稍微努力一点就可以使自己的工作效率大大提高，但他一直保持与其他成员相似的水平；某人在未进入某家待遇好、绩效高、竞争激烈、发展空间大的公司前，不大有进取心，但加入后，他担心自己落后于其他成员，遭到淘汰，因此变得积极、努力。为什么会出现这些情况呢？其实是群体压力在起作用。

群体压力是指群体中的个体受到来自其他成员的期望所产生的压力，使个体处于一种不安的心理状态，并通过调整自己的行为方式，来顺应群体的要求。群体中大数人的意见或建议会形成一种无形的力量，使其他少数人自觉或不自觉地遵从其意愿。

群体压力与行政命令不同，它不是由上而下强制成员改变行为的，而是靠多数人的意志从心理上对员工造成难以违抗的压力，迫使员工自觉或不自觉地改变行为。当一个人发现他的行为或意见与群体不一致时，心理上会产生一种不安，并通过行为的改变来获得心理的平衡。当压力过大时，个体还会违背自己的意愿而产生完全相反的行为，从而产生从众效应。

适当的群体压力对群体成员的工作绩效有一定的促进作用，对组织目标的实现有一定的积极影响。群体压力可以促使群体成员采取一致的行为，是群体保持内部一致性的需要。群体压力缩短群体成员之间的距离，使他们之间的交互作用更为顺利，彼此之间更加互相理解，增强凝聚力。群体压力还可以提高人们对危机感的认识。在群体压力下，人们能意识到什么情况下自己可能会落后、被惩罚或淘汰，所以会化压力为动力，努力工作。因而，群体压力对群体目标的顺利实现有促进作用。但是太大的群体压力会变成成员的心理负担。例如员工在过于激烈的竞争环境下，过分担心自己的失败，无法释放心理包袱，越担心越出错，慢慢地变得自卑起来，导致工作效率降低。

管理者要认识到适当的群体压力对员工的进步、组织的发展有一定的积极作用，要营造一定的压力氛围。同时也要看到过强的群体压力对员工和群体也有阻碍作用，要控制好这种压力的强度，并经常进行员工的心理咨询工作，减轻他们的心理负担。

9.1.4 群体凝聚力

群体凝聚力是指群体对成员的吸引、群体成员之间相互吸引，以及其参与群体目标活动的程度。

1. 影响群体凝聚力的因素

影响群体凝聚力的因素一般有：群体的内部环境、群体成员在一起的时间和彼此间的距离、群体规模、加入群体的难度、外部威胁、群体的成功经历，如表9-4所示。

表9-4 影响群体凝聚力的因素

影响群体凝聚力的因素	具体体现
群体的内部环境	当群体内部是一种支持性的环境时，有利于增强群体凝聚力。这种环境倡导以大局为重来考虑问题，加强沟通，给成员完成任务的信心。支持性的环境让成员之间互相信任、包容和协调。如果群体内部是一个以成员个体为重，沟通不畅通，成员对自己存在怀疑的环境，那成员考虑问题只从个人利益出发，成员之间互不理解、互相冲突，这样的群体凝聚力很低

影响群体凝聚力的因素	具体体现
群体成员在一起的时间和彼此间的距离	如果群体成员之间各干各的，极少有时间在一起交流，彼此之间别说互相理解，就连了解的机会都没有，那么成员之间就无所谓存不存在吸引力；又或者成员之间相距较远，也阻碍了他们的互相了解。也就是说，成员之间在一起的时间和彼此间距离的长短也是影响群体凝聚力的因素。群体成员在一起的时间较长、距离短，有利于彼此之间相互交流、相互作用，进行交往活动，增进感情，增强彼此间的吸引力，从而提高凝聚力
群体规模	一般来说，群体规模越大，群体凝聚力越小。随着群体规模的变大，群体成员间的互动变得不容易，成员缺少应有的沟通，要保持共同目标的能力也减弱。而且，随着群体规模的变大，非正式群体形成的可能性会越大。非正式群体越多对群体凝聚力的威胁性越大
加入群体的难度	如果一个群体需经过激烈的竞争才能加入，那么这个群体成员的凝聚力越强；相反，如果一个群体不需努力就可加入，那么其凝聚力弱。例如为了加入一家世界有名的公司，应聘者要经过激烈的竞争，须通过申请、笔试、面试、复试各关，这些经历增强了员工的凝聚力
外部威胁	研究证明，外部威胁在一定的条件下会增强群体凝聚力。群体受到外部攻击时，为了维护共同的利益，他们会加强合作一致对外。但是，一旦群体意识到自己无法对付外来威胁，或认识到攻击是针对群体本身，解散群体能终止外部攻击时，凝聚力就会降低
群体的成功经历	如果群体绩效一直很高，很少有失败的经历，对成员就有较大的吸引力，成员容易形成合作精神。一般来说，成功的群体容易吸引到好的成员，对人们来说吸引力大，加入难度高，形成的凝聚力强

2. 群体凝聚力与生产效率

群体凝聚力的高低对生产效率有一定的影响。人们通常认为，高凝聚力的群体必然有高的生产效率。凝聚力高对群体来说是否就是好事呢？

群体凝聚力与生产效率之间的关系很复杂，不是简单的正相关关系。一方面，群体凝聚力高会促进生产效率的提高，生产效率的提高也会提高群体凝聚力；另一方面，不同性质的诱导也会影响两者的关系。

（1）群体凝聚力与生产效率的影响力是双向的。

高凝聚力为成员提供一个实现目标的良好氛围，为生产效率的提高奠定好的基础。反过来，一个高效率的群体，也即成功的群体，能加强群体对成员的吸引力，强化合作关系，提高凝聚力。

（2）群体凝聚力与生产效率之间的关系还受到诱导的影响。

如果群体凝聚力高，内部形成一种积极的诱导，比如高质量、高产量、积极的合作精神等，那么其生产效率高；如果群体的凝聚力高，内部形成一种消极的诱导，那么其生产效率较低；如果群体凝聚力低，内部形成一种积极的诱导，那么其生产效率中等；如果群体凝聚力低，内部形成一种消极的诱导，那么其生产效率最低。如图9-2所示。

	低凝聚力	高凝聚力
积极诱导	生产效率中等	生产效率高
消极诱导	生产效率最低	生产效率低

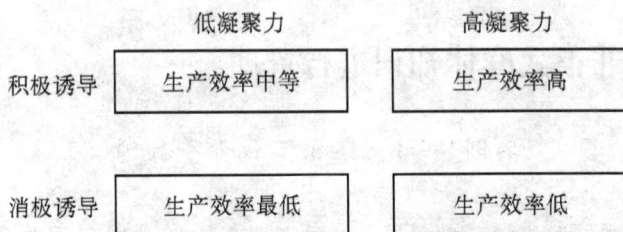

图9-2 群体凝聚力、诱导与生产效率的关系

实操9.1 课堂游戏：大塞车

◆**实操内容**

通过情境设计让学生掌握群体行为相关内容。

◆**实操目的**

使学生理解：发挥团队的合作精神是解决问题的很好的办法。

◆**活动步骤**

1. 用粉笔在地上画11个成一条直线的方格，每个方格的大小以能站一人为标准。
2. 其中五个成员站在左边的五个方格内，剩下的五个成员站在右边的五个方格内。
3. 所有成员都面对着中间空置的方格。
4. 小组以最少的步伐及最短的时间把左右两方的成员对调。
5. 教师进行点评：游戏进展如何？如何发挥团队作用？

◆**活动要求**

1. 每次只允许一人移动。
2. 所有成员只可前进，不可后退。
3. 前进时只可向前行一步或跨一步。
4. 每方格只可容纳一人。
5. 成员可做多次尝试，以提高效率。

◆**思考回答**

1. 你的想法是怎样想出来的？
2. 在开始操作前，是否每位学生都清楚团队解决问题的方法？
3. 请列出团队解决问题的方法及步骤。

◆**评估标准（自评和他评）**

评价指标	评估结果			
在公司报名参与游戏时的积极程度	□优秀	□中等	□合格	□不合格
在公司进行竞赛时的表现（团队合作、参与程度）	□优秀	□中等	□合格	□不合格
在公司讨论问题时的表现（发言）	□优秀	□中等	□合格	□不合格
在思考回答过程中的表现	□优秀	□中等	□合格	□不合格
对群体行为的理解情况	□优秀	□中等	□合格	□不合格
需要补充说明：				

任务9.2 运用非正式群体知识进行管理

实例9-1：某校三位青年教师

某校三位青年教师同时进校任教，同住一间集体宿舍，业余时间关系密切，引起学校一些人的议论。有一次，学校定于晚上召开全校职工大会，三位青年教师为了看一场难得的音乐会，分别请假。这件事使学校领导产生了不同意见。一种认为：学校要形成良好的教师集体，就要制止这种小团伙的发展，严肃处理这次音乐会事件。另一种认为：他们的交往不算反常，不能扣"小团伙"的帽子，学校应通过适当方式对他们进行帮助、教育。

思考：你认为哪种观点是正确的？请分析原因。我们应该怎样看待这三位青年教师？

9.2.1 非正式群体的形成

非正式群体总是存在于一定的正式群体中，它是从正式群体中发展起来的。正式群体能提供给成员的条件是有限的，而成员的需要却是多种多样的。群体成员的部分需要如果在正式群体中无法得以满足，而与其他人在一起彼此能满足这些方面的需要，久而久之，这些人逐渐形成了一个非正式群体。例如，小谢、小那、小孙等在所属的部门得不到别人的支持、喜爱和尊重，在非正式群体中能得到支持、受到尊重、获得真诚的友谊。所以，他们就组成了一个非正式群体。

非正式群体的形成也跟群体成员的个性有关。成员之间可能因彼此个性的相似或互补而结合在一起。人们可能因为兴趣、爱好、信念、理想、价值观、追求存在共同点或相似点，气质、能力、性格上相似或互补，在心理上容易产生认同感和共鸣，感情上容易彼此接纳。例如，喜欢足球的人会经常一起看球赛，讨论哪场球赛精彩，哪位球员表现差，哪位表现好，还一起到球场踢球，切磋球技，逐渐地就形成了一个非正式群体。

非正式群体的形成还跟成员的社会因素的相似性有关。相同或相似的职业、经验、籍贯、阅历、生活背景、利害关系、人际交往、工作和生活方式等，都是形成非正式群体的基础。例如，在他乡的同乡会。

9.2.2 非正式群体与正式群体

1. 非正式群体与正式群体的比较

非正式群体和正式群体的概念我们在群体类型中已讲过。非正式群体的概念最先是在梅奥主持的霍桑实验中提出的。非正式群体是组织中重要的组成部分，对组织的影响越来越受到管理者的重视，组织行为学很重视对非正式群体的研究。管理者应通过掌握它的基本原理，懂得怎样去利用它的正面作用，避免它的负面作用。

非正式群体是存在于正式群体当中的，它们之间有什么样的区别呢？我们将其总结为表9-5。

表9-5 非形式群体与正式群体的区别

区别点	非正式群体	正式群体
形成形式	自发的	官方的
领导权力	个人魅力	职位
稳定性	稳定性较差	稳定性较好
规模	规模小	规模较大
行为标准	成员默许的不成文规范	成文的法规条例
领导的确立	由群体成员推崇出中心人物	由官方授权

2. 非正式群体对正式群体的影响力

非正式群体的影响力的大小很难进行估量，这种力量对成员的影响力有时甚至超过正式群体。非正式群体的成员为了维护他们共同的利益，也有要求成员都必须遵守的群体规范，违背它，就会受到群体的排斥、惩罚等。这些规范对成员的约束力很大，会使他们团结合作，一致对外。因此，非正式群体不仅对其成员有很大的影响力，而且会形成一股强大的力量，对正式群体的运作产生影响。一般来说，可分为三种性质的影响力——积极型影响力、消极型影响力、中立型影响力。

非正式群体对正式群体可能产生正面的、积极的影响，提高正式群体的生产效率。当正式群体内部的凝聚力高，人际关系融洽，而且非正式群体与正式群体在目标、利益取向等方面相同或相近时，非正式群体就会提高正式群体的生产效率，有利于目标的实现。对于具有这种影响力的非正式群体，管理者应给予积极引导，对他们所带来的作用给予肯定和适当的奖励。

非正式群体对正式群体也可能产生负面的、消极的影响。当非正式群体与正式群体在目标、利益取向等方面相背时，非正式群体就会给正式群体带来消极的影响，阻碍其目标的实现，使其群体成员关系出现紧张状态。特别是由于正式群体内部出现冲突和矛盾而分化出来的非正式群体，这种有害影响更为明显，甚至还带有破坏性质。对于具有这种性质的非正式群体，管理者应通过疏导，多进行思想、感情的交流，特别是做好中心人物的工作，让他来影响其他成员，使他们逐渐向着对正式群体有利的方向转变。而对于带有破坏性质的非正式群体，应用法律的武器来抵制它们。

还有一些仅仅是由于兴趣而形成的非正式群体，它们对正式群体既没有形成积极的影响，也没有产生消极的影响，处于一种中立状态。对于这种非正式群体，管理者要善于引导，营造一种良好的氛围，采取措施来吸引他们慢慢形成一种有利于正式群体的影响力。管理者在做他们的工作时，不能急于求成，更不能抵制他们，否则，他们有可能对正式群体形成一种消极的影响力，甚至会带来破坏性的作用。

实例9-2：小张的变化

小张于1998—2002年在某重点大学学习行政管理专业。在校期间品学兼优，多次赢得奖学金，获得"三好"学生、优秀团员等荣誉称号，并于2001年加入中国共产党。2002年，小张参加了某市公务员考试，顺利通过，被该市政府法制办录用。

进入了公务员系统后，小张认为从此有了稳定的收入，并为自己的所学能派上用场感到高兴。他暗自下定决心：要好好地做出一番事业。于是，每天小张早早地来到办公室，扫地打水，上班期间更是积极主动承担各种工作任务，回家还继续钻研办公室业务。

法制办公室是一个有五个人的大科室，包括主任甲，副主任乙，三位年纪较长的办事员A、B、C。几位老同志原先听说办公室要来这么一个年轻人，顾虑重重，他们认为现在的大学生从小娇惯，自命不凡，很难相处，而且对业务不熟悉，还需要他们手把手地教，无异于一个累赘。他们没有想到的是，这个年轻人热情开朗，待人谦虚，很容易相处。更重要的是，小张有行政管理专业背景，再加上聪明好学，很快就熟悉了业务，成为法制办工作的一把好手。而且小张很勤快，承担了办公室大量工作，让几位老同志一下子减轻了许多压力。几位老同志渐渐喜欢上了这个年轻人，主任、副主任也经常在办公室会议上表扬小张。

可是聪明的小张发现，随着主任、副主任表扬次数的增多，几位老同志对自己越来越冷淡。有一次，忙着赶材料，B居然冷冷地对他说："就你积极！"小张一时间感觉丈二和尚摸不着头脑。

一年很快就过去了，小张顺利转正。市政府办公室年终考核的时候认为，法制办工作能按量优质提前完成，被评为"优秀科室"，并且在制订下一年度计划时，又增加了法制办的工作量。法制办的几位老同志本来因为小张的到来轻松了许多，这下子又要忙起来。而且他们发现，虽然繁忙依旧，但是"名"却给夺走了，每次得到表扬的总是小张。小张更加被排斥了。随着2004年小张被评为法制办"第一季度先进个人"，A、B、C对小张的反感达到了顶点。从此，几位老同志再也不邀请小张参加集体活动，还在背后称小张是"工作狂""神经病""都这么大了还不谈恋爱，是不是身体有毛病"。这些话传到小张耳朵里，小张很伤心，"我这么拼命干不也是为办公室吗？要不是我，去年办公室能评上先进科室？怎么招来这么多怨恨？"他一直都不能理解。有一次，小张把自己的遭遇同另外一个部门的老王讲了。老王叹了口气，"枪打出头鸟，你还年轻，要学的还很多啊！"小张恍然大悟，正是自己的积极破坏了办公室原有的平衡，让几位老同志倍感压力，才招来如今的境遇。

从此，小张学"乖"了，主任不布置的任务，再也不过问了；一天能干完的事情要拖上两天甚至三天。办公室又恢复了平静与和谐，大家开始轮流做"先进个人"，几位老同志见到小张的时候又客气起来了，参加集体活动时也乐意邀请他。小张觉得，这样很清闲，与大家的关系也好多了，心理压力骤减，生活也重新有了快乐。

思考：1. 法制办的三位办事员A、B、C形成了一个什么样的群体？这个群体的形成是以什么为基础的？

2. A、B、C三位办事员所形成的这种群体有什么规范？这种规范有什么特点？它对小张有什么影响？

（资料来源：http：//wenku. baidu. com/link？url=93rYQRZ89muzHD32bACUF2FKmggRD0752nTlgq4. NVONT－II9VRNN3740B0bsUROGZFw. Lgf8kIYHWYTnRwNTj. GKTe2F2y25－UdyhjWwi2PC. ）

9.2.3　组织对非正式群体的管理

从以上对非正式群体的影响力的分析，我们可知非正式群体对组织的作用。因此，对非正式群体实施有效的管理，应成为管理者的重要管理任务之一。

（1）要明确正式群体对非正式群体的影响力有引导作用。

正式群体具有较强的凝聚力和良好的人际关系，加强正式群体对员工的影响力是管理者的首要任务之一。这种氛围中的正式群体能分散非正式群体对员工的影响，并使它们形成一种有利于组织目标实现的力量；反之，如果正式群体中人心涣散，冲突矛盾重重，在这种环境下所形成的非正式群体向心力强，而且容易形成一种不利于组织目标实现的影响力。要加强正式群体的影响力，必须做到：管理制度要体现公平、民主；人际沟通要畅通、有效；要形成一种互相信任、互相支持、互相关心的工作环境；正视冲突和矛盾，不带偏见，并给予正确处理。

（2）要正确看待非正式群体的存在。

管理者一定要明确非正式群体的存在是必然的，不可能消灭掉的，要正确看待它的存在。管理者必须做到：了解组织中的非正式群体——组织中究竟存在哪些非正式群体？掌握这些非正式群体的形成原因、目标、行为方式、价值取向、中心人物；分析这些非正式群体对组织的影响力的性质——是积极型的，消极型的，还是中立型的。

（3）要做好非正式群体的工作，利用它们为组织目标服务。

非正式群体的中心人物对其他成员的心理和行为的影响力很强，所以先做好中心人物的工作，利用他们来影响其他成员为组织目标服务。管理者还应注意到，非正式群体的存在可以说是对正式群体的补充，它们的一些优点可以作为组织管理的借鉴，管理者应学会从非正式群体中吸收其优点，来修正管理中的不足。

实操9.2　辩论

◆实操内容

正方：非正式群体的存在对组织有利；反方：非正式群体的存在对组织不利。

◆实操目的

让学生正确掌握非正式群体与正式群体的关系，在今后的实践中能把握好两者的关系。

◆活动步骤

1. 由各公司推荐人选将班级分为两组或若干小组，并分别确定正、反方。

2. 正反双方在辩论过程中既要回答对方所提问题，也要向对方提出问题。双方所提所答的内容都必须紧扣辩题。

3. 将辩论内容形成书面材料，呈交教师。

4. 由教师或评委给予评分，并在记分卡上登记。

◆思考回答

群体凝聚力与生产效率之间是什么关系？如何正确看待？

◆评估标准（自评和他评）

评价指标	评估结果			
在公司选派辩手时主动配合的程度	□优秀	□中等	□合格	□不合格
在公司进行辩论内容整理时的表现（团队合作、参与程度）	□优秀	□中等	□合格	□不合格
在辩论时的表现（发言）	□优秀	□中等	□合格	□不合格

（续上表）

评价指标	评估结果			
在思考回答过程中的表现	□优秀	□中等	□合格	□不合格
对非正式群体的理解情况	□优秀	□中等	□合格	□不合格
需要补充说明：				

关键术语

群体　正式群体　非正式群体　群体规范　群体凝聚力　群体压力　社会助长效应　社会致弱效应　社会惰化效应　社会趋同效应　从众效应

综合训练

情境设计9-1：招聘事件（某电视台某期某招聘节目）

事件经过：小段、小周和小王三个女孩应聘同一职位。节目分三个阶段。

阶段测试A：三个女孩都没有经过培训，分别为客人进行茶道表演。

阶段测试A观众评分：小周高

小段中

小王低

阶段测试A三人互评：小周给小段和小王每人5分

小段给小周0分，给小王10分

小王给小周0分，给小段10分

（这期间，小段跟小王表现很亲密，两人都疏远小周，主持人在问及互评情况时，说小段和小王对小周有排斥心理，但被小段和小王否定）。

阶段测试B：三人共同经过培训后，再次为客人进行茶道表演。

阶段测试B观众评分和三人互评的结果都跟阶段测试A一样。观众给小周的评分虽还是高于小段，但差距缩小了些。小王跟小段明显结成了一个小集团，并将小周排斥于她们的小集团之外。小周虽希望减少这种排斥，但明显无可奈何。

阶段测试C：三人组成促销小组，分别轮流做小组长，按照自己的计划进行一次茶叶的促销活动。

首先是小段做组长，小段和小王一起做促销，招引顾客，小段吩咐小周在一旁弹古筝，小周曾问小段她还需要做什么，小段说随便。其间，小段跟小王不断耳语，有时冲小周努努嘴后继续耳语。

其次是小周做组长，她给小段和小王分别布置了任务，让小王在附近发传单，小段在自己旁边给大家介绍茶叶，小周自己一边弹古筝招揽顾客，一边帮小段介绍茶叶（小周显然弹古筝时静不下心来），后来她发现小王发传单时走出了自己的视线，就吩咐小段把她找回来。

最后是小王做组长，大致重复小段做组长那一幕，而且小段和小王更频繁地咬耳朵。

阶段测试 C 主持人让三人互相指出其他两个人的缺点，小段和小王还是首先指出小周不信任她们以及其他缺点。小周则指出，小段跟小王对她工作的布置不合理，她自己主动询问任务也没什么结果。

然后是阶段测试 C 专家点评，专家并没有同情小周，有一个评委还指出小周官不大，布置任务时却有官架子。然后给小段比较好的评价，小王得到的专家评价最低。

招聘结果是小段胜出。

【思考讨论题】

1. 大家对工作中存在于正式群体的非正式群体问题是怎么看待的?
2. 如果你就是节目中的小周，你有什么好办法改变自己的被动地位?
3. 如果你是领导，你的组织内部有这种小集团，你会怎么看待和处理?
4. 认真阅读案例，理论结合实际对本案例进行分析，每人撰写约 500 字的案例分析。

情境设计 9-2：辩论

【实操内容】

正方：$1+1\leq2$；反方：$1+1>2$。

【实操目的】

让学生对群体行为相关知识能掌握得更牢固，并提高实际工作中团队合作意识。

【活动步骤】

1. 由各公司推荐人选将班级分为两组或若干小组，并分别确定正、反方。
2. 正反双方在辩论过程中既要回答对方所提问题，也要向对方提出问题。双方所提所答的内容都必须紧扣辩题。
3. 将辩论内容形成书面材料，呈交教师。
4. 由教师或评委给予评分，并在记分卡上登记。

公司经营活动 9：评选优秀部门

◆实操内容

对各部门工作情况进行评估。

◆实操目的

1. 掌握群体行为相关的内容。
2. 正确运用群体行为知识。

◆活动步骤

1. 由各公司制定绩效评估标准，包括业绩、凝聚力、群体规范的执行、非正式群体的管理等内容。
2. 各部门上交自评资料，包括业绩、凝聚力、群体规范的执行、非正式群体的管理等内容。
3. 公司进行评估，并得出最终书面结果。
4. 为下一阶段公司召开全体员工大会做准备。
5. 教师点评。

◆思考回答

　　群体管理与组织有何关系？

工作评价表

职业核心能力测评表					
职业核心能力	评价指标	自测结果			
自我管理能力	1. 能跟随教师思路思考 2. 能主动参与讨论 3. 能主动将所学知识运用在实践中	□优秀 □优秀 □优秀	□中等 □中等 □中等	□合格 □合格 □合格	□不合格 □不合格 □不合格
合作交流能力	1. 能尊重他人的观点 2. 能与他人进行有效沟通 3. 能主动参与合作过程	□优秀 □优秀 □优秀	□中等 □中等 □中等	□合格 □合格 □合格	□不合格 □不合格 □不合格
解决问题能力	1. 能准确理解信息资源 2. 能客观分析信息资料 3. 能发现并解决常规问题	□优秀 □优秀 □优秀	□中等 □中等 □中等	□合格 □合格 □合格	□不合格 □不合格 □不合格
设计创新能力	1. 能够提出建设性的观点 2. 能够从不同角度提出方案 3. 能够制订创新方案并实施	□优秀 □优秀 □优秀	□中等 □中等 □中等	□合格 □合格 □合格	□不合格 □不合格 □不合格
学生签名： 　　教师签名： 　　　　　　　　　　年　　　　月　　　　日					

专业能力测评表					
职业核心能力	评价指标	自测结果			
理解群体的基础	1. 理解群体的内涵 2. 理解群体效应 3. 理解群体规范与压力 4. 掌握群体凝聚力	□优秀 □优秀 □优秀 □优秀	□中等 □中等 □中等 □中等	□合格 □合格 □合格 □合格	□不合格 □不合格 □不合格 □不合格
职业核心能力	评价指标	自测结果			
运用非正式群体知识进行管理	1. 理解非正式群体的形成 2. 理解非正式群体与正式群体 3. 掌握组织对非正式群体的管理	□优秀 □优秀 □优秀	□中等 □中等 □中等	□合格 □合格 □合格	□不合格 □不合格 □不合格
学生签名： 　　教师签名： 　　　　　　　　　　年　　　　月　　　　日					

项目 10　巩固团队合作——人际关系与人际沟通

为别人尽最大的力量，最后就是为自己尽最大的力量。

——罗斯金

【项目目标】

1. 理解群体中的人际关系
2. 掌握群体中的人际沟通
3. 正确运用人际关系和人际沟通的知识

【生活与组织行为】

驴是怎么死的

驴耕田回来，躺在栏里，疲惫不堪地喘着粗气，狗跑过来看它。

"唉，老朋友，我实在太累了。"驴诉着苦，"明儿个我真想歇一天。"

狗向驴告别后，在墙角遇到了猫。狗说："伙计，我刚才去看了驴，这位大哥实在太累了，它说它想歇一天。也难怪，主人给的活儿太多了。"

猫转身对羊说："驴抱怨主人给的活儿太多，它想歇一天，明天不干活儿了。"

羊对鸡说："驴不想给主人干活儿了，它抱怨活儿太多，也不知道别的主人对他的驴会不会好一点儿。"

鸡对猪说："驴不准备给主人干活儿了，它想去别的主人家看看。也真是，主人对驴一点儿也不心疼，让它干那么多的活儿，还用鞭子粗暴地抽打它。"晚饭前，主妇给猪喂食，猪向前一步，说："主妇，我向你反映一件事。驴的思想最近很有问题，你得好好教育它。它不愿再给主人干活儿了，它嫌主人给它的活儿太多了。它还说要离开主人，到别的主人那里去。"

晚餐时，主妇对主人说："驴想背叛你，它想换一个主人。背叛是不可饶恕的，你准备怎么处置它？"

"对待背叛者，杀无赦！"主人咬牙切齿地说。

思考：驴为什么会被杀死？看了这故事你有什么想法？

【项目流程图】

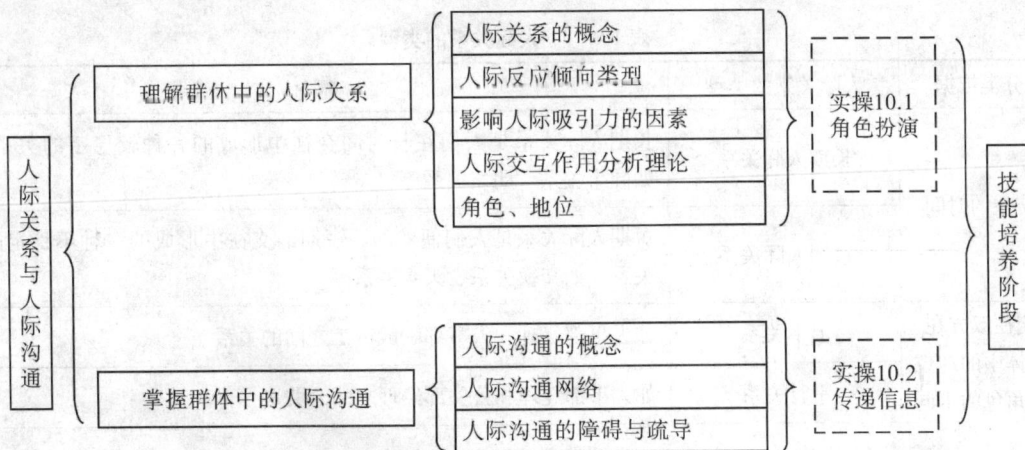

任务 10.1　理解群体中的人际关系

人是社会化的人，我们无法想象一个人离开群体能正常生存下来。群体生活使得人与人之间要相互交往，并形成各种各样的关系。例如生产关系、阶级关系、政治关系、经济关系、朋友关系、家庭关系、师生关系等。组织中的人际关系对个体的发展、人际交往、群体活动效率、目标的实现都有深远的影响。管理者要想管理有效，不仅要正确认识人际关系，还要处理好人际关系。

10.1.1　人际关系的概念

1. 人际关系的概念

所谓人际关系，是指人们通过群体中的人际交往和联系所形成的心理关系。它反映了人与人之间相互交往的状态。人际关系是在人际交往的基础上逐渐形成和发展的，是人际交往的必然结果。

人际关系以人的需要和情感为联系纽带。人际关系的状态，由人与人之间的需要和情感的满足程度决定。如果在交往过程中各自的需要都能得到满足，则彼此之间容易产生喜欢的情感，并保持相互吸引、相互亲近的良好关系；相反，如果这种人际交往不能满足彼此的需要，则很难产生吸引、亲近的情感，并会拉大心理距离，使关系疏远；如果这种人际交往不仅满足不了需要，而且对需要的满足造成干扰或障碍，那么彼此之间则会产生厌恶的情感，并形成一种对立关系。

人际关系受到知觉和行为的影响。人们对自己和他人的认识和判断结果，会影响人际关系的形成和变化。例如，一个人过高估量自己的能力，会变得自以为是，给人不好的印象，很难与他人形成好的人际关系。人的行为，包括言语举止、非身体语言等方面都影响着人际关系的状态。

2. 人际关系的类型

人与人之间随着环境、条件的变化而产生不同的人际关系。美国社会学家利维特（Levitt）根据人们交往的时间、双方在群体中的地位和角色，以及双方依赖与独立状况，将人际关系分为以下六种类型，见表 10-1。

表 10-1　人际关系的类型

分类依据	人际关系的类型	概念
交往的时间	长期人际关系	长期人际关系是人们在长时间交往中形成的一种较稳定的关系，如同事关系、朋友关系等
	短期人际关系	短期人际关系是人们偶然的、短期的交往中形成的一种不稳定的关系，如交换关系、买卖关系等
交往双方在群体中的地位和角色的不同	上下关系	如人事部经理和人事部一般员工之间的关系
	平行关系	如人事部经理和公关部经理之间的关系

（续上表）

分类依据	人际关系的类型	概念
交往双方依赖与独立状况	依赖关系	依赖关系是指交往中一方需要的满足依靠另一方提供，如小孩与家长的关系
	独立关系	独立关系是指交往双方在心理上、物质上是相对独立的，如邻里关系

10.1.2　人际反应倾向类型

在人际关系中，个体对待他人的行为方式都不相同，会表现出不同的反应倾向。人们都需要与他人交往，但由于人与人之间的需求不同，便出现不同的对待他人的行为特征和反应倾向。主要有三种类型，如表10-2所示。

表10-2　人际反应倾向类型1

人际反应倾向类型	具体体现
包容需求	具有这一需求的人希望与他人建立并维持和谐的人际关系。这类型的人通常表现为自己主动地与他人交往，或期待他人接纳自己。他们的反应倾向表现为交往、沟通、出席、参与等
控制需求	具有这一需求的人希望在权力上与他人建立并维持良好的相互关系。他们可能是有控制他人的欲望，也可能是期望他人来引导自己。其反应倾向表现为利用权威和权力来控制、支配、影响、指挥他人等
感情需求	具有这一需求的人希望在感情上与他人建立人际关系并维持融洽的人际关系。他们可能表现为主动对他人表示友好，也可能希望他人对自己表示友好。其反应倾向表现为喜爱、亲密、同情、关心、照顾等

表10-2的内容我们可以归纳为表10-3。

表10-3　人际反应倾向类型2

类型	主动型	被动型
包容需求	主动与他人交往	希望他人接纳自己
控制需求	控制他人	希望他人引导自己
感情需求	主动表示友好	期待他人对自己亲密

讨论：掌握人际反应倾向对管理工作有何帮助？

10.1.3　影响人际吸引力的因素

在与人交往过程中，你总是会发现这样的情况：在周围的人中，有些人能引起你的注意，彼此谈得来；有些人则令你感厌恶，不想与他交往。之所以会出现不同的情况，主要是受到人际吸引力的影响。人际吸引力是交往双方在心理和行为上彼此悦纳、乐于亲近的强度。人际吸引力越强，双方越容易成为好友；反之，人际吸引力越弱，双方越疏远。交往双方的人际吸引力的强度如何，受到多种因素的影响。

1. 个性因素

具有真诚、热情、友善、乐观、自信等良好个性品质的人，容易对他人产生吸引力。而具有不良个性品质的人往往会减弱人际吸引力。研究证明，人际吸引力的强弱，与交往者的个性品质直接相关。例如，恃强傲物者、冷漠自私者、自卑者、偏激者、求全责备者等都会破坏人际关系，削弱人际吸引力。

一个人有出众的能力或技能，也能增强人际吸引力。人们总喜欢聪明能干的人。追星族就是一个很好的例子，他们之所以对某明星有狂热的崇拜之情，很多的情况下是因为那位明星歌唱得好，或者戏演得好，或者其他方面的能力吸引着他们。

2. 仪表

我们都知道，爱美之心人皆有之。于是，虽然我们都明白"人不可貌相"，但在现实的人际交往中，一个人的容貌、仪表和体态已成为影响人际吸引力的一个因素。一表人才、谈吐得体、举止优雅的人一般会比容貌丑陋、畏首畏尾的人更具有吸引力。特别是在首因效应中，仪表对人际吸引力的影响作用特别明显。

仪表所产生的人际吸引力时效性是有限的，随着交往的加深和信息的增加，仪表对人际吸引力的影响会慢慢为个性品质所代替。再美的人也会因其不良的个性品质而变得没有吸引力；而丑陋的人也可能因其优良的个性品质而变得更有吸引力。

3. 邻近性

对于空间距离较小的人，由于彼此之间联系、交流和帮助的时间会更多，越容易拉近心理距离，越容易形成良好的人际关系。例如同班同学、同办公室的同事，容易形成密切的关系。空间邻近性是影响人际吸引力的一个重要因素。

邻近性对促进良好人际关系的建立也有前提条件。如果双方关系紧张而又得不到正确的解决时，空间距离越近，矛盾越僵化，吸引力越弱。

4. 相似性

交往双方如果存在着相似性，容易产生吸引力。当双方在年龄、性别、生活背景、价值观、态度、经历、教育水平、地位、职业、爱好、兴趣、理想等方面相同或相似时，容易产生共同话题，也容易产生相互吸引力。影响力最大的是双方对现实的态度。在宗教信仰、社会问题等方面的态度越相近，在心理和感情上越接近，形成的吸引力越大，彼此间越容易成为知己。

5. 互动性

人际吸引力是一种互动性影响力。人际交往是一种互动性行为，同样地，吸引力也是一种互动性的影响力。人们总是喜欢与那些同样喜欢自己的人交往，而对那些不喜欢自己的人有排斥感。交往中双方彼此喜欢时，才能相互帮助、相互依赖、相互满足，这种交往才能持久，并往好的方面发展。研究表明，人际吸引力还会随着对方的喜欢程度而发生变化，如果喜欢程度增加，吸引力会增强；反之，如果喜欢程度减少，吸引力会减弱。

讨论：管理中如何正确看待人际吸引力的影响因素？

10.1.4　人际交互作用分析理论

人与人之间相互影响叫人际交互作用，对这种人际交互作用的研究称为人际交互作用分析。人际相互作用分析理论的提出有助于管理者理解人们交往的心理状态，以便进一步改善交往和沟通方式。

1. 理论基本内容

人际交互作用分析理论是由加拿大的埃里克·伯恩（Eric Berne）在 20 世纪 50 年代提出的。他认为人们在人际交往时，会采取三种表现方式各不相同的自我心态的心理定位中的其中一种。这三种自我心态包括父母式自我心态（Parent ego state）、成人式自我心态（Adult ego state）和儿童式自我心态（Child ego state）。

表 10 – 4　伯恩的三种自我心态

类型	行为表现
父母式自我心态	独断、教训、控制、呵护、指导、要对方服从。其语言带有"应该""不能""必须""一定"等不容别人争辩的词。具有这种心态的管理者对下属有一好处就是有保护责任感
成人式自我心态	理性、尊重事实、不受感情制约、客观、善于先分析后选择。其语言表现出一种带有商量的语气
儿童式自我心态	依赖、感情用事、控制力差、创造性、逆反性。其语言常表现出具有明显的感情色彩

2. 人际交互作用的表现形式

人们在交往过程中，对他人的行为总会做出相应的反应。不同的人在做出反应时会表现出以上所讲的三种自我心态中的一种，相互之间的交互作用既可以表现为平行式的，也可以表现为交叉式的，如图 10 – 1 所示。以下四种情况只是人际交互作用中的四种代表性的表现形式。

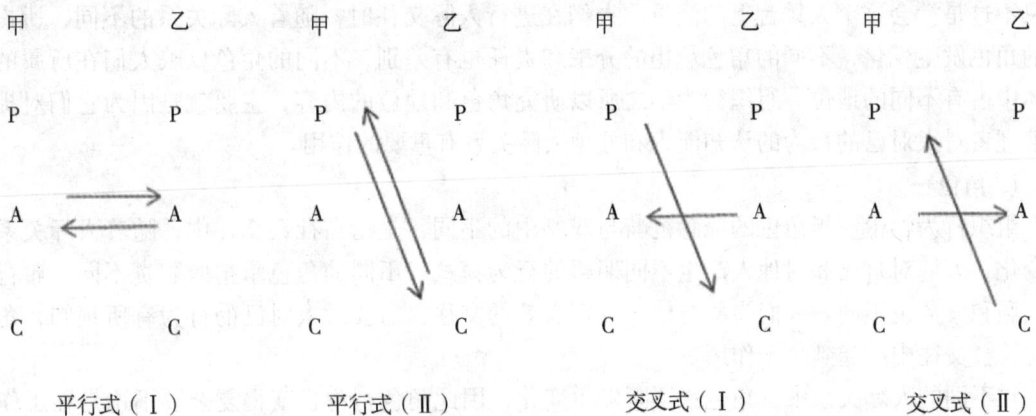

图 10 – 1　人际交互作用分析中的平行式和交叉式交互作用

在组织中，我们把图 10－1 中的甲假设为管理者，乙假设为员工，管理者与员工会发生交互作用。

当交互作用表现为交叉式（Ⅰ）时，员工以成人式自我心态与管理者交往，希望管理者能尊重他的意见，得到支持和鼓励，但管理者却以父母式自我心态做出反应。例如，员工问："这次新项目组长竞争上岗我想参与，不知您的意见如何？"管理者回答："你应该先看看自己的条件。你够资格吗？"当交互作用表现为交叉式（Ⅱ）时，管理者以成人式自我心态来对待员工，员工却以儿童式自我心态做出反应。例如，管理者问："这个新产品的推出你认为有哪些好的方案？"员工回答："那主要是听您的指挥，您怎么指示我就怎么做。"不论是出现交叉式（Ⅰ）还是交叉式（Ⅱ）交互作用，都会使沟通出现堵塞，不但不能解决问题，反而容易引发矛盾冲突。

在组织中，通常来说，最有效的交互作用是平行式（Ⅰ），它是成人对成人的交互作用。在这种交互作用中，如果双方能理性地分析问题、尊重事实、减少冲突，则对问题的解决起到促进作用。

平行式（Ⅱ）也可称为互补式交互作用，有时也能起到一定的效果。有的管理者喜欢充当家长的角色，员工喜欢充当儿童的角色，因此这种情况下，能产生一种较为有效的工作关系。可是，长期处于这种情况下，员工会变得被动、无主见、不成熟，潜力得不到发掘。所以，对于工作效果来说，它没有平行式（Ⅰ）那么有效。

10.1.5 角色、地位

> 世界是个大舞台
> 所有的男男女女不过是些演员
> 他们都有上场的时候
> 也都有下场的时候
> 一个人在一生扮演着许多角色
>
> ——莎士比亚《请君入瓮》

戏剧可以说是现实社会的一个缩影，它们之间存在一定的内在联系，群体中的男人和女人只不过是社会这个大舞台上的演员。人们在进行人际交往时，随着人际关系的不同，所扮演的角色发生变化，不同的角色承担的分工和责任也有差别，不同的角色反映人们在所属的群体中占有不同的地位。组织行为学之所以研究角色和地位的内容，主要就是因为它们对提高管理者对人对己的行为的认知能力和处理人际关系有重要的作用。

1. 角色

组织行为学中所指角色的概念范畴与戏剧中的不同，是指在社会交往中，随着人际关系的变化，人们对自己和对他人产生不同期望的行为模式。不同的角色承担的职责不同，履行的权利和义务也不同。人们为了与他人进行有效的交往，需要对人对己的行为有所预知，角色在社会交往中就起到这个作用。

在不同的人际关系中，角色在不断发生变化，因此角色行为也变得复杂。不论是在工作群体，还是在工作之外的其他群体中，我们每个人都被迫扮演着各种各样的角色。明确一个人在某一情境下扮演的是什么角色，是我们理解一个人的行为的关键。例如，朱屏是汕头一所小学的教师。在工作中，她要扮演学校的教工、学生的老师、演讲选手、县模拟教学比赛选手；下班后，她又要扮演妻子、女儿、儿媳、朋友、学生等。我们每个人都像朱屏一样，都是各种不同角色的扮演者，随着角色的转变，行为也发生变化。朱屏在学校作为一名教师的行为跟她在家里作为一个女儿的行为是不同的。这些角色之间，有些相互兼容，有些相互冲突。

（1）角色冲突。

角色冲突是指个体面临着他人对其扮演的角色有不同的观念和期待时产生的心理冲突。角色冲突是一种普遍的现象，我们每个人都有这种经历。角色冲突有两种情况：一种是不同角色之间的冲突；一种是角色内部的冲突。比如一位已婚女性是某公司的公关经理，作为公关经理和作为妻子，她所属公司和她的丈夫对她的行为的期望不同，使她产生角色冲突。作为公关经理，公司希望她能将更多的时间和精力放在工作上，工作的需要还经常不能按时下班；作为妻子，丈夫希望她能够多点时间和精力照顾、关心家庭，工作时间固定，不要经常加班。这时这位女性就会体验到角色冲突。这种冲突是属于不同角色之间的冲突。同样地，对于同一个角色，由于他人对其有双重的期望，也会使其产生角色冲突。比如一个丈夫有时希望他的妻子贤淑、顺从他，有时又希望她有主见、处理事情果断，他的妻子就会感受到角色内部的冲突。面对着角色冲突，个体可能做出按章行事的反应，也可能做出退却、拖延或者是谈判的行为反应。

角色冲突会影响到上下级的关系、家长与儿女的关系、同事关系、夫妻关系等人际关系。很多现实的例子可以证明，不少夫妻之间由于角色冲突导致感情破裂，最后走上离婚的道路。

（2）角色模糊。

角色模糊是指角色没有得到恰当的定义，或定义不明确时出现的现象。因为在这种情况下，个体不清楚自己该做什么，不该做什么。在组织中，角色模糊的具体体现就是，工作说明书对工作职责没有给予恰当的定义，导致员工对自己的工作职责不明确。角色模糊会降低员工的工作满意度和对组织的认同感。在人际交往中，角色模糊会阻碍沟通的正常进行，致使问题得不到解决。例如，人事部经理找到生产部经理请教一个工作上的问题，生产部经理以为他是以人事部经理的身份来干涉他的工作，因此双方无法正常沟通，问题也得不到解决。

2. 地位

管理学的先驱之一切斯特·巴纳德（Chester Barnard）曾说过："改善地位的愿望，尤其是保护地位的愿望似乎是一般责任感的基础。"可见，地位对人的行为和心理的影响很大。地位是什么呢？地位是指个体在某个群体中所处的社会等级，集合了个体的名誉及他人对其认可程度的标志。在群体中，拥有较高地位的人，一般相应地拥有更多的权力和机会，在群体中扮演更重要的角色。因此，人们为了改善地位，使自己在群体中处于较高的地位，会增加自己的投入，努力地工作。所以，在一定的条件下，地位可被视为一种激励因素，能激励在组织中寻求发展的人们。

在组织中，地位对分工合作起到一定的作用，有利于人们确立谁是指挥者，谁是被指挥者，使组织运作有序进行。

（1）地位象征。

地位是一个抽象的概念，在人际交往中，我们如何来判断一个人在某个群体中处于什么样的地位呢？

地位最终体现在地位象征上，地位象征是指附属于人或工作场所的一些外在的、可见的事物，具有地位标志的作用。什么事物能成为地位象征，这与群体自身的规定有关，而且还要看员工的感受点是什么，有些办公室是以桌椅的档次反映员工地位的高低，在另外一些办公室是以自动化设备的有无来反映员工地位的高低。对于军人来说，制服上的一颗星、一根杆都是地位的象征。

| 特权 | 内部装潢 | 工作场所的位置 | 工作服 |

| 称谓 | 财务权限 | 专属的雇员 | 办公设备 |

图 10 - 2 地位象征的表现方式

（2）地位与人际关系。

正如我们前面所说的，在群体中处于较高地位的人，有更多的权力和机会，而处于较低地位的人会感到自己被忽视、感到压抑。在组织当中，如果管理者过分地强调地位的存在，并重视地位象征的差异性，那么地位低的人会感到自卑，受到来自社会和家庭的压力大。有时地位高的人有意或无意流露出来的得意之形都会伤害他们的自尊，这样会加剧人际冲突，有时会使人际关系处于僵化状态，为管理者处理上下级和群体关系带来不便。当员工对自己所处的地位感到强烈的不满，并不顾一切地追求地位时，也就是他们产生了地位焦虑感，有可能是员工之间发生了人际冲突，这时管理者应给予正确的判断，并及时采取措施解决问题。

实操 10.1　角色扮演

◆ 实操内容

通过游戏让学生掌握人际关系中角色与职责的相关内容。

◆ 实操目的

明确角色与承担的职责之间的关系。

◆ 活动步骤

1. 由教师将以下实操资料发给每位学生。

实操资料

你在组织中获得了一个提升为部门经理（具体部门可根据学生所学专业而定）的机会。

你已被提名这一职位，但是还有其他一些候选人。

人事部经理将一份备忘录放在你的桌上，内容为：

"鉴于已有多名候选人的情况，我们决定通过采取一种竞争方式来产生一名最好的部门经理。评审小组将由高层管理人员组成，要求每一个候选人发表一次演讲以支持自己的资格。每人有 10 分钟的发言机会，时间定在明日。"

你发现备忘录的日期是昨天，正巧电话铃也响起来了，是人事部经理打来的。他通知你，评审将于 15 分钟后开始。

你现在只有 15 分钟来准备你的讲话提纲。记住，你要问自己四个问题：

（1）你为什么要讲？

（2）你讲给谁听？

（3）你准备讲些什么？

（4）你准备如何讲？

2. 每位学生按实操资料的内容准备好材料。

3. 各公司推荐一名候选人上台演讲。

4. 评委由两部分组成，一部分是由各公司推荐一名成员组成高层管理人员的评审小组，另一部分是由非评审小组成员及非候选人所组成的群众评委。评审小组及群众评委按以下标准评分，评审小组所评的分数占总分的80%，群众评委所评的分数占总分的20%。

5. 评分方法。评分项目为 5 项，总分为 5 分，每一项分五个等级。

竞选评分表						
候选人姓名：	竞选职位：					
评分项目	一	二	三	四	五	各项总分：
演讲者语言流畅、口齿清晰、表达准确	0.2	0.4	0.6	0.8	1	
演讲者融入情感、声情并茂、能够烘托气氛	0.2	0.4	0.6	0.8	1	
演讲内容观点明确、论据充分、事迹感人	0.2	0.4	0.6	0.8	1	
演讲者服饰整洁、精神风貌好、仪态好	0.2	0.4	0.6	0.8	1	
演讲内容结合实际、紧跟形势、鼓舞士气	0.2	0.4	0.6	0.8	1	
全部总分：						
评审员签名：			年 月 日			

候选人总分表		
候选人姓名：		竞选职位：
评委	总分	按比例所得分数
评审小组		总分数×80% =
群众评委		总分数×20% =
候选人所得总分：		排名：

6. 教师进行点评：本次演讲要注意什么问题？如何才能取胜？

◆**思考回答**

为什么对不同的角色会有不同的行为、责任方面的规定？这些规定有什么意义？

◆**评估标准（自评和他评）**

评价指标	评估结果			
在公司报名参与活动时的积极程度	□优秀	□中等	□合格	□不合格
在演讲时的表现（团队合作、参与程度）	□优秀	□中等	□合格	□不合格
在活动中的表现（发言）	□优秀	□中等	□合格	□不合格
在思考回答过程中的表现	□优秀	□中等	□合格	□不合格
对角色相关内容的理解情况	□优秀	□中等	□合格	□不合格
需要补充说明：				

任务 10.2　掌握群体中的人际沟通

10.2.1　人际沟通的概念

1. 人际沟通的概念

人际沟通是指人与人之间运用一定的媒体互相交流信息、传递感情的过程。任何一个群体，都不可能不存在人际沟通。人际沟通是一个动态的过程，有三个基本要素：信息源（信息发送者）、信息内容、信息接收者。图 10 - 3 描述了人际沟通的过程，包括七个环节：信息源—编码—传递—接收—解码—行为反应—反馈。

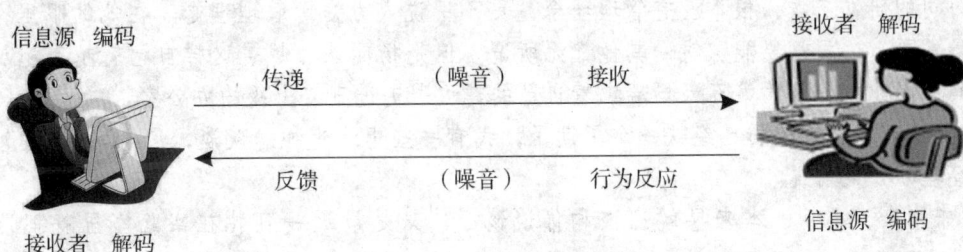

图 10 - 3　人际沟通的过程

信息发送者首先要产生一个想法来进行沟通，这就是信息源。这是一个很关键的环节，没有它，就不存在后面六个环节。信息源决定人际沟通的对象、目的和方式。

信息发送者必须将自己的想法进行编码，转换成对方能理解的文字、图表、语言、动作等符号，才能与信息接收者进行有效沟通，达到沟通的目的。

信息发送者将信息编成某一个符号后，要传递给信息接收者，必须借助媒体。人际沟通的媒体，也就是人际沟通的工具，可以是口头语言，可以是书面文字，可以是一个眼神、一个动作、一个手势等。

接收是人际沟通的第四个环节。信息源刺激到信息接收者的某一感官时，信息接收者收到信息发送者传递给他的信息，这时主角变为信息接收者。

信息接收者要对信息发送者的信息做出正确的反应，必须将对方所发送的信息翻译成自己能理解的符号，这就是对信息的解码。

信息接收者通过解码，理解了信息内容后，对信息做出行为反应，可能是置之不理，也可能按照信息指示付诸行动。信息接收者的行为反应可以通过语言方式——书面语言和口头语言；也可以通过非语言方式——动作、眼神、身体距离等。

信息接收者对信息做出行为反应的同时，将信息返回给信息源，构成了反馈。反馈可以验证信息的传递是否成功以及传递的信息是否符合原意，确定信息是否被理解。

实例 10 - 1：杨瑞的建议书

杨瑞是一个典型的北方姑娘，在她身上可以明显地感受到北方人的热情和直率，有什么说什么，总是愿意把自己的想法说出来和大家一起讨论。正是因为这个特点，她在上学期间很受老师和同学的欢迎。今年，杨瑞从西安某大学的人力资源管理专业毕业，她认为，经过四年的学习，自己不但掌握了扎实的人力资源管理专业知识，而且具备了较强的人际沟通技能，因此她对自己的未来期望很高。为了实现自己的梦想，她毅然只身去广东求职。

经过将近一个月的反复投简历和面试，在权衡了多种因素的情况下，杨瑞最终选定了东莞市一家研究生产食品添加剂的公司。她之所以选择这家公司，是因为该公司规模适中、发展速度很快，更重要的是该公司的人力资源管理工作还处于尝试阶段，如果杨瑞进入这家公司，那么她将是人力资源部的第一个人，因此她认为自己施展能力的空间很大。

但是到公司实习一个星期后，杨瑞就陷入了困境。

原来该公司是一家典型的小型家族企业，企业中的关键职位基本上由老板的亲属担任，其中充满了各种裙带关系。尤其是老板安排了他的大儿子做杨瑞的临时上级，而这个人主要负责公司的研发工作，根本没有管理理念，更不用说人力资源管理理念。在他的眼里，只有技术最重要，公司只要能赚钱，其他都无所谓。但是杨瑞认为越是这样自己就越有施展能力的空间，因此在入职的第五天杨瑞拿着自己的建议书走进直接上级的办公室。

"王经理，我到公司已经快一个星期了，我有一些想法想和您谈谈，您有时间吗？"杨瑞走到经理办公桌前说。

"来来来，小杨，本来早就应该和你谈谈了，只是最近一直扎在实验室里就把这件事忘了。"

"王经理，对于一个企业尤其是处于上升阶段的企业来说，企业要持续发展必须在管理上狠下工夫。我来公司已经快一个星期了，据我目前对公司的了解，我认为公司主要的问题在于：职责界定不清；雇员的自主权力太小致使员工觉得公司对他们缺乏信任；员工薪酬结构和水平的制定随意性较强，缺乏科学合理的基础，因此薪酬的公平性和激励性都较低。"杨瑞按照自己事先所列的提纲开始逐条向王经理叙述。

王经理微微皱了一下眉头说："你说的这些问题我们公司确实存在，但是你必须承认一个事实——我们公司在赢利，这就说明我们公司目前实行的体制有它的合理性。"

"可是，眼前的发展并不等于将来也可以发展，许多家族企业都是败在管理上。"

"那你有具体方案吗？"

"目前还没有，这些还只是我的一点想法而已，但是如果得到了您的支持，我想方案只是时间问题。"

"那你先回去做方案，把你的材料放这儿，我先看看然后给你答复。"说完王经理的注意力又回到了研究报告上。

杨瑞此时真切地感受到了不被认可的失落，她似乎已经预测到了自己第一次提建议的结局。

果然，杨瑞的建议书石沉大海，王经理好像完全不记得建议书的事。杨瑞陷入了困惑，她不知道自己应该继续和上级沟通还是干脆放弃这份工作，另找一个发展空间。

思考：1. 杨瑞的建议书有问题吗？若有，有什么问题？
2. 本案例说明了什么现象？
3. 如果你是王经理，你将如何处理杨瑞的建议书？

2. 人际沟通的类型

人际沟通按不同的标准，可以划分为不同的类型，如表 10-5 所示。不同的人际沟通具有不同的特点和功能。在管理和交往中，根据实际需要，选择合适的沟通类型，有助于促进沟通的有效性。

表 10-5 人际沟通的类型

分类依据	人际沟通的类型	概念
人际沟通的组织系统	正式沟通	正式沟通是指由组织明文规定的渠道进行信息传递的沟通，如请示制度、会议制度等。正式沟通的作用是有效确立和实施组织目标，一般具有较强的计划性、目的性和权威性。正式沟通的频率不能过高，否则会降低组织的高效运作。同样地，正式沟通的频率也不能太少，否则会出现信息闭塞、不协调、不统一的现象；还会加剧流言的产生，导致降低群体凝聚力等。因此，确保适当的正式沟通频率，也是增加正式沟通有效性的条件之一
	非正式沟通	非正式沟通是指在正式沟通渠道以外的信息传递。如传播小道消息、交换私人意见、拉家常等。非正式沟通容易进行，渠道畅通，在相关群体中传播速度快，影响力很大。非正式沟通是为了表达喜恶、需要，交流感情、思想、意见，能起到增进友谊、协调关系、交流感情的作用。但是，非正式沟通对组织也会带来负面影响，特别是当正式沟通频率过低、渠道不畅通时，非正式沟通的内容更多是群体成员对问题的负面猜测，这些猜测有时会引起成员心理的不安，从而影响行为
人际沟通的方向	上行沟通	上行沟通是指下级向上级传递信息，提出意见、建议，汇报工作进度，反映存在的问题。例如设立意见箱，举行民意测验，上行沟通使管理者能及时了解掌握员工对工作、其他成员以及组织的总体看法，了解管理工作中哪些需要改正。上行沟通的进行受领导者的领导风格和方式的影响。在民主、公正的领导风格和方式下，下级才敢向上级反映真实的情况；在专制、独裁的领导风格和方式下，下级担心受到惩罚而不敢将存在的问题向上级反映
	下行沟通	下行沟通是指上级向下级传达指示、意见、决议、任务、规章制度、工作流程等。员工以此来了解组织目标和具体的实施措施，以便完成各项任务
	平行沟通	平行沟通是揩同一等级的成员、工作群体之间的信息交流。平行沟通有利于节省时间、促进合作、减少冲突，这是它对管理有利的一面。但是，平行沟通也会产生功能失调的冲突：当正式的上行、下行沟通渠道受到破坏时；当员工越过或避开他们的直接领导自作主张时。这两种情况下容易引起平行沟通失调

（续上表）

分类依据	人际沟通的类型	概念
沟通者的地位是否发生变换	单向沟通	单向沟通是指信息发送者与信息接收者各自的地位不发生变换。例如做报告、演讲、下命令、发指示、发通知等。单向沟通的速度快，但准确性较差
	双向沟通	双向沟通是指信息发送者与信息接收者的地位随着沟通的进程不断发生变换。例如座谈会、讨论会、协商、谈判等。双向沟通的准确性好，能促进信息发送者和信息接收者的交流，增进感情，但其速度慢，信息发送者心理压力大，因为随时都有可能受到信息接收者的反驳
沟通的方式	口头沟通	口头沟通是指运用口头语言来传递信息，如讨论、会议、谈判等。口头沟通灵活，速度快，反馈及时，促进感情的交流，但不易保留和复查
	书面沟通	书面沟通是指运用书面文字、符号来传递信息，如布告、书信、传真等。书面沟通规范、正式，可以作为档案长期保存，以便反复查阅、使用；但它不够灵活，对沟通双方有一定的文字能力和修养的要求
	非语言沟通	非语言沟通是指运用说话的语调、身体动作、面部表情等身体语言来传递信息，如一个眼神、一个动作、一个微笑、不同的人际距离等。非语言沟通是语言沟通的补充。在人与人的直接沟通中，语言沟通和非语言沟通总是同时进行的，而且每一个身体动作都有意义。比如我们抬起眉头、睁大眼睛表示不信，双手抱肩为了保护自己或隔离自己，拍拍脑门表示忘了做某事等。在人际沟通中，我们要善于捕捉对方的非语言信息，因为这往往能更准确地表达对方的心理活动

讨论：单向沟通与双向沟通各有什么优缺点？

10.2.2 人际沟通网络

人际沟通网络是指信息传递的通道，它包括正式沟通网络和非正式沟通网络两种类型。正式沟通网络是由权力系统支配，沟通的信息与工作相关；非正式沟通网络是由群体成员自发进行的，它的方向不受到限制。非正式沟通满足群体成员的社会和心理需要。

1. 正式沟通网络

正式沟通网络主要有五种类型，如表 10 - 6 和图 10 - 4 所示：链式、轮式、环式、全通道式和 Y 式。

表 10 - 6　正式沟通网络的类型

类型	具体表现
链式	信息的传递只能是向上或向下逐级传递，不能进行横向传递。这种沟通网络准确性高，但群体满意度低，不灵活
轮式	领导者的核心地位非常明显。这种沟通网络速度快、准确，但由于群体成员中缺乏沟通，因此，群体满意度较低

类型	具体表现
环式	允许群体成员与邻近成员相互沟通，但远距离的成员就无法沟通。这种沟通网络速度慢，准确性差，但群体满意度高
全通道式	允许所有的群体成员相互之间进行沟通。这种沟通网络促进群体成员的人际交流，合作气氛浓，群体满意度高，但准确性不高
Y式	下属受到双重指挥。这种沟通网络速度快，但当信息出现矛盾时，会使成员出现无所适从的局面，群体成员满意度较低

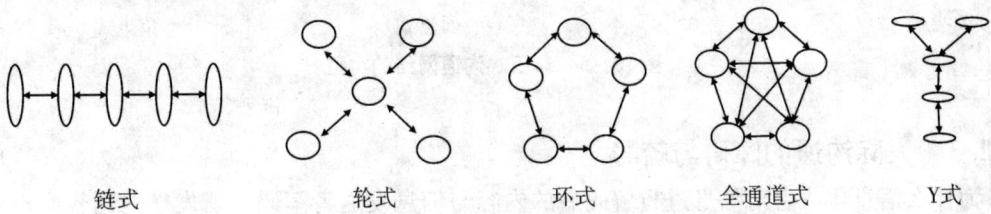

链式　　　　轮式　　　　环式　　　　全通道式　　　　Y式

图10-4　正式沟通网络的类型

这五种沟通网络各有其特点，如表10-7所示，它们各自的有效性取决于所关注的因变量，没有一种沟通网络对任何情况都能起到最好的效果。

表10-7　正式沟通网络的特点

网络类型	速度	精确性	领导者的地位	群体满意度	适应的情境
链式	中	高	中	低	简单问题的解决
轮式	快	高	高	较低	简单问题的解决
环式	慢	低	低	高	复杂问题的解决
全通道式	慢	中	低	高	复杂问题的解决
Y式	快	高	高	较低	简单问题的解决

2. 非正式沟通网络

非正式沟通网络，即我们所说的小道消息，是正式沟通网络的补充。正式沟通网络进行的信息传递的范围和内容是受到限制的，组织中大量的信息是通过非正式沟通网络传递的，其速度很快。一般有四种类型，如表10-8和图10-5所示：单线式、流言式、偶然式和集束式。

表10-8　非正式沟通网络的类型

类型	具体表现
单线式	强调保密性，信息沿着最亲密的人进行单线传播，最后终止于某个人
流言式	目的是扩大信息的影响力，由某一个主要的信息源主动将信息进行广泛传播

（续上表）

类型	具体表现
偶然式	以偶然的方式进行传播，对象不明确
集束式	把消息有选择地告诉自己的朋友或有关的人

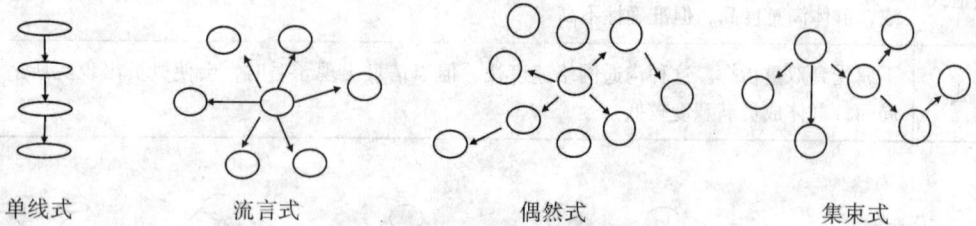

单线式   流言式   偶然式   集束式

图 10-5　非正式沟通网络的类型

10.2.3　人际沟通的障碍与疏导

为什么信息接收者对信息进行解码后的内容与信息发送者编码后所发送的内容会不一致而发生各种或大或小的误会？这都是因为人际沟通过程中存在障碍所引起的。下面我们从两个方面来分析沟通障碍对人际沟通有效性的影响。

1. 信息发送者对信息表达的障碍和信息接收者对信息理解的障碍

沟通出现障碍的一个原因是当信息发送者在对信息进行编码时，受到个体的表达能力、知识、经历、文化背景的局限性的影响。具体来说，主要有以下六种：

（1）表达能力不佳。

如果信息发送者在发送信息时出现词不达意、口齿不清、字体模糊的现象，往往会误导信息接收者对信息的理解，使沟通无法达到预期效果。

（2）语义的差异。

这主要是由我们所用的符号自身的局限性引起的。符号有多种含义，一旦选错含义，将会导致各种程度的误解。特别是人们所处的文化背景相差越大，由语义所产生的障碍越明显。特别是在网络发展迅速的今天，网络已发展起了属于自己的语言。一个不懂得网络语言的人，很难通过互联网与其他人进行沟通。

（3）传递形式不协调。

当信息通过几种形式传递时，若相互之间不协调，就容易形成障碍。比如信息发送者与接收者直接面对面沟通时，信息发送者的口头语言与身体语言之间不一致就会产生沟通障碍，所以我们在表扬员工时，脸上要带有笑容；在批评员工时，表情要严肃，否则就会让员工不知你是在表扬还是在批评他们。

（4）知识经验的局限。

当信息发送者与接收者之间的知识水平不一致、经历不同时，双方之间很难达到一致的理解，导致无法进行有效沟通。比如一个教授跟一个普通人讲话时，句句带着专业术语，最终只会导致对方一头雾水。

（5）注意力集中程度。

如果信息接收者在接收信息过程中心不在焉、注意力分散，就无法全面掌握信息的内容。

（6）信息过量。

信息发送者如果不考虑信息接收者对信息的理解能力和健忘程度，过量的信息会导致一系列问题的出现。比如会使一些重要信息发生漏失；会把信息接收者弄得晕头转向，处理问题时发生差错。

2. 外部因素的障碍

在信息传递过程中，周围环境的噪音、恶劣的信息载体、令人不快或令人紧张的沟通氛围都会影响信息的有效传递，形成各种障碍。

实例 10－2：文化差异存在的障碍

丹麦人素来以他们的幽默感而自豪。丹麦幽默的基本原则是把阴阳颠倒，什么事情都要从反面来看。而且还有一个方程式可套进去："把好的说成坏的，把劣者变成优者，夸大地称赞自己，尽量地贬低别人。"如果对丹麦人的这种文化不了解，就会发生很大的误解，甚至引发打架事件。比如丹麦人费明在一个有很多外国人的地方工作，有一天费明对一位阿拉伯同事说："你真是个大笨蛋！"这个阿拉伯人立即一个拳头挥过去。费明挨打后摇头叹息说："外国人真是不懂丹麦幽默。我叫他大笨蛋其实就是表示我喜欢他。"

思考：阿拉伯人为什么打费明？

实操 10.2　传递信息

◆**实操内容**

通过游戏让学生掌握人际沟通的相关知识。

◆**实操目的**

演示说明信息通过各种"渠道"传递时往往会失真。

◆**活动步骤**

1. 事先从近期报刊中摘录一篇文章的 2～3 个段落，但不要是最热门的文章。
2. 将各公司成员从 1 开始分好次序。
3. 请 1 号留在教室内，其他人先出去。
4. 把故事念给各组的 1 号听，但不允许他们提问或记录。
5. 2 号可以从教室外进来，每组的 1 号负责将故事复述给 2 号听。
6. 3 号进来，2 号将故事再复述给 3 号听。
7. 依此类推，每个公司的成员都听到了故事。
8. 教师请每个公司最后一名学生复述一下听到的故事。

◆**思考回答**

1. 每个信息发送者是否遗忘了一些内容？是哪些？
2. 故事在传递中，出现了哪些错误或篡改？
3. 我们如何才能注重加强记忆和理解？在现实生活中，我们可以采取哪些方法？

（资料来源：刘永中，金才兵，何乔. 管理培训游戏全案：升级版［M］. 广州：广东经济出版社，2008.）

◆ 评估标准（自评和他评）

评价指标	评估结果			
在公司活动时主动配合的程度	□优秀	□中等	□合格	□不合格
在复述故事时的表现（发言）	□优秀	□中等	□合格	□不合格
在思考回答过程中的表现	□优秀	□中等	□合格	□不合格
对人际关系与人际沟通的理解情况	□优秀	□中等	□合格	□不合格
需要补充说明：				

关键术语

人际关系　儿童式自我心态　家长式自我心态　成人式自我心态　地位　角色　地位象征　角色冲突　角色模糊　人际沟通

综合训练

情境设计 10 – 1：女售票员

某市火车票售票处，一位女售票员正在忙碌地工作着。窗外正排着长长的购票队伍。

她在接待两位外地男旅客，向他们介绍车次，因而放慢了售票的速度。后面一位女旅客等得不耐烦了，就挤到售票口训斥这位女售票员："你是在售票还是在谈情说爱？"后面的旅客也不分青红皂白地轰起来了。面对这种情境，这位女售票员不是针锋相对，也不是反唇相讥，而是谦和地说："非常抱歉，让你久等了。"接着，她还简要地向这位女旅客解释了放慢售票速度的原因。这么一说，女旅客平心静气地回到自己的列位上，售票工作又正常地进行着。

【思考讨论题】

1. 这个案例涉及什么理论？请简要地阐述这个理论。
2. 这位女售票员为什么能顺利地处理这一场口角？
3. 认真阅读案例，理论结合实际对本案例进行分析，每人撰写约300字的案例分析。

情境设计 10 – 2：绩效反馈面谈

【实操题目】

某公司小 A，年终绩效考评经理给了他一个"合格"的结果，对此，经理准备找小 A 面谈。如果你是经理，你会如何安排这次面谈？

【实操目的】

通过情境模拟，提高学生对人际沟通知识的运用能力。

【活动步骤】

1. 由各公司推荐两名成员，并按以下内容分配好角色。

2. 由教师将以下实操资料发给准备表演的学生。

情境一：失败的绩效反馈面谈

经理：小林，有时间吗？

小林：有什么事情吗，经理？

经理：和你谈谈关于年终绩效考核的事情。

小林：哦，我下班后还有点事。

经理：没关系，我等会儿也有个应酬，就现在吧。

小林：好的！

经理：小林，绩效考核结果你也看到了吧，总的来说还过得去，但你在与同事共处、沟通和保持客户数量方面还存在很大问题，你可要注意啊！

小林：经理，不会吧，我与同事关系很好，客户也很满意我，你是不是搞错了？

经理：我不会搞错的，你怎么能怀疑我的判断能力？

小林：可是，我今年的指标都已经完成了啊！

经理：不错，你的指标是完成了，但存在上述问题，所以我给你就评了"合格"。

小林：经理，我很认真工作了呀！

经理：小林，别看我们公司人多，谁平时工作怎样，为人处世如何，我心里可是明白得很，你不用给我解释什么！

此时，电话响起，经理拿起话筒。

经理：小林，你先出去一会儿，我接个电话，等会叫你。

10分钟过去了，小林被叫进来，谈话继续。

经理：小林，我告诉你，你要好好检讨一下，否则明年的绩效指标你肯定完成不了。

小林：经理！我……

经理：别说了，出去吧。我还要工作呢！

小林：……

情景二：成功的绩效反馈面谈

经理：小林，考核结果出来了，我想和你聊聊，你什么时间有空？

小林：经理，我周一、周二、周三要接待一批重要客户，周四以后事不多，您定吧。

经理：我周五上午有空，十点如何？

小林：没问题！

周五之前，经理做了大量的准备工作，包括安排场地、收集面谈的各种资料，了解小林的具体情况以及准备了一些预防性的问题。在这期间，小林对自己的业绩也进行了回顾，了解了自己的缺点，准备了个人发展计划等。

周五上午十点，经理早早地在小会议室等候小林，并为小林泡了一杯咖啡。

经理：小林，今天我们打算用一个半小时对你的工作绩效做一个回顾，相信你也知道，公司绩效考核的目的是通过绩效反馈面谈，将员工的绩效考核表现，即优点和差距反馈给员工，让员工了解在过去一年中工作上的得与失，以明确下一步改进的地方。当然，我们也希望通过反馈来了解一下你们工作的实际情况或困难，方便日后提供帮助。

小林：我原来认为绩效考核就是为了年终奖金发放，看来我理解得有些狭隘。

经理：没关系，现在不是达成一致了吗？那好，我们讨论一下吧。你先做个自我评价，看看我们是否一致。

小林：我去年的工作主要是客户服务，整体来看，感觉还不错。但存在一定不足，如客户满意度仅为85%，没有达到我预期的目标，所以我给自己的评价是"合格"。

经理：其实你工作非常卖力，又踏实肯干，客户的满意度相比于往年已经有了很大的提高……但客户普遍反映你在服务时表情过于生硬，给人冷冷的感觉。不知你有没有注意到这点？

小林：我意识到了这个问题，可能是性格原因吧，我已经努力在改进了。

经理：我相信你肯定能改正过来，需要我提供帮助的，你可以随时来找我。

小林：谢谢经理，我一定会努力的。

经理：我给你的评价也是"合格"，你有意见吗？

小林：没有意见。

经理：下面我们来讨论一下你今后需要继续保持和改进的地方，对此你有什么看法？

小林：我觉得我最大的优点是踏实、肯干、积极，也非常乐意为客户服务。但缺点是有点内向，不太喜欢笑。今后我想成为一名优秀的客户服务经理。当然这需要我改正自己的缺点。

经理：你最大的优点就是积极肯干，虽然有点内向，但我相信你今后一定能够实现你的职业目标，公司也会给你一定的支持与帮助。

小林：谢谢经理！

（资料来源：阚雅玲，吴强，丁雯. 人力资源管理基础与实务：第二版［M］. 中国人民大学出版社，2005）

3. 进行情境表演。

4. 由教师点评：表演者是否扮演恰当？为什么？

【思考回答】

1. 情境一和情境二的区别是什么？假如你是小林，你会有什么体会？

2. 如何提高人际沟通的效果？

公司经营活动10：召开全体成员大会

◆实操内容

召开全体成员大会。

◆实操目的

1. 掌握人际关系和人际沟通的内容。

2. 正确运用人际关系和人际沟通的知识。

◆活动步骤

1. 由有关部门发布开会通知。

2. 布置会场。

3. 进入会场。

4. 会议开始。

5. 会议分两阶段：一是有关领导讲话；二是听取成员向高层领导提建议或意见（事先要准备）。

6. 教师点评。

◆ **思考回答**

1. 公司是怎样具体实施成员沟通制度的?
2. 公司为什么要召开全体成员大会?

工作评价表

职业核心能力测评表					
职业核心能力	评价指标	自测结果			
自我管理能力	1. 能跟随教师思路思考 2. 能主动参与讨论 3. 能主动将所学知识运用在实践中	□优秀 □优秀 □优秀	□中等 □中等 □中等	□合格 □合格 □合格	□不合格 □不合格 □不合格
合作交流能力	1. 能尊重他人的观点 2. 能与他人进行有效沟通 3. 能主动参与合作过程	□优秀 □优秀 □优秀	□中等 □中等 □中等	□合格 □合格 □合格	□不合格 □不合格 □不合格
解决问题能力	1. 能准确理解信息资源 2. 能客观分析信息资料 3. 能发现并解决常规问题	□优秀 □优秀 □优秀	□中等 □中等 □中等	□合格 □合格 □合格	□不合格 □不合格 □不合格
设计创新能力	1. 能够提出建设性的观点 2. 能够从不同角度提出方案 3. 能够制订创新方案并实施	□优秀 □优秀 □优秀	□中等 □中等 □中等	□合格 □合格 □合格	□不合格 □不合格 □不合格
学生签名: 教师签名:			年 月 日		

专业能力测评表					
职业核心能力	评价指标	自测结果			
理解群体中的人际关系	1. 理解人际关系的概念 2. 理解人际反应倾向类型 3. 掌握影响人际吸引力的因素 4. 掌握人际交互作用分析理论 5. 理解角色、地位	□优秀 □优秀 □优秀 □优秀 □优秀	□中等 □中等 □中等 □中等 □中等	□合格 □合格 □合格 □合格 □合格	□不合格 □不合格 □不合格 □不合格 □不合格
掌握群体中的人际沟通	1. 理解人际沟通的概念 2. 理解人际沟通网络 3. 掌握人际沟通的障碍与疏导	□优秀 □优秀 □优秀	□中等 □中等 □中等	□合格 □合格 □合格	□不合格 □不合格 □不合格
学生签名: 教师签名:			年 月 日		

项目 11　提升组织价值——组织文化

世界上一切资源都可能枯竭，只有一种资源可以生生不息，那就是文化。

——任正非

【项目目标】

1. 理解组织文化的含义，了解组织文化的特性和组织文化的兴起
2. 掌握组织文化的具体内容，熟悉组织文化的层次结构与层级结构
3. 了解组织文化的功能、作用及其表现，熟悉组织文化的形成与保持
4. 掌握组织文化建设的原则、途径和实施步骤

【生活与组织行为】

一顿晚餐

一位保加利亚主妇招待她美籍丈夫的朋友们吃晚餐。当客人把盘里的菜吃光后，主妇就问客人要不要再来一盘。因为在保加利亚，如果女主人没让客人吃饱的话，是件丢脸的事情。客人中一位亚洲留学生接受了第二盘，紧接着又吃了第三盘，女主人忧心忡忡地又到厨房准备下一道菜。结果，这位亚洲学生竟撑得摔倒在地上。因为在他的国度里，是宁可撑死也不能以吃不下来侮辱女主人的。

（摘自基辛《当代文化人类学概要》）

思考：这则故事让你体会到了什么？

【项目流程图】

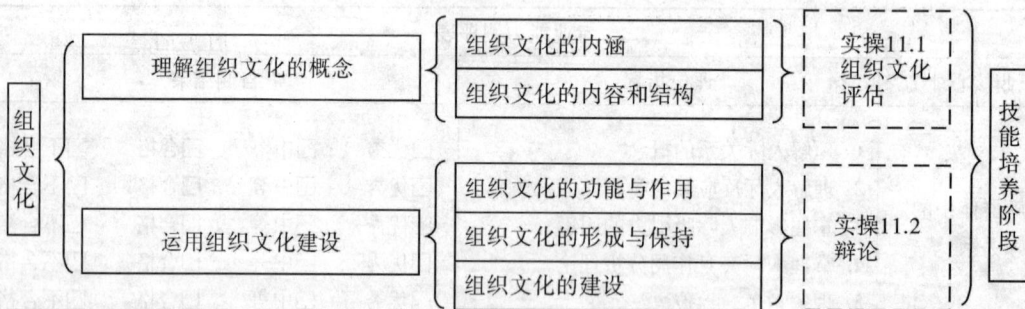

任务11.1　理解组织文化的概念

无论从宏观还是微观的角度来看，文化因素对组织行为都具有重要的意义和深远的影响。在现代组织的各种活动中，组织文化始终贯穿其中并决定着全体成员的精神面貌，它对一个组织整体素质、管理能力的提升与竞争状况的改善都起着积极的促进作用。组织文化建设已成为促进现代社会组织健康成长的重要手段。

11.1.1　组织文化的内涵

文化是人类在社会生活实践中所创造的精神财富和物质财富的总和，这种财富不仅表现为知识、信仰、艺术、道德、法律、习俗等意识形态的具体形式，还应包括意识形态的外化物——相应的制度形态和组织机构，它既是人类活动的成果，也是人类活动的模式。文化存在于人们的精神境界里，也体现在人民的物质生活中。自古以来，在人类社会共同体中，作为人类创造的物质和精神财富的总和的文化现象不是一种个体的特征，而是人类群体的特征。因此，一切组织的成长过程都是一种文化的积淀过程。

1. 组织文化的定义

组织文化不是我们通常理解的组织员工业余生活的某种表现方式，它有着独特的内涵和特征。关于组织文化的定义，中外许多学者作了精辟的阐述，归纳起来有以下要点：组织文化是组织生存和活动过程中的精神现象，即组织以价值观为核心的思维方式和行为方式；组织文化是指一个组织共有的价值观、传统、习惯和行为方式；组织文化是指导组织制定员工和顾客政策的宗旨。上述种种说法反映了人们从不同角度和在不同阶段对组织文化的理解与概括。

组织文化是社会文化体系中的一个重要组成部分，它是民族文化和现代意识在组织活动中的综合反映和具体表现，是一个具有显著组织特征和群体意识特点的思想观念、行为准则、工作规范及相关物质形态的混合体。从组织运行过程中存在的文化现象来解析，组织文化是特定组织在从事与实现组织目标相关的文化活动中形成的文化成果，它是组织所形成的具有自身个性的经营宗旨、价值观念和道德行为准则的综合，它所包含的价值观念、行为准则等意识形态和物质形态均为该组织成员所共同认可。因此，组织文化应该是指处于一定社会经济文化环境中的组织，在长期发展过程中形成和发展起来的共有的、独特的观念形态、制度形式和行为方式的总和。

组织文化的基本内核是以组织全体成员的行为所表现出来的共同遵守的信条或信念。在现实社会生活中，支配和主导人们行为的有各种各样的信条，比如信奉上帝、完善自我、注重公益、追求私利等，这些信条以不同的方式渗透在人们的行为之中并产生不同的结果，从而形成了不同的个性化行为特征。一个组织所坚持和宣扬的信条则是通过全体成员一致性的行为准则的贯彻来显示的，它使一个组织形成了区别于其他组织的文化风貌。在组织活动中的某种信条一旦形成，将对组织的内部管理和外部交流产生巨大的影响，并对组织经营目标的实现和组织的生存与发展发挥重要作用。

2. 组织文化的特点

组织文化是在一定的历史条件下通过对全体组织成员的长期培育而形成的观念形态文化、

物质形态文化和制度形态文化的综合反映。由于组织文化在人类文化系统中所处的地位、层次及功能的特殊性，组织文化的特性主要表现在以下几个方面：

（1）存在方式的无形性。

组织文化是以组织正在营造或已经拥有的企业精神、经营哲学、共同理想、职业道德、价值观念和行为准则等为存在方式，常常表现出的是一种信念、道德和心理的力量。这种作用是潜移默化的，因此组织文化是无形的，是无法度量和计算的。在组织文化的影响下，员工会自觉地按组织的共同价值观念及行为准则去工作、学习、生活。组织文化的存在方式和作用形式虽然是无形的，但它离不开组织中有形的载体，即组织中的个体与群体、管理制度及相关的基本设施、组织活动及相应成果等。

（2）影响作用的柔性。

组织文化是依赖其核心价值观对员工的熏陶和感染，引导员工对组织目标、行为准则及价值观念产生"认同感"，在参与组织活动中自觉地按照组织的共同价值观念及行为准则来发挥作用。它不同于组织制定推行的规章制度的强制约束力。组织文化对组织成员的心理和行为具有规范和约束的作用，但这种约束作用不是刚性的而是柔性的。例如，当员工的行为合乎组织文化要求时会获得群体的承认和赞扬，员工从而获得心理上的平衡与满足；如果员工的某种行为违背了组织文化的行为准则，群体就会来规劝、教育、说服这位员工服从组织群体的行为准则，否则他就会受到群体意识的谴责和排斥，从而产生失落感或挫折感。在这里，群体的褒贬作用只能是一种柔性的约束，它不能取代组织制度、组织纪律方面的奖惩所起到的强制作用。

（3）稳定性和连续性。

组织文化是随着组织的诞生而产生的，具有相对的稳定性和连续性。组织文化的基本内容及其形式一旦确立，能长期对组织成员的心理和行为产生影响。组织文化有其自身的发展规律，它不会因为经常性的环境变化而变化，也不会因一些人员的流动而发生根本改变；但它会随着社会的发展、组织目标的调整以及组织成员精神面貌的变化而更新和升华。

（4）独特性和民族性。

组织作为一个实体总是处在不同社会环境的历史文化背景之中，在各具特色的经营活动中创造出了不同的组织文化形态从而体现组织的个性特征。一方面，同一国家内的不同组织，由于其历史特点、行业环境、经营目标、产品特点、发展模式不同，必然会形成组织文化的个性特征。另一方面，在世界范围内，任何一个国家的组织文化的生长都是以同质的民族文化为基础，相互影响、相互渗透，而使特定的社会组织所构建的组织文化呈现鲜明的民族性特征，如美国的组织文化、日本的组织文化、中国的组织文化等。组织文化只有具有鲜明的个性才有活力和生命力，才能充分发挥组织文化的作用。当然，组织文化有其共性的一面。组织文化是共性和个性的统一体，各个国家不同组织大多有其必须遵守的共同的组织文化建设宗旨，如必须调动员工的积极性、争取顾客的欢迎和信任等。

讨论：请用你自己的语言阐述你所理解的组织文化。

11.1.2　组织文化的内容和结构

组织文化是组织的价值观念、行为准则与规范制度等无形和有形因素的复合，它本身凝结着组织环境、物质、精神等各要素的相互关系，如图 11-1 所示。

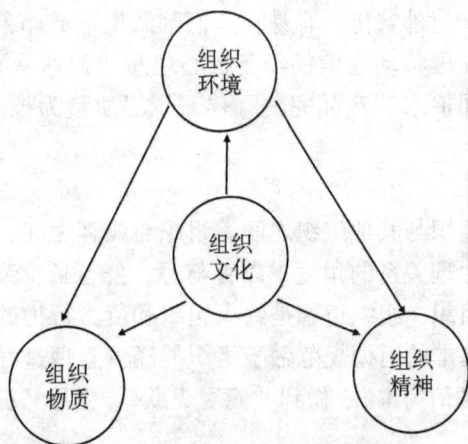

图 11-1　组织文化与组织各要素的关系

1. 组织文化的内容

组织文化的内容是十分广泛的，组织文化的具体内容和形态在不同的组织中是各不相同的，特定组织的文化建设的内容在组织成长的不同阶段也会有所侧重，但组织文化的主要内容包括以下几个方面：

（1）组织哲学。

组织哲学即组织的经营管理哲学，它是一个组织特有的从事生产经营和管理活动的管理观和方法论，也是组织经营活动的指导思想。一个组织要在激烈的市场竞争中获得成功，就必须有理论化、系统化的经营管理思想来决定自己的行为趋向，有一个科学的方法论来指导管理行为。例如，日本松下公司"讲求经济效益，重视生存的意志，事事谋求生存和发展"就是它的战略决策哲学；福特汽车公司的指导思想核心是"人员是我们的力量源泉、产品是我们努力的终端成果、利润是必要的手段与衡量我们成就的指标、以诚实及正直为基础"。

（2）价值观念。

任何成功的组织几乎无一例外地展示出自己明确的价值观念。组织的价值观念是指组织差异对组织存在的意义、经营目的、经营宗旨的价值评价和为之追求的整体化、个性化的群体意识，是组织全体成员共同的价值准则和最高追求。组织的价值观念决定着员工行为的取向，只有在共同的价值准则基础上才能产生组织正确的价值目标，树立了正确的价值目标才能激发员工追求价值目标的行为。价值观念决定着组织的基本特性，它对组织的全面发展起到了重要支配作用，片面追求组织自身经济效益的价值观，既会影响组织形象，也会损害组织的利益，使组织丧失持续发展的内在驱动力而逐渐萎缩。

（3）组织精神。

组织精神是指组织基于自身特定的性质、任务、宗旨、时代要求和发展方向，并经过精心培养而形成的组织成员群体的精神风貌。组织精神是在组织活动中形成的，代表组织价值观和广大成员意愿的，反映组织目标和方向的，通过组织全体员工有意识的实践活动体现出来的一种精神力量。组织精神是组织文化的核心，它以价值观念为基础，以价值目标为动力，对组织经营哲学、管理制度、道德风尚、团体意识和组织形象的形成与发展起到广泛而持久的推动作用。

组织通常用一些既富于哲理，又简洁明快的语言使组织精神予以表达，便于员工铭记，时刻用于激励自己；也便于对外宣传，容易在人们脑海里形成印象，从而在社会上形成个性鲜明的组织形象。例如，中国移动通信的经营核心理念"沟通从心开始"，其实质就是奉献服务的组织精神；宝洁公司追求"产品完美"体现了以质量为核心的价值观念和真诚守信、开拓进取的经营作风。

（4）组织道德。

组织道德是指调整本组织与其他组织之间、组织与顾客之间、组织内部员工之间关系的行为规范的总和。它是从伦理关系的角度，以善与恶、公与私、荣与辱、诚实与虚伪等道德范畴为标准来评价和规范组织。组织道德是约束组织和员工行为的重要手段，树立崇高的组织道德的目的在于把社会基本的道德规范融于组织的经营管理过程之中，形成了具有组织特色的职业道德，如奉行"诚信为本"、做到"童叟无欺"、倡导"公平竞争"等。

（5）团体意识。

团体意识是指组织成员的集体观念，它是组织内部凝聚力形成的重要心理因素。一个组织里的团体意识形成后，组织里的每个成员就会把自己的工作和行为看成实现组织目标的一个有机的组成部分，把组织看成自己利益的共同体和归宿，由此对自己作为组织的一员而产生自豪感和荣誉感，对组织能够取得成就也充满责任感，并自觉克服与实现组织目标不一致的行为，为实现组织目标而自觉努力。

（6）组织形象。

组织形象是组织文化直观的表现形式，是组织通过外部特征和自身实力表现出来的为消费者和公众所认同的总体印象。组织形象的外部特征表现形式是表层形象，如招牌、门面、徽标、广告、商标、服饰、营业环境等，这些实体性的组织文化载体给人以直观的感觉，容易形成印象。通过组织经营和管理的实力表现出来的形象称为深层形象，它是组织内部要素的集中体现，如人员素质、生产经营能力、管理水平、资本实力、产品质量等。在塑造组织形象的过程中，切忌过分追求表层形象的宣扬，应扎扎实实地做好深层形象的刻画，因为深层形象是表层形象的基础，没有深层形象这个基础，表层形象就无法真正显示其实力，也不能长久地保持其影响。例如，位于首都北京的西单百货商场以"诚实待人、诚心感人、诚信送人、诚恳让人"树立了全心全意为顾客服务的组织形象，在全国广受推崇。这种良好的组织形象不是凭空创造出来的，而是建立在优美的购物环境、可靠的商品质量、实实在在的价格的基础上，以强大的物质基础和经营实力作为优质服务的保证，达到表层形象和深层形象的结合，故而赢得了广大顾客的信任。

（7）组织制度。

从组织文化的层次结构看，组织制度是精神文化的表现形式，是物质文化实现的保证。组织制度是组织在管理实践活动中所形成的要求全体员工共同遵守的带有强制性的行为规范，它是保障实现组织目标的基本措施和手段。组织制度作为身处组织内部的员工必须遵守的行为规范，它的制定使个人的活动得以合理进行、组织内外人际关系得以协调、员工的共同利益受到保护，从而确保了组织活动的有序进行。

（8）典型人物。

典型人物或英雄人物是组织文化的象征，是组织员工心目中有形的精神支柱。他们使组织的价值观"人格化"。很多组织的领导者和创始人就是该组织的英雄人物，如松下电器公司的松下幸之助、微软公司的比尔·盖茨、联想集团的柳传志、海尔集团的张瑞敏等，他们对各自的组织产生了长期的象征价值和作用，使员工对英雄人物的信赖转化为对组织的信心和忠诚，自觉地以英雄人物为榜样，注重行为规范。因此，树立和宣传典型人物是形成或保持组织文化的重要途径。

（9）文化仪式。

文化仪式是组织以生动的、形象化的形式向员工灌输本组织价值观的一系列文化活动的总称，是组织文化不可缺少的因素。文化仪式多种多样，如各种表扬、奖励活动，**各种聚会和娱乐活动等**。摩托罗拉公司每年年末都举行年会，在年会上进行各种表彰活动，**包括长期服务奖、特殊贡献奖等**。各种聚会和文娱活动不仅能增进组织中人们之间的沟通和了解，而且能使员工心情舒畅，减少疲劳，调动员工为组织奋斗的积极性。

2. 组织文化的结构

组织文化结构是构成组织文化的各种要素的基本形式。组织文化的构成是有层次的组织文化，通常由两部分内容构成，一个是组织文化的显性部分，即组织标志、工作环境、规章制度、经营管理行为等；另一个是组织文化的隐性部分，即组织哲学、价值观、道德规范、组织精神等。

（1）组织文化的层次结构。

组织文化的层次结构的观点把组织文化划分为三个紧密联系、相互作用的层次，即精神层、制度层和物质层，各层次的内容包括：

①精神层。组织文化的精神层又叫组织精神文化，主要是指组织的领导和成员共同信守的基本信念、价值标准、职业道德和精神风貌，是组织文化的核心和灵魂。相对于组织物质文化和行为文化来说，组织精神文化是一种更深层次的文化现象，在整个组织文化系统中，它处于核心的地位。组织精神文化是指组织在生产经营过程中，受一定的社会文化背景、意识形态长期影响而形成的一种精神成果和文化观念。它包括组织精神、组织经营哲学、组织道德、组织价值观念、组织风貌等内容，是组织意识形态的总和。组织精神层的内容决定了物质层和制度层的内容，精神层是组织文化的核心。

②制度层。制度层是组织文化的中间层次，主要是指对组织和成员的行为产生规范性、约束性的组成部分，集中体现了组织文化的物质层和精神层对成员和组织行为的要求。制度层规定了组织成员在共同的活动中应当遵守的工作制度、管理制度、责任制度，以及各种非程序化制度。制度层是精神层和物质层的中介。

③物质层。组织文化的物质层也叫组织物质文化，它是一种以物质形态为表现形式的组织文化的表层部分，主要包括组织创造的产品、各种物质设施，以及组织创造的生产环境、组织建筑、组织广告、产品包装与设计等。组织物质文化是形成组织文化精神层和制度层的基本条件。物质层和制度层是精神层的直观体现。

组织文化的精神层、制度层和物质层是紧密联系的，物质层是组织文化的外在表现和载体，是制度层和精神层的物质基础；制度层则约束和规范着物质层及精神层的建设，没有严格的规章制度，组织文化建设无从谈起；精神层是形成物质层和制度层的思想基础，也是组织文化的核心和灵魂。组织文化的层次结构间的相互关系如图 11 - 2 所示。

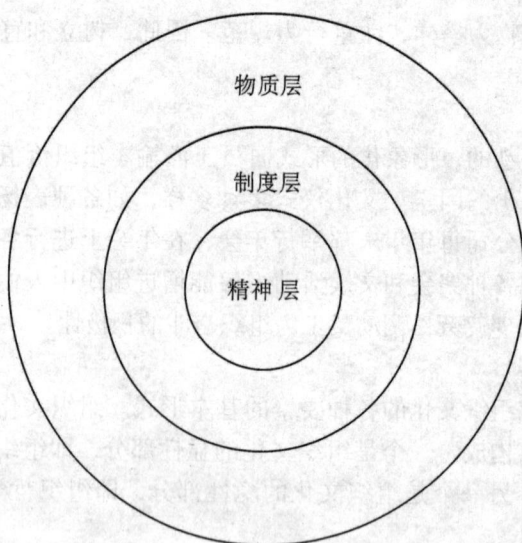

图 11 - 2　组织文化三个层次的关系

（2）组织文化的层级结构。

组织文化的层级结构的观点将组织文化分为六个层级，从第一层到第六层越来越抽象、凝练和高度概括；从第六层到第一层则越来越具体，可操作性也越来越强；相邻两个层级之间就如下级服从上级一样，上一层是领导层，为下一层指明目标和方向，下一层是上一层的细化，下一层要为上一层服务。组织文化的层级结构如图 11 - 3 所示。

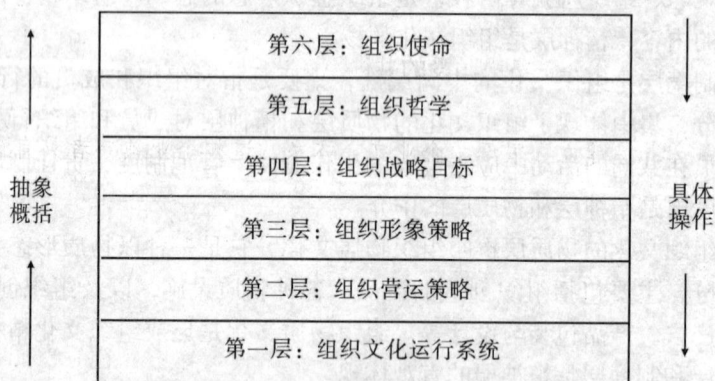

图 11 - 3　组织文化的层级结构

①第六层：组织使命。组织使命是组织文化系统的最高层。在组织使命指引下，组织宗旨、组织哲学、组织精神、组织理念、组织形象、组织战略、组织的经营管理等都要服从和服务于这一使命。一个组织如果没有自己的使命，就是一个没有信仰的团体，没有使命就没有组织存在的理由；如果一个组织没有与其使命相适应的宗旨，就没有统帅组织的灵魂。

②第五层：组织哲学。组织哲学是组织对于组织活动的基本观点及看法，是对组织价值观和成员工作观的提炼和定位。不愿认可组织价值观的人不能加入本组织，没有树立成员工作观的员工不是本组织的合格员工。组织哲学包括组织精神、组织理念及以组织理念为指南

产生的组织制度等。组织精神、组织理念是在组织使命的支配下凝练而成的组织哲学的具体表现形式，是组织对自身价值观进行细分而形成的涉及组织各个层面的一整套理论体系。组织理念规范、指导和制定组织的各种规章制度，组织规章制度是组织理念的细化，组织制度的建立使组织理念可操作化，便于组织在各种活动中贯彻执行。

③第四层：组织战略目标。组织战略目标即组织发展的未来方向和趋势，是组织通过努力所要实现的期望值。组织战略目标是组织员工确立个人目标的前提。

④第三层：组织形象策略。它是组织的领导形象、员工形象、品牌形象的集中表现。组织形象一般由视觉形象系统、理念系统、行为形象系统组成，其中的理念系统与组织文化系统中的"组织理念"基本保持一致。在形象设计时，视觉和行为形象要服从和服务于组织理念。

⑤第二层：组织营运策略。它包括组织的经营管理策略、市场营销策略、品牌策略、人力资源策略、产品策略、生产策略、组织目标实现策略、组织家文化的宣传策略。组织营运策略的制定与实施必须服从和服务于既定的组织理念和组织精神，只有这样才能使无形的组织文化落到实处并时时刻刻影响和约束着员工的工作行为，从而使组织从组织使命到战略确立、从策略选择到具体执行的每个环节都具有一致的方向性，最大限度地降低内耗以形成最大的合力。

⑥第一层：组织文化运行系统。它是组织文化系统中的最低层，主要是指组织文化的管理体系的监护体制、监管人员、监管方法及要求。组织文化建设的实施者是组织全体成员；组织文化系统的运行效果，如员工对组织文化的认可程度和对组织的忠诚度是评价组织文化建设的主要依据。

实例 11 -1：海尔、联想、TCL 企业文化建设的分析与比较（摘要）

一、海尔、联想、TCL 企业文化建设的共同点

1. 企业领导者的高度文化素养

海尔、联想和 TCL 都建立了很好的企业文化体系，这和企业领导者具有很高的个人文化素养是分不开的。所谓文化素养主要不是指狭义的文化程度，而是指精神动力、价值观和行为模式。三位企业领导者具有以下共同特点。

（1）有强烈的精神动力并充满激情地追求目标。

海尔是从亏损 147 万元起步的，联想是 20 万元起家的，TCL 是 5 000 元起家的，没有远大的志向和精神动力是不能够做到在市场经济激烈竞争的环境中脱颖而出的。他们不断地为自己和企业提出新的目标和方向，从单一产品到多元化经营，从国内名牌到国际名牌，从一个落后的国有企业逐渐发展成为上市公司，其自我超越的脚步没有丝毫的迟疑。

（2）自信及坚忍不拔。

在 1989 年几乎全部的冰箱厂家都在降价的时候，张瑞敏非但不降价反而提价 12%；柳传志在国际品牌大军压境时不甘心只做代理，建立自有 PC 品牌，最终成为市场第一，将当时的"老师"惠普甩在身后；李东生总是后发制人，在一个竞争已经很激烈的市场上异军突起，彩电、PC、手机都是如此。

（3）强烈的民族自尊心和责任感。

三位企业家都不约而同地将敬业报国融入企业的经管理念中，海尔响亮地打出"海尔，中国造"的口号，联想提出"世界的联想"，TCL 要做"世界级的企业"。

（4）重视学习。

企业家的领导能力和管理能力并不是天生具有的，这和后天的学习、实践是分不开的。三位企业家都非常重视学习、实践和总结。张瑞敏不仅对中国传统文化的精华如《孙子兵法》《易经》《道德经》等了如指掌，还委托在海外工作的同事帮助收集最新的管理书籍，使他能掌握世界最新的管理动向。李东生和 TCL 的高层养成了互相赠送管理书籍的习惯，有时会收到两三本一样的书。柳传志特别喜欢读企业家传记，并结合自己的体会细细琢磨，一本书常常要读几遍，每周六都要拿出半天时间整理个人思路。

（5）以身作则。

张瑞敏要求员工打卡上班，自己也打卡上班，没有专车，没有专用食堂。李东生要求员工上班穿西装，自己在上班时和公众场合永远西装革履，出差轻车简从。

2. 高度重视企业文化的建设

张瑞敏认为自己在企业里的主要工作是做一个"布道者"。海尔是最早在企业里设置"企业文化中心"这一专门机构的企业，《海尔报》不像有些企业的报纸，主要是给外面看的，它揭露问题、批评起人来毫不留情。海尔"吃休克鱼"兼并红星电器的案例引起了哈佛大学商学院的关注，成为知名的企业管理案例之一。该案例展示海尔的兼并是以文化为先导的，海尔正是通过这种以无形资产盘活有形资产的方式，将企业文化转化成一种生产力资源。现在，海尔将这种文化扩展到国际投资方面，海尔在美国的生产车间里也到处张贴着海尔的理念。

联想的领导人柳传志有两个著名的比喻，一个是"房屋图"，他认为如果把企业比作一栋房屋，那么地基是企业文化与企业制度，屋体是资金流、信息流、物流等，屋顶是各种技术性的职能管理。另一个比喻是"发动机"，公司提倡每个员工都成为"发动机"，而不是"螺丝钉"。联想从 2001 年 11 月开始，用了一年的时间借助外部专家进行了细致的调研，对联想文化进行了系统的检阅和梳理，这样做，大大提高了联想文化的精确性、普及性和系统性。

TCL 从 1997 年开始全面推进企业文化建设，提炼出了适合 TCL 发展的核心价值观、企业经营目标和企业精神，形成了以"合金文化""创新文化"和"危机文化"为特色的 TCL 文化，提出"文化是明日经济"的时代命题，大力推行李东生提出的"变革创新、知行合一"的理念。TCL 部署了大规模、高强度的企业文化创新落实计划，并将企业文化建设工作纳入干部 KPI 考核指标之中。TCL 上下层都认识到，不建设具有国际竞争力的企业文化，就不可能成为具有国际竞争力的企业。

3. 在发展中形成的企业文化体系

海尔、联想、TCL 三个企业在不到 20 年的发展过程中，逐步形成并提炼了一整套企业文化体系。

海尔有一本 90 多页的企业文化手册，对海尔的企业文化进行了全面且详尽的描述，并在每一个理念之后配上一个海尔自己的小案例。比如海尔的核心价值观：创新；海尔精神：敬业报国、追求卓越；海尔作风：迅速反应、马上行动；海尔的生存理念：永远战战兢兢、永远如履薄冰；海尔的用人理念：人人是人才、赛马不相马；海尔的质量理念：优秀的产品是优秀的人做出来的；海尔的营销理念：先卖信誉、后卖产品；海尔的竞争理念：浮船法——只要比竞争对手高半筹；海尔的市场理念：只有淡季思想、没有淡季市场，只有疲软的思想、没有疲软的市场；海尔的售后服务理念：用户永远是对的；海尔的出口理念：先难后易；海尔的资本运营理念：东方亮了再亮西方；海尔的技术改进理念：先有市场、再建工厂；海尔的技术创新理念：创造新市场、创造新生活；海尔的职能工作服务理念：您的满意就是我们的工作标准；海尔的资源理念：不在于拥有多少资源，而在于利用多少资源等。手册还对海尔的 OEC 管理法、80/20 原则、PDCA、5W3H1S、6S、SST、市场链等进行了解释，对海尔的发展历史、目标、员工个人修养、识别标志、形象用语等作了阐述。

联想的核心理念：把员工的个人追求融入企业的长远发展之中，具体解释为办企业就是办人；小公司做事、大公司做人；全体员工与企业一起发展，员工会由于他们的贡献而得到社会的尊敬。联想的用人观：给你一个没有天花板的舞台；不唯学历重能力，不唯资历重业绩。联想的大局观：从联想的根本利益出发考虑问题。联想的好员工标准：敬业精神和上进心，有韧性、有责任感、有悟性，富有创新精神，善于沟通，既会工作又会生活。联想的精神：求实、进取、创新。联想的做事风格：认真、严格、主动、高效。联想的做人风格：平等、信任、欣赏、亲情。联想的企业道德：诚信为本——取信于用户、取信于员工、取信于合作伙伴。联想的道德观：宁可损失金钱，绝不损失信誉；生意无论大小，一律一视同仁；待人真诚坦率，工作精益求精；光明正大干事，清清白白做人；勤勤恳恳劳动，理直气壮赚钱。联想的天条：不利用工作之便谋取私利；不收受红包；不从事第二职业；工薪保密。

TCL 的企业目标：创全球名牌，建国际企业；TCL 的企业使命：创新科技，共享生活；TCL 的企业宗旨：为顾客创造价值，为员工创造机会，为社会创造效益；TCL 的企业精神：敬业、诚信、团队、创新；TCL 的竞争策略：研制最好产品，提供最好服务，创建最好品牌；TCL 的企业作风：全力以赴不一定能成功，不全力以赴一定不能成功；TCL 的管理理念：变革创新，知行合一；TCL 的学习理念：勤于思，敏于行，成于变。

4. 文化与战略的配合

联想在创业之初形成的是"生存文化"，企业文化的特征主要是敬业和危机感。后来随着企业的发展壮大，尤其是成立 PC 事业部以后，以杨元庆为首的年轻人走上了领导岗位，联想文化过渡到"严格文化"，强调"认真、严格、主动、高效"。在 2000 年，联想公司又提出"亲情文化"的建设，提倡"平等、信任、欣赏、亲情"，用柳传志的话来说就是，联想需要制造"湿润"的空气。联想在新老班子交接和组织分拆的时期，恰当地提出亲情文化的建设，以提高员工的满意度和合作精神，这种文化建设非常适应当时联想即将实行的公司战略向服务转型。服务业的文化不仅需要效率，还需要"微笑"，联想试图通过对内部员工的影响，提倡员工的合作、支持和自主性，进而支持企业对外的服务型业务，使客户满意。

海尔在企业发展的三个战略阶段的企业文化建设重心是不同的。海尔在创业之初实行的是专业化创名牌的战略（1983—1992 年），张瑞敏清楚地认识到，产品质量对名牌战略的重要性，所以从一开始就注重质量文化的建设。在多元化战略阶段（1993—1999 年），一方面注重文化的整合与传播，以文化为先导进行收购与兼并，另一方面建设服务文化。在国际化战略阶段（1999 年至今），海尔突出的是敬业报国的理念，提出"海尔，中国造"的口号。

TCL 之所以在 2002 年在企业上下大规模发动企业文化的变革运动，是为了 TCL 能顺利实施"阿波罗"计划，将整个集团公司进行整体股份制改制，引进外资，计划上市。同时重新制定了企业发展目标。原来的文化已经不能适应现在的新形势，李东生清楚地认识到：不进行文化变革，新的战略计划将难以顺利实施。

二、海尔、联想、TCL 企业文化的差异性特征

如果用黄河、长江和珠江来划分并比喻中国文化的话，海尔、联想和 TCL 这三个企业的文化恰好比较接近这种表达方式：海尔文化像黄河文化，刚劲浑厚、势不可挡；联想文化像长江文化，刚柔并济、源远流长；而 TCL 文化像珠江文化，短小精悍、快速敏捷。

海尔文化中最突出的是执行力强，其高层决策基本可以不走样地落实到最基层。同时强调执行工作的效率，其提倡的海尔作风是"迅速反应、马上行动"，海尔的 OEC 管理主张的是"日事日毕、日清日高"，强调对事物及时地进行处理。海尔在张瑞敏的领导下，只要认准了的事，就能够得到强有力的执行，如企业流程再造，即使在国际上的成功率也只有 50%，而海尔在 30 000 多名员工，200 多亿销售收入规模的基础上，不借助咨询公司，靠自己的力量进行了以市场链为内容的全面流程再造，迅速取得了应有的效果。海尔中层干部的个体素质并不是最强的，但以张瑞敏为核心，以海尔文化为基础就形成了一个最强的组织。

TCL 文化中最具特色的是内部企业家精神，TCL 受广东文化的影响，市场意识、业绩导向非常明显。公司开会，业绩好的单位代表自动坐在前面，业绩不好的单位代表自动坐在后面。公司鼓励内部创业和企业家精神，从李东生做彩电初期投入的 300 万元人民币，比起国有企业大手笔成千万上亿的投资真是小巫见大巫，到杨伟强做电脑时投资的 5 000 万元，再到万明坚做手机时投资的 1 000 万美元，这三大产业的形成过程都是一种内部创业过程，企业家精神起了巨大的作用，李东生并没有压制其他企业家的产生，反而鼓励其他企业家的产生。有的企业，社会公众只听到一个企业家名字，而 TCL 则给社会展现了一个企业家群体。这体现了 TCL 鼓励内部创业的文化，尽管有一些失败，但 TCL 的确发展出了强劲的支柱产业。

联想比较突出的特色是"亲情文化"，柳传志自己也多次在公开场合说联想是没有家族的家族企业，他给新联想的企业文化建议是"增加湿润的空气"，加强信任和放权。联想是比较早解决企业员工分红权和产权问题的企业，尽管思路领先，但在北京这样的政治环境以及柳传志的教育背景下，决定了联想原来的分红权和以后的股权分配相对平均主义。因此，柳传志给予跟随他征战的部下一个事业的平台，联想用这种亲情凝聚着一批志士仁人。

思考：海尔、联想、TCL 各有什么特点？其特点在各自组织的发展中如何发挥作用？

实操 11.1　组织文化评估

◆**实操内容**

通过游戏让学生掌握组织文化的相关内容。

◆**实操目的**

研究学生在学校生活中表现出来的校园文化。

◆**活动步骤**

1. 请教师将以下内容发给每位学生。

指标	相关的规定
学习	
着装	
纪律	
宿舍行为	
食堂就餐	
班规	

2. 请每位学生按以上指标写出你能想起来的所有规定。

◆**思考回答**

1. 这些规定体现出一种什么样的校园文化?

2. 这些规定是如何影响学生的行为的?

◆**评估标准 (自评和他评)**

评价指标	评估结果			
在团队活动时的积极程度	□优秀	□中等	□合格	□不合格
在资料汇总时的表现 (团队合作、参与程度)	□优秀	□中等	□合格	□不合格
在思考回答过程中的表现	□优秀	□中等	□合格	□不合格
对组织文化相关内容的理解情况	□优秀	□中等	□合格	□不合格
需要补充说明:				

任务 11.2 运用组织文化建设

11.2.1 组织文化的功能与作用

组织文化代表一定的共同意识、价值观念、职业道德和行为准则，它对组织成员的观念与行为具有经常的、持久的、有效的影响作用，并最终使组织成员形成与组织共同愿景要求相一致的行为倾向。优秀的组织文化成为保持组织生存和推动组织发展的各种积极因素的一种有效的黏合剂，是促进组织成长壮大的内在驱动力，它对增强组织的凝聚力以利于实现组织目标起着不可替代的作用。

1. 组织文化的功能

组织文化兴起以来，它具有丰富的内涵和强大的生命力，在现代组织经营管理实践中得到了充分的验证，组织文化的功能越来越受到广大企业管理者的重视。组织文化的功能概括起来有以下几点：

（1）导向功能。

组织文化决定着组织的价值取向，规定着组织所追求的目标，对员工及其行为起着导向的作用。组织文化的整体优势，使得组织中的个体目标与组织目标相一致，它引导着员工规范自己的行为，使之朝着组织的目标方向发展。对员工行为的引导，是通过组织整体的价值认同进行的，员工在组织价值观念的熏陶下，接受并按照组织倡导的价值观来行动，即使没有某种规章制度的约束，员工也能自觉地为实现组织的目标而努力。例如，IBM 公司的核心理念是"给予每个员工充分的考虑、花很多时间使顾客满意、坚持到底把事情做好、所作所为追求完美"。员工在组织文化的熏陶和感染下，敬业精神和责任感得到了极大的提高，全体员工自觉地关心组织的生存和发展，积极参与公司的管理，主动提出各种各样的建议和发表自己的看法，从而真正成为组织发展的有生力量。

（2）凝聚功能。

组织文化提倡组织目标与个体目标的一致性，弘扬组织成员价值观念的共同性，强调组织对其成员的吸引力和成员对组织的向心力。因此，组织文化对组织成员有着巨大的凝聚作用。组织文化通过建立共享的价值观把员工的个人目标同化为组织目标，对员工的理想和追求进行引导，改变了员工以自我为中心的个人价值体系，使他们对组织产生认同感和归属感，从而根据这种认可的整体意识自觉地进行自我约束和规范。组织文化的这种规范作用，大大加强了一个组织的内部凝聚力。组织文化的凝聚功能还反映在组织文化的排外性上，对外排斥可使个体产生对群体的依赖，对外竞争又可使个体团结在组织内，形成一致对外的强大力量。

（3）激励功能。

组织文化的激励功能就是组织文化通过满足员工的需要，引导员工产生强大的内在动力，起到激发和调动员工积极性的作用，使之为实现组织的目标而奋斗。在一个组织中，积极的组织文化是指在满足员工工资、福利、职业保障、组织认同等基本需求的基础上，尊重和信任员工，使每个员工从内心深处自觉产生为组织拼搏的献身精神，从而激发员工的积极性和创造性，使他们自觉为组织的发展多做贡献。与此同时，组织通过与成员分享组织取得的荣誉和成果，也使员工的自我价值得以实现，个人需求得到满足，并因此进一步受到激励，员工的积极性就会长时间处于最佳状态。如"IBM 公司意味着服务"这句话既强调了该公司每个员工对顾客应有的献身精神，又为员工提供了大展宏图的成功机遇，从而极大地激励了每一个员工在各自的岗位上尽心尽责地为顾客服务。

（4）约束功能。

组织的约束功能首先表现为其物质层和制度层对员工固有的约束力，还表现为组织通过文化优势创建出一些非正式的约定俗成的群体规范或共同的行为准则，对员工的行为形成一种无形的群体压力。员工在受到组织文化的影响和熏陶后，对组织的目标有了更深刻的领悟和理解，使得组织员工积极进行自我管理和控制，从而自觉地约束个人的行为，使自己的思想感情和行为与组织整体保持一致。同时，由于组织文化带来了无形的、非正式的和不成文的行为准则，在一定程度上克服了员工对单纯硬性的规章制度的抵触情绪。由此可见，组织文化将外部约束和员工内在约束有机地融合在一起。

2. 组织文化的作用

从组织文化的产生和发展过程来看，组织文化已成为组织生存和发展的精神支柱，尤其是组织的价值观念规范着组织的行为方向。所以，组织文化既是组织经营管理的指导思想，又是组织行为的导向体系。组织文化对组织管理有着十分重要的作用。

（1）组织文化促进组织结构的变革。

在当代，市场竞争日趋激烈，组织间的兼并成为世界经济的主要现象之一。面对这种形势，任何组织都迫切需要提高自己的内部凝聚力和外部竞争力，从而谋求在新形势下的长期生存和持续发展。实现这一目标客观要求组织应有意识地进行结构性变革。从目前组织变革的态势来看，组织结构变革的核心内容就是创建独具特色的组织文化。组织文化虽然常常是无形的，但事实上它越来越能够控制组织的命运，而且组织文化的产生也成为组织各项改革的基础。从著名的组织文化事业 7S 管理框架中可以看出，共同的价值观处于中心地位，即组织文化是战略、结构、人员、技巧、作风、制度的核心，组织文化应作为确立进一步变革的思路和理顺各种问题的指导思想，从而推动和促进组织的全面改革。

（2）组织文化对管理者的影响。

组织文化的形成和加强必然对管理者的行为产生重大的影响，从而支配着管理者所做的各种决策。因为，组织文化对管理职能方面的影响表现为组织文化所具有的规范作用，它直接决定着管理者可以做什么和不可以做什么。实际上，尽管组织文化对管理者的约束常常不明确，但它对管理者的决策确实产生了影响。例如，领导对员工运用什么激励技术、在领导行为中采用何种控制方法都与组织流行的文化观念相关联；在一个鼓励合作、强调协作精神的组织中，管理者往往不赏识个人冒险精神和奖励个体成就等。

（3）组织文化对组织经营业绩的影响。

自从组织文化兴起以后，组织文化逐渐成为促进组织取得经营绩效的重要条件。美国著名的管理专家约翰·科特（John P. Kotter）和詹姆士·海思凯特（James Heskett）通过对美国20 家大组织的研究发现，那些不成功或陷入困境的组织都有相似的组织文化，如经理们自命不凡、夸夸其谈；公司经理们无视员工的抗议之声，我行我素，不真正重视顾客、股东和员工；组织文化保守，其价值观念中没有或者排斥变革。目前，国内外许多公司越来越注意到组织文化在组织中的影响和作用，在管理过程中逐渐认识到组织文化产生的凝聚力对公司实现持续发展的积极作用。1998 年 3 月，哈佛商学院的一位教授在听了海尔集团总裁张瑞敏的演讲后，对海尔集团的组织文化案例产生了极大的兴趣，他在谈到海尔文化案例时说："过去，看一个公司的业绩仅仅看账面，而现在要看组织文化及产生的凝聚力，这是公司能否持久发展的关键。我们要研究那些成功的组织，我们要知道是哪些好的组织文化影响了公司，这对组织发展非常有意义。"海尔集团的组织文化案例表明，组织文化不仅与组织的经营业绩有密切关系，还对组织的持久发展意义重大。

总之，组织文化在增强员工的凝聚力、提高组织的经营管理水平、振奋组织精神、优化组织结构、提高组织整体素质、增强员工的社会责任感等方面均起着积极作用。因此，良好的组织文化是组织生存和发展的基础，加强组织文化建设是现代组织迈向成功的必由之路。

实例11-2："福肯价值观"到底有无价值？

福肯电脑公司（以下简称"福肯公司"）的管理人员每星期三上午定期聚会，研究制定一份他们认为是"福肯价值观"的文件。他们的讨论范围很广，包括公司文化指什么、应该是怎样的，以及怎样创造这种文化。当然，他们可能也受周围环境中其他公司的影响，因为福肯公司坐落在加利福尼亚州的硅谷地区。

福肯公司是一家新成立的公司，几个月前才注册。由于公司正处于起步阶段，所以经营者们决定适时地创造并且维持他们认为适合公司的文化。通过几个星期绞尽脑汁的思考、起草、讨论、修改，决策层最后出台了一份名为"福肯价值观"的文件，叙述他们所提倡的公司文化。这份文件包括以下几个专题部分：对待顾客的态度、原则；同事之间的关系；沟通方式；决策过程以及工作环境。

彼得·理查德在被福肯公司聘为软件培训师时阅读了这份文件。在对管理人员和员工的行为作了几个星期的观察后，他为组织中的实际情况与文件的要求明显不符深感震惊。例如，"福肯价值观"中有如下一项："公司形象是我们的商标，我们必须注意细节，开头就要做好。保证不把次品和劣质服务带给顾客。"他亲身的经历更加深了他的担忧。有一次他从商店借了四台电脑，以便在培训课上使用，结果发现只有两台电脑不需要附加技术处理就能使用。

关于组织内部沟通方式的部分，文件中的叙述是："通过个人沟通进行管理是福肯经营模式的一部分。我们把重视、鼓励和指导人与人之间的沟通作为日常工作的一部分。"例如，文件宣称在开会时把座位安排成圆形以表明平等和促进开放沟通。理查德自从来到福肯公司就听到了许多"开放沟通"的口号，但没有看到过多少能证实此事的情况。实际上，所有会议都是按传统的模式安排，让董事长坐在主位。理查德认为福肯公司真正的组织文化的特点是秘密和顺着权力链条的沟通。理查德得知甚至"福肯价值观"文件也是秘密制定的。

理查德很快觉醒了，他在一个下午向一位同事吐露："'福肯价值观'中所说的与人们每天所见的有太大的不同，以至于员工们谁也不把它当一回事。"员工们很快就明白在这个组织中真正强调的是等级制度、秘密和利己。理查德尽管有挫折感，但始终留在福肯公司，直到两年后公司倒闭。当他擦着他的办公桌时，他想："下一次，我将更加注意实际情况而忽视主管们所说的。"他对自己说："我想一个人无法创造价值观。"

思考：1. 你认为，福肯公司的倒闭与组织文化有关吗？
2. 如何理解理查德说的"我想一个人无法创造价值观"的深刻含义？
3. 剖析本案例对组织文化的建设有什么启示？

12.2.2　组织文化的形成与保持

组织文化的产生不是突发性的，而是在被认可和接受之前经历过了一段时间的演变过程，组织文化一旦形成就很难消失。因此，认识组织文化的产生和发展过程，了解影响组织文化形成和保持对于加强组织文化的建设至关重要。

1. 组织文化的产生

任何一个组织的文化都不是凭空产生的，它的出现总是特定时期、特定环境和特定人物共同作用的结果。通常组织文化产生的模式如图 11－4 所示。

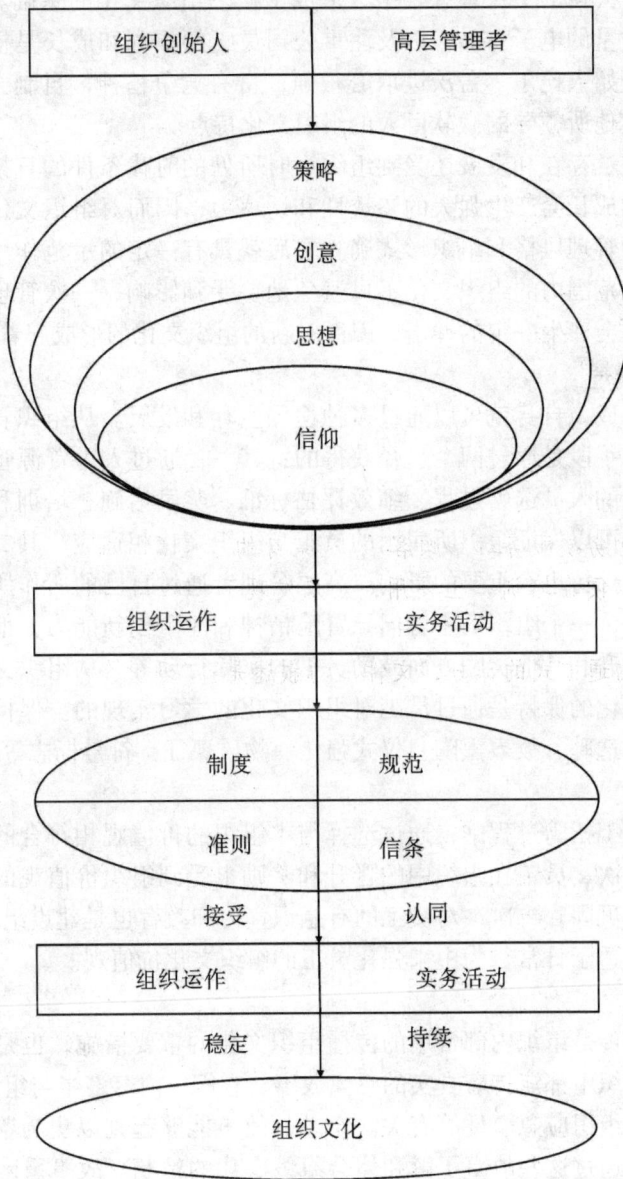

组织创始人	高层管理者

策略

创意

思想

信仰

组织运作	实务活动

制度	规范
准则	信条

接受　　认同

组织运作	实务活动

稳定　　持续

组织文化

图 11－4　组织文化产生的模式

从图 11 - 4 中可以看出，组织文化的起源往往同那些作为组织创始人的杰出组织家的创业意识、经营思想、工作作风、管理风格、个人意志、胆量、魄力、品格以及组织的经营行为、公司创业初期的时代背景等有着直接的关系。

在组织文化的形成过程中，组织创始人或高层管理者的作用是十分关键的。一般来讲，组织创始人在创建组织实体的同时，也对组织文化的建设有着自己的设想，特别是在组织文化发展的初始阶段，组织创始人的影响是显著的。组织创始人规划组织的发展蓝图和确立组织目标的过程，有助于他们把自己的远见卓识分享给组织员工，这样，组织创始人的思想观念便成为组织的理念。此后，组织创始人凭着他们的洞察力和影响力，通过其理论和实践上的文化创新，不断地推进组织文化的发展和完善。例如，日本松下公司的创始人松下幸之助将自己的思想融入了公司的文化理念之中，形成了松下组织文化的基础。注重顾客利益、以合理的价格提供高质量的电子产品，以及注重公司员工的福利和成长是松下组织文化的独特之处；微软公司的创始人比尔·盖茨进取心很强，富有竞争精神，自制力很强，而这些特点也正是人们用来描述他所领导的微软巨人的组织文化特点。

组织文化的形成、存在和发展还受到组织当时所处的时代条件的直接影响。一种管理思潮形成后，对组织的成长会产生强大的渗透性和诱惑力，因而对组织文化的形成和保持都有着重大的影响；一种管理风格和组织形式确立之后就具有一定的示范作用，那些在其示范作用能够辐射或传递的范围内的组织文化不可避免地要受到影响；一次管理变革发生以后，它对组织旧的文化结构会产生一定的冲击，因而对新的组织文化的形成起着重要的作用。

2. 组织文化的保持

组织文化一旦形成，自身就可以通过多种途径生存和发展。从组织管理的过程来看，保持组织文化的措施和手段是通过两个途径获得的：其一，通过人力资源管理措施可以保持组织文化。例如，组织的人员选聘过程、绩效评估标准、奖励措施、培训和职业开发活动，以及人员晋升过程，都可以保证组织所雇用的员工与组织文化相适应。其二，高层管理者的言行举止对组织文化的保持也有重要的影响。高层管理者通过自己的所作所为，把行为准则渗透到组织中去。例如，一个组织的主管倡导冒险精神和注重创新能力，他就会给自己的下属较大的自由，并在晋升和其他奖励方面鼓励员工的实际行动等。从组织文化自身的特性与传播规律来看，组织文化的保持是通过员工对组织文化的学习实现的。保持组织文化的最常见的措施和手段有员工选聘、故事熏陶、仪式强化、物质象征、符号标志等。

（1）员工选聘。

首先，组织在员工招聘过程中，通过选择与本组织的价值观相符合的人员，使得新员工能融入组织中来。其次，员工在组织中的晋升和奖励也受到组织价值观的暗示，并使组织价值观不断得到强化和巩固。再次，对员工的有意识宣传和教育也是建设组织文化的有效手段，并且经常性地将其渗透于日常行为中来强化员工的组织文化价值观。

（2）故事熏陶。

故事的编写与流传是组织内部常用的传播组织文化的重要措施，也是保持组织文化的强有力的手段。许多组织中都流传着真实的感人故事，它们的内容多半与组织创始人的发迹史、违反组织制度实例、组织应急事件等有关。生动的故事能够起到以史为鉴、以人为镜、借古喻今的作用，使员工通过这些故事了解和体会组织文化的精髓。故事熏陶对于新加入组织的成员理解组织文化的背景非常有效。

（3）仪式强化。

仪式是一种动态的文化，它是组织一系列有形的、具体的文化活动的重复，这些活动能够表达并强化组织的核心价值观。仪式是组织将一定的活动内容和形式作为一种载体来表现和说明组织文化的核心内容。它们对组织文化价值观的宣传具有潜移默化的作用。抽象的组织文化价值观往往要通过具体的礼节和仪式才能变为有影响的、可见的、可遵循的东西。例如，我国一些大商场每天早晨的"迎宾仪式"实际上就是为了展示和维持自己的组织文化，有些组织要求其员工每天唱自己的公司之歌或朗诵组织精神，通过这种仪式来展示组织价值观和组织精神。台塑企业董事长王永庆先生每年在集团企业员工运动大会上，带领主管们长跑，有时候则表演挑米竞走。他所示范的是一种平民的、刻苦的运动，强烈地表达了自己的心态和行事风格。美国的玫琳凯（Mary Kay）化妆品公司，每年一度的表扬大会则像选美大会一般。大会在大礼堂里连续举行好几天，与会者均打扮入时，在颁奖晚会上则穿着耀眼亮丽的礼服。杰出的女业务员按业绩的高低获颁金戒指、钻戒、皮草，甚至有名的粉红色凯迪拉克大轿车。其做法，无非在公开表扬优胜者，借以激发所有业务员的荣誉心。

（4）物质象征。

物质象征是组织文化最直观的表现形式，组织文化的物质象征包括组织机构的地理位置、环境布局、标志性建筑物、装饰物、组织公共用品、员工活动场所、职业装等。这些直观的东西既能够告诉员工组织文化的形式与内涵，从而加深他们对组织文化的了解和理解，又能够以最简洁的方式向外界宣传自己组织文化的特色。比如，某公司设立了员工共同享用的球类活动室，员工不分级别都可以参加活动，通过这种形式告诉员工公司崇尚和重视公开性与平等性的价值观念。

（5）符号标志。

许多组织以及组织内的许多部门都用语言文字、符号图案来作为组织文化的标志之一。大部分组织随着时间的推移，都会形成自己特有的语言名词，用来描绘与业务有关的设施、人物和公司的产品等。通过学会组织语言和熟知图案标识，组织成员可逐步接受和坚持组织文化。特别是新员工经过一段时间的工作之后，组织语言就成为他们语言的一部分了，包含在组织语言中的组织文化也就为员工所掌握和接受，并逐渐地凝结在组织成员共同的观念与行动中。

讨论：结合你熟悉的案例谈谈组织文化的形成与保持。

11.2.3　组织文化的建设

组织文化的建设是一项复杂的系统工程。组织文化的普遍性在于组织文化的建设可以归纳出一定的原则和步骤，而组织文化的特殊性在于社会制度不同、民族不同、组织性质不同，组织文化的特点也就存在很大差异。因此，特定组织的文化建设既要突出自己的个性和特色，也要遵循组织文化建设的基本原则，在借鉴或吸收其他组织的优秀文化的基础上按照具体的步骤来进行。

1. 组织文化建设的原则

组织文化作为社会文化在组织中的体现，它的建设必须遵循社会文化形成和发展的固有规律。依据组织文化的特性，组织文化建设必须坚持以下几项指导原则：

（1）立足民族传统文化的原则。

立足民族传统文化的原则要求组织文化建设要从国情出发，把组织文化根植在民族文化的沃土中。民族文化传统经过世代相传，已经融入人们的心灵深处，它对人们心理和行为的影响是根深蒂固的。因此，组织文化的建设要充分重视民族文化传统的影响，正视民族心态对外来文化可能的认同与接受的程度，吸收和借鉴一切先进的管理思想和优秀的组织文化，构建适合组织现实状况和发展战略的组织文化系统。

（2）全员参与原则。

组织文化建设在理解和具备一定的理论基础的前提下才能完成。因此，组织文化系统的设计应由专家进行专门指导，并由有经验的专家领导组织文化的建设过程，但组织文化建设的目标最终必须依赖全员参与才能落实。

（3）共性与个性相结合的原则。

组织文化既有共同性也有差异性，而共同性与差异性的有机结合就形成了不同组织各具特色的组织文化形态。组织文化的共同性要求组织在进行文化建设过程中，要按照组织的基本规律并借鉴其他组织的成功经验，不要刻意地追求标新立异或制造短期的轰动效应；而组织文化的差异性则要求组织的文化建设应结合自己的实际情况进行自我否定和自我创新。因此，组织文化建设应客观地进行组织文化传统与文化基础的测评，切忌脱离现实地对所有自认为优秀的文化兼收并蓄，否则组织文化的建设只能是事倍功半。

（4）形式与内容相结合的原则。

把组织文化的建设变成一种纯粹的形式，已成为许多组织在组织文化建设中的一大误区。组织文化的建设，离不开对具体形式的选择，但首先应当考虑组织文化内容的建设。一般情况是，在组织文化的内容框架完成之后，就必须付诸实践并以具体的形式来表现组织文化的内涵；而组织文化的形式设计应当立足组织的特点、结合组织文化的核心内容和满足实际运用的需要，体现文化在组织运作中的特殊功能。只有当组织文化的内容和形式辩证地统一，组织文化建设才能为组织目标的实现服务。

2. 组织文化建设的途径和方法

（1）组织文化建设的途径。

①确定组织文化系统的核心内容。组织价值观和组织精神是组织文化的核心内容，它为组织文化建设设定了基本的体系架构和具体目标。合理和有效的选择组织文化系统的核心内容，首先，应从组织整体利益出发，结合本组织自身的性质、规模、技术特点、人员构成等因素，体现组织发展的方向和目标，更好地融合全体员工的行为，使其成为鼓励员工努力工作的精神力量；其次，组织价值观中应包含强烈的社会责任感，使社会公众对组织产生良好的印象。

②进行组织文化表层的建设。如前所述，组织文化建设包括表层和深层两方面的建设。前者主要指组织文化的物质层和制度层，后者是指组织文化的精神层。组织文化的表层建设主要是从组织的硬件设施和环境因素方面入手，包括制定相应的规章制度、行为准则，设计公司旗帜、徽章、歌曲，建造一定的硬件设施等，为组织文化精神层的建设提供物质上的保证。因此，在组织文化建设的过程中，原则上要求组织文化的表层建设先于组织文化的深层建设，但在组织文化建设的实际过程中，两者往往在很多情况下是同步进行的。

③组织文化核心观念的贯彻和渗透。在全体员工中培育组织文化核心观念是组织文化建

设的重要步骤。要想使已经确立的组织文化核心内容贯彻并渗透到员工中去，通常需要较长的时间和深入细致的工作。

（2）组织文化建设的方法。

组织文化建设过程中，还需要有适当的具体塑造方法。塑造组织文化的方法有多种，一般而言，有成效的方法是：

①示范法。总结宣传先进模范的事迹和表扬好人好事，通过这些榜样的事迹和行为树立组织文化中关于道德规范与行为准则的具体样板，充分发挥它们的示范作用，这样就为广大员工提供了直观性强的学习榜样，把组织所要建立的文化意识告诉给组织成员。

②激励法。运用精神的与物质的鼓励或者两者相结合的鼓励，如开展业务技能竞赛、科研攻关、评优评先等活动，使员工有机会满足自己的事业进取心，从而主动工作，争取成绩。与此同时，组织还必须从生活方面关心员工，通过不断改革分配制度以满足员工物质利益上的合理要求，激发他们内在的工作动机和工作热情。

③感染法。开展一系列的文艺活动、体育活动和公益活动等，培养员工的自豪感和向心力，使之在潜移默化的过程中形成集体凝聚力。

④自我教育法。运用谈心、演讲比赛、征文活动等形式让员工对照组织的要求找差距，积极主动地进行自我评价、自我教育和自我完善，从而把自己的共同行为和观念与组织所倡导的价值观念和行为结合起来。

⑤灌输法。通过讲课、报告会、研讨会等宣传手段进行定向引导，把组织想要建立的文化目标与内容直接灌输给组织成员，引导他们树立组织的核心价值观念并在组织活动中不断参与创造组织新的价值观。

（3）组织文化建设的实施步骤。

组织文化的培育和建设是一个紧密结合组织生产经营活动而不断推进的、复杂的动态过程。一般来说，组织文化建设大体要经过以下步骤：

①诊断分析（研究与构思）。这个阶段首先要大量、全面地收集有关组织过去和现在的一切资料，并对现存的组织文化进行自我诊断和系统分析，然后在此基础上，有针对性地提出组织文化建设目标的初步设想，向组织全体员工发起组织文化建设的倡议，并动员广大员工积极参加组织的文化建设活动。

②设计方案。在诊断分析的基础上进一步归纳总结，通过各种设计方案的归纳、比较、融合、提炼，把组织的经营信条、集体意识和行为准则融入组织的共同理想、社会责任和职业道德之中，设计出有组织特色的新文化，把组织文化的核心内容用富于哲理的语言表达出来，形成制度、规范、口号和规则。

③倡导强化（培育与强化）。在组织管理的全过程中，通过各种途径宣传和强化员工的组织文化意识，采取各种手段倡导和强化新的观念，力求使新文化、新观念深入人心并为全体员工所认同和接受，这是使组织文化建设产生现实效果和意义的重要环节。

④分析评价。这个阶段是根据信息反馈将整个组织文化建设活动开展以来收到的效果及存在的问题加以剖析，评价得失，研讨原因，针对问题，制定对策，其目的在于观察、判断组织文化建设的目标和内容是否适合本组织的实际需求，组织形成的新的风气、精神面貌是否体现了组织文化建设的宗旨。

⑤提高与巩固。在对组织文化建设分析评价的基础上，适应组织经营环境的变化，提高组织文化系统的自我更新能力，这既能保证组织文化建设中问题的及时解决而巩固组织文化

建设的成果，又能为新一轮组织文化建设铺垫循环的起点。

实例 11-3：团员齐参与　"文化"花常开

山东平阳纺织有限公司团委于 2002 年 3 月通过竞选产生，现有青年职工 580 人，团员 356 人。自团委成立以来，员工积极参与公司企业文化建设，并显示出明显优势，企业文化活动也使企业员工的精神面貌发生了显著变化。他们着重开展了以下四个方面的工作：

一是通过广泛深入的思想教育活动，用科学理论和新型的企业理念武装青年工人。公司团组织经常开展政治理论学习，宣传党的路线方针政策，带领青年团员学习贯彻"三个代表"重要思想，打出了"做三个代表的忠实实践者，做科技兴业的模范带头人"的口号。通过开展读书会、座谈会、演讲会等学习活动，让广大青年工人了解党的民营经济发展政策，鼓励青年团员树立新型的主人翁意识，倡导"做主人讲奉献共兴平阳事业，学标兵学模范争创一流业绩"的企业精神，深受公司董事会的欢迎。在今年全市开展的保持共产党员先进性教育活动中，公司党支部积极吸收优秀团员和团干部到学习中，有 103 名团员在学习活动中递交了入党申请书。公司团委还围绕企业发展与个人成才，组织青年工人开展广泛的学习讨论，让广大青年工人牢固树立了"企业是我家，发展靠大家"的思想观念，增强了企业的凝聚力。

二是用丰富多彩的文体娱乐活动活跃青年工人的业余文化生活。在董事会的支持下，公司团委建起了高标准的篮球场、乒乓球室，下属的两个分厂团支部建立起了文体活动室。公司注重培养选拔文体骨干，每年举行一届运动会，重大节日开展文艺联欢活动，对优秀文体人才给予一定的奖励，激发青年工人的参与热情。团委还邀请市里的文艺骨干到公司开展交谊舞、集体舞培训，举办各类讲座，提高了青年工人的艺术修养，陶冶了情操。公司团委特别注重青年工人参与的广泛性，针对公司女职工多的特点，开展了女职工针织比赛、"宿舍文化"创意大赛等活动，鼓励青年工人充分发挥创造性思维，让职工业余生活充满情趣，从而使广大青年工人以饱满的精神状态投入生产经营活动中。

三是用先进的科学知识、生产技术培育青年，造就新型的青年技术能手。培养造就一支技术优良的职工队伍是企业发展的基础，也是企业文化建设的基本内容。为此，公司团委注重抓好青年工人的业务学习，定期邀请专业人员讲授新知识，传授新技能，增强了青年工人的开放意识、竞争意识、质量观念。组织青年工人开展岗位练兵、岗位竞赛，增强青年工人的创新意识，提高青年工人的创新能力。公司团委每年开展一次"技术运动会"，分工种按岗位展示自己的劳动生产技能，并争取公司支持，将比赛成绩与工资、晋级挂钩，从制度上规范了技术比武活动的运作，提高了青年工人学习新知识、新技能的积极性。他们还多方筹集资金、图书，在一分厂建立了一处藏书 3 000 册的青年工人阅览室、一处青年工人电脑培训学校，组织青年工人开展学习竞赛，起到了明显的效果。

四是用良好的思想道德、行为规范塑造青年工人，提高青年工人的诚信意识、质量意识，使其养成良好的职业道德和行为习惯，树立良好的企业形象。团委充分利用各种工具和会议宣传厂规厂纪、操作规程，开展普法教育，让青年工人了解自己的权利和义务，引导青年工人遵纪守法，文明生产；同时认真贯彻《公民道德建设实施纲要》，注重青年工人良好行为习惯的养成，引导青年工人明理诚信、乐于助人、勤于奉献。他们注重优秀青年的培养选拔，确定每年一次评选十佳青工、优秀团员，同时积极推荐青年典型，在新泰市开展的首届民营经济杰出青年评选活动中，有一人入选民营经济杰出青年，两人入选民营经济青年标兵，树立了良好的企业形象。

思考：1. 山东平阳纺织有限公司团委开展的组织文化建设活动的内容和形式有何特色？
　　　2. 你认为该公司团委带领广大团员参与公司企业文化建设的成功经验是什么？

实操 11.2　辩论

◆**实操内容**

正方：组织是先制度化；反方：组织是先人性化。

◆**实操目的**

1. 掌握组织文化的概念。

2. 学会将组织文化管理作为管理的一种软工具。

◆**活动步骤**

1. 由各公司推荐人选将班级分为两组或若干小组，并分别确定正、反方。

2. 正反双方在辩论过程中既要回答对方所提问题，也要向对方提出问题。双方所提所答的内容都必须紧扣辩题。

3. 将辩论内容形成书面材料，呈交教师。

4. 由教师或评委给予评分，并在记分卡上登记。

◆**思考回答**

组织文化三个层次的关系如何？在进行组织文化建设时应如何正确看待？

◆**评估标准（自评和他评）**

评价指标	评估结果			
在公司选派辩手时主动配合的程度	□优秀	□中等	□合格	□不合格
在公司进行辩论内容整理时的表现（团队合作、参与程度）	□优秀	□中等	□合格	□不合格
在辩论时的表现（发言）	□优秀	□中等	□合格	□不合格
在思考回答过程中的表现	□优秀	□中等	□合格	□不合格
对组织文化的理解情况	□优秀	□中等	□合格	□不合格
需要补充说明：				

关键术语

组织文化　组织哲学　组织精神　组织道德　价值观念　团体意识　组织制度　组织形象　精神层　制度层　物质层　导向功能　凝聚功能　激励功能　约束功能

综合训练

情境设计 11-1：别具一格的"微软文化"

微软公司令人吃惊的成长速度，引起世人的广泛关注。透过辉煌业绩，我们不难发现其成功不仅在于科技创新和优异的经营管理，也在于创设了知识型组织独特的文化个性。知识型组织的一个重要特征就是拥有一大批具有创造性的人才。微软文化能把那些不喜欢大量规则、组织、计划，强烈反对官僚主义的程序员团结在一起，遵循"组建职能交叉专家小组"的策略准则，授权专业部门自己定义他们的工作，招聘并培训新雇员，使工作种类灵活机动，让人们保持独立的思想性。专家小组的成员可在工作中学习，从有经验的人那里学习，没有太多的官僚主义规则和干预，没有过时的正式培训项目，没有"职业化"的管理人员，没有耍"政治手腕"、搞官僚主义的风气。经理人员非常精干且平易近人，从而使大多数雇员认为微软是该行业的最佳工作单位。这种团队文化为员工提供了有趣的、不断变化的工作及大量学习和决策的机会。

【思考讨论题】
1. 收集微软公司组织文化建设的资料，评述"微软文化"的特色及其影响。
2. 你认为如果把知识型组织的"微软文化"移植到我国也会取得同样的成功吗？
3. 认真阅读案例，理论结合实际对本案例进行分析，每人撰写约 400 字的案例分析。

情境设计 11-2：第 29 届奥林匹克运动会会徽的设计

当国际奥委会向世人展示了第 29 届奥林匹克运动会的会徽后，会徽的始创者郭春宁和他那个舞动的人形便成了媒体关注的焦点。

国际奥委会执委何振梁先生曾经说过，如何将中国五千年的文明与奥林匹克精神结合起来，这是一道难题。郭春宁想成为解答这道难题的人。

"前期创作过程里，我不是用笔在画，而是将我以前所学的、所看的、所接触的，像放电影一样在脑子里回顾。传统的装饰绘画、壁画、石刻、石雕、甲骨文、铭文、篆刻，这些中国的历史、文化和奥林匹克精神、运动精神以及节日特征，全部在我脑海里相互交汇。"

什么最能代表中国，最具有中国特色？我们一直在向世人诉说中国的文化灿烂、历史悠久，但如何从视觉上去体现，用什么描绘中国文化的形象？在这一系列的疑问下，郭春宁首先想到了文字。"人类早期的文字都是象形文字，但至今仍保留象形文字特性的还要属汉字。汉字在世界上独树一帜，人们看到它就会联想到中国。而且文字一直伴随人类文明的进程，记载人类的历史。"

中国文字有成千上万，到底选哪个字呢？郭春宁查阅了大量的资料，最终确定了"京"字作为会徽的主体。"京"在现代汉语中特指北京，而且"京"字的形态与人的形象很接近，具备可变性。选择"京"作为中国文化的视觉表现符号后，为了体现奥林匹克精神所倡导的"更快、更高、更强"的理念，郭春宁将"京"字演变为一个运动中的人形，这个人形似跑、似跳，双臂张开，显示出力量。对郭春宁来说，这个人形表达了中国人民盛邀五大洲的人们来中国聚会，共同庆贺这个盛大的活动。

在围绕"京"字做文章的同时，郭春宁也在思考中国最早的人文标志，他自然而然地联想到了印章。"篆刻是中国一门古老而独特的艺术，在艺术史中占一席之地，方寸之间能包容万物，是一个浓缩的视觉符号，它同样也伴随着中国几千年的文化历史流传至今，一方印章后面是一个人的诚信，一个民族的诺言。"郭春宁说。

【思考讨论题】

1. 风俗民情活动如何表现组织文化？
2. 认真阅读案例，理论结合实际对本案例进行分析，每人撰写约 500 字的案例分析。

公司经营活动 11：建设组织文化

◆实操内容

通过学习激励理论的内容，现进行公司组织文化建设。

◆实操目的

通过实际操作，掌握组织文化相关内容。

◆活动步骤

1. 由公司高层领导者提出组织文化建设内容。
2. 各部门结合组织文化建设内容制定各部门工作内容。
3. 讨论、通过方案。
4. 将组织文化建设落到实处。
5. 教师就各公司组织文化建设结果进行点评。

◆思考回答

1. 建设公司组织文化时，应结合哪些方面进行考虑？
2. 公司组织文化与战略目标有何关系？

工作评价表

职业核心能力测评表					
职业核心能力	评价指标	自测结果			
自我管理能力	1. 能跟随教师思路思考	□优秀	□中等	□合格	□不合格
	2. 能主动参与讨论	□优秀	□中等	□合格	□不合格
	3. 能主动将所学知识运用在实践中	□优秀	□中等	□合格	□不合格
合作交流能力	1. 能尊重他人的观点	□优秀	□中等	□合格	□不合格
	2. 能与他人进行有效沟通	□优秀	□中等	□合格	□不合格
	3. 能主动参与合作过程	□优秀	□中等	□合格	□不合格

（续上表）

职业核心能力测评表		
职业核心能力	评价指标	自测结果
解决问题能力	1. 能准确理解信息资源 2. 能客观分析信息资料 3. 能发现并解决常规问题	□优秀　□中等　□合格　□不合格 □优秀　□中等　□合格　□不合格 □优秀　□中等　□合格　□不合格
设计创新能力	1. 能够提出建设性的观点 2. 能够从不同角度提出方案 3. 能够制订创新方案并实施	□优秀　□中等　□合格　□不合格 □优秀　□中等　□合格　□不合格 □优秀　□中等　□合格　□不合格
学生签名：　　　　教师签名：　　　　　　　　　　　　　　年　　月　　日		

专业能力测评表		
职业核心能力	评价指标	自测结果
理解组织文化 的概念	1. 理解组织文化的内涵 2. 理解组织文化的内容和结构	□优秀　□中等　□合格　□不合格 □优秀　□中等　□合格　□不合格
运用组织文化 建设	1. 理解组织文化的功能与作用 2. 理解组织文化的形成与保持 3. 运用组织文化的建设	□优秀　□中等　□合格　□不合格 □优秀　□中等　□合格　□不合格 □优秀　□中等　□合格　□不合格
学生签名：　　　　教师签名：　　　　　　　　　　　　　　年　　月　　日		

项目12　提高组织效率——激励理论

为别人尽最大的力量，最后就是为自己尽最大的力量。

——罗斯金

【项目目标】

1. 理解需要、动机、激励的概念
2. 明确需要、动机与激励的关系
3. 掌握激励理论的内容
4. 正确运用激励理论

【生活与组织行为】

不拉马的士兵

一位年轻的炮兵军官上任后，到下属部队视察操练情况，发现下属部队在操练时有一个共同的情况：在操练中，总有一个士兵自始至终站在大炮的炮筒下，纹丝不动。经过询问，得到的答案是：《操练条例》就是这样规定的。原来，条例遵循的是用马拉大炮时代的规则，当时站在炮筒下的士兵的任务是拉住马的缰绳，防止大炮发射后因后坐力产生的距离偏差，减少再次瞄准的时间。时代不同了，但条例没有及时调整，出现了不拉马的士兵。这位军官的发现使他受到了国防部的表彰。

思考：不拉马的士兵对组织管理有何影响？为什么该军官会受到表彰？

【项目流程图】

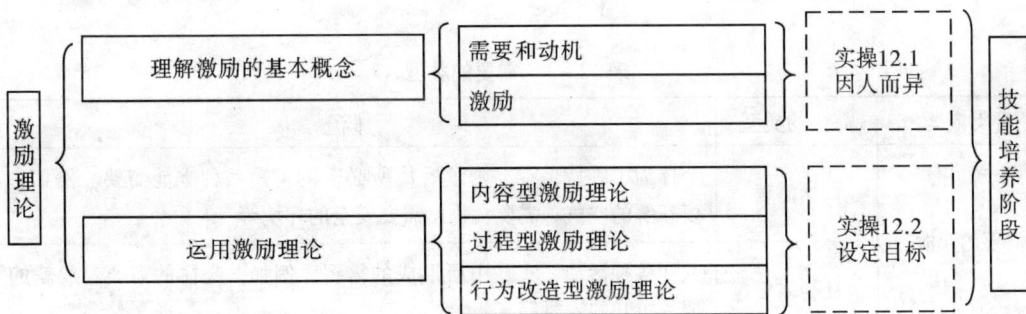

任务 12.1　理解激励的基本概念

12.1.1　需要和动机

1. 需要

（1）需要的概念。

需要是指个体对某种目标或事物的渴求和欲望。例如，对人际交往的欲望、对知识的渴求、对食物的渴求等，都是需要的表现形式。

个体要生存、要发展，其前提就是必须与所处的环境（内部环境和外部环境）保持一种平衡的状态。例如，适量的水分、适合个体生存的气温、维持正常生活的物质条件等。然而，环境是千变万化的，机体的生理环境要进行新陈代谢；自然环境四季更替；社会经济、文化、政治、交往环境不断更新、变化等，这其中的任何一种变化都将使个体原有的平衡遭到破坏。个体能意识到自身有某种欲望，主要就是因为他意识到了自身与环境之间的平衡关系被打破，影响到了自己正常的生存、活动或发展。例如，饥饿、寒冷、人际冲突、受到冷嘲热讽等，不仅影响个体的正常生活、工作和学习，还会对个体的身心健康带来威胁。

需要是推动人行为的原动力。个体与环境处于失衡关系时，其根源在于缺乏。例如，困乏是因为缺少睡眠；人际关系紧张是因为缺乏理解、同情或支持等。个体为了摆脱这种不利状态，必然采取某种行为来改变它。例如，基本生活物质条件不足，直接危及生存时，为了增加收入，维持生计，有的人会身兼数职，以此获得更多的经济收入。可见，正是需要推动着个体采用一定的方式，朝着目标前进，以满足自身的需要。

（2）需要的分类。

个体的需要是多种多样的，从不同的角度，用不同的标准，可以把人的需要分为不同的类别，如表 12-1 所示。

表 12-1　需要的类型

分类依据	需要的类型	概念
需要的起源	自然需要	个体为了维持生存、延续后代所必需的，是一种本能需要。例如，需要新鲜的空气；需要食物；需要安全的环境等
	社会需要	人在各种活动、实践中所形成的需要。例如，交往的需要、成就的需要、求知的需要等
需要指向的对象	物质需要	人对社会物质产品的需要。例如，需要工具、住房等
	精神需要	人对社会的各种精神产品的需要。例如，需要文化娱乐、阅读报刊等

（3）需要的特征。

①需要的指向性。个体的需要总是指向一定的对象。例如，满足阅读需要的杂志、报纸；满足艺术欣赏需要的乐器、书画等。

②需要的共同性与差异性。人们对衣、食、住、行，对学习，对亲情，对尊重的需要都是共同的，这就是需要的共同性。但是，个体会由于自身的生理、心理和生存环境的不同，而对表现出与众不同的需要。例如，有的人对住方面的欲望比较强，有的人倾向于对食物方面的渴望；有的人渴求与他人交往，有的人渴求得到别人的理解；有的人需要显示权威，经常指挥别人，有的人则常常服从别人的意见。这都是属于需要的差异性。需要随着时间和环境的变化而变化。

③需要的层次性与发展性。人的需要有高低层次之分，并从低到高发展。

④需要的环境诱因性。个体的需要会因环境的影响而产生、变化。例如，广告对大众消费的影响作用。

2. 动机

（1）动机的概念。

动机是引起个体的行为朝向某一目标的内部驱动力，个体的行为受动机的调节和支配。例如，一个人去求职，是因为他有维持生存、提高生活质量的动机。又如人们努力学习，目的在于掌握知识，其内在动机却是不同的：有的人是为了提高文化素质，有的人是为了应付考试。

（2）动机的功能。

①发动功能。动机能引发有机体的行为功能。个体有了某种需要，就会产生某种动机，继而引发实现它而采取的行为。

②指向功能。任何动机都指向一定的对象或目标。如某人有提高英语水平的动机，就会给自己定下目标，如报名参加英语培训，每天定量阅读五篇英语文章。

③维持功能。个体在顺利地完成某一个动机行为后，信心得到增强，因而某种活动会得以持续下去。比如上面所举的例子中，某人通过一定的培训、阅读后，明显地感到自己的英语水平得到提高，那他就会将培训和阅读继续进行下去。

④调整功能。有时个体可能对某一方面有强烈的动机，也确实会采取行动来实现它，但在执行过程中因有受主客观因素的影响，导致行为背离个体的追求目标，此时个体就会降低继续行动的热情或放弃行为。还是以上面的例子来分析，如果某人在参加了培训后总感觉不到自己的英语水平有所提高，那他就会降低原有的积极性，甚至放弃继续学习的行为。

3. 需要、动机、行为和目的的关系

需要是动机形成的内部原因，需要一旦成为直接推动个体行动的原因时，就转化成了动机。需要的满足是个体行为的原动力，也是行为停止的缘由。动机是行为的驱动力，是需要的直接体现。动机对行为有发动、指向、维持和调整的功能；行为是个体动机的外现；定的行为总是指向一定的目的的。可以说，目的是动机和行为的预期结果。这四者之间的关系如图 12 - 1 所示。

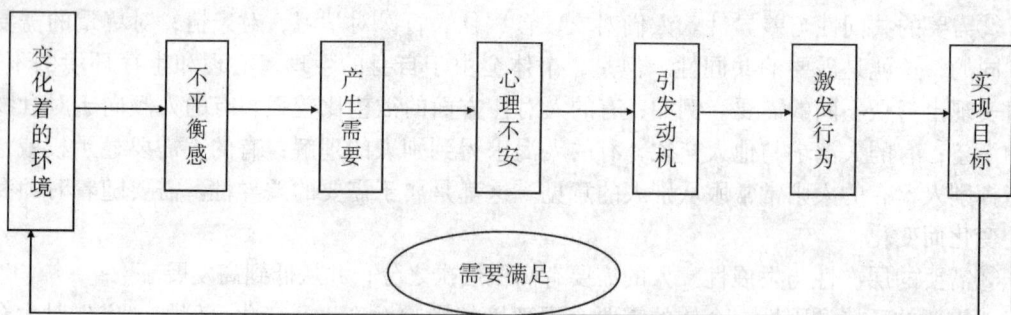

图 12 - 1　需要、动机、行为和目的的关系

讨论：激励的出发点是什么？

12.1.2　激励

如何激发员工的工作积极性，是组织行为学研究的重要内容。作为管理者，首先必须明确的是，能够鼓励、推动员工行为的直接动力不是你，而是由你根据实际情况的分析所制定的政策、创造的条件及营造的氛围。而且每个个体的激励动力是有差别的，会随着环境的变化、时间的推移而产生变化。你或许能够连续几小时坐在电脑前与别人网络聊天，并且感到兴奋，但很难连续一个小时在电脑前打一篇文章，如此会觉得厌倦。管理者要弄清在什么环境下，员工能够努力工作，愿意留在自己的工作岗位上，不会无故缺勤。一个管理者要胜任工作，就必须懂得利用环境来激励员工。

1. 激励的概念

激励是以能够满足个体的某些需要为前提，采取相应的管理措施，来调动员工的积极性、主动性和创造性，实现组织目标的过程。换句话说，激励就是鼓动他人去做你想让他做的某些事情，并能成为他的意愿。激励之所以不容易，就在于要给他人一个去做的理由，完成了则能实现他的愿望。这就要求你必须适应他的愿望，而不是你个人的愿望。

在组织当中，激励就是将组织目标转化为个体目标的过程。个体目标是建立在需要的基础之上，需要的满足就是个人的愿望。个体对于实现自己的目标，满意自己需要的活动更有兴趣，热情度更高。而管理职能就是实现组织目标，这一职能又必须由员工来完成。因此，管理者的任务就是给员工一个想去实现组织目标的理由。这个理由就是让员工认识到组织目标实现的同时，也实现了他个人的目标，如此才能够调动他的主动性和积极性。

实例 12 - 1：谁能成为老板

一天，四位开饭店的小老板在一起聚餐。饭后，大家都借着酒力开始吹嘘自己的绝活。

甲老板说："我烧得一手好菜。"

乙老板说："我最善于理财。"

丙老板说："我擅长招呼客人。"

丁老板说："我没有什么特长，我只是会激励员工而已。"

10 年后，只有丁老板成了大饭店的老板，而甲老板成了大饭店的厨师长，乙老板成了大饭店的财务经理，丙老板成了大饭店的营销经理。

思考：1. 本故事向我们阐明了一个什么样的道理？

2. 激励在管理中起到什么样的作用，如何从本故事中得到启发？

2. 激励的类型

了解激励的类型，管理者就可以根据员工的实际情况采取对策。激励的类型如表 12-2 所示。

表 12-2　激励的类型

分类依据	激励的类型	概念
激励的影响力	外激励	组织的激励措施意在通过改善员工的外部环境，来调动其工作的积极性。例如改善福利制度、提高薪水、进行奖励等。外激励见效快，但不稳定
	内激励	组织通过改变个体的内在综合素质水平，来激发其工作行为。例如提供有目的、有计划的培训；培养员工对组织、工作的责任感和成就感，以此来缩短个人目标与组织目标的距离。内激励见效慢，但一旦形成，有较强的持续性
激励的内容	物质激励	实物式的激励，运用可见的金钱、物质作为激励手段，激发员工的热情度。例如奖金、住房等。对处于越低层次需要的员工，物质激励越有效
	精神激励	通过非物质性的认可、表扬或批评来影响员工的工作行为。例如肯定、晋升、通报等。处于高层次需要的员工，精神激励更为他们所追求
激励的性质	正激励	通过相关规定，强化员工积极行为的方法
	负激励	通过相关规定，减少、消除员工消极行为的方法

3. 组织中激励的作用

随着经济全球化，组织面临的挑战性越来越强。企业要生存，要发展，就要不断地提高员工的工作满意度，挖掘员工的潜能，提高工作效率。研究激励的问题不仅是组织行为学家们所关心的，而且已成为各企业家关注的棘手问题。

（1）激励是重要的管理职能。

在强调以人为本的组织管理环境中，让"人"这一主体在企业中处于工作的最佳状态，服务于企业是管理的重要职能。

以人为本就是要充分了解员工的真正所需，关心他们，引导他们正确认识自己的需要。对于他们合理的需要，结合组织的目标，通过在管理实践中采取有效的措施，满足他们这些需要，进而充分地调动其积极性和创造性。

（2）激励是吸引人才的重要因素。

不论是已工作的，还是正在找工作的人，大多数都向往去有较完善的激励机制的企业工作。组织中的激励，就是一块磁石，将优秀的、组织所需要的人才吸引到企业中来。美国就是一个最典型的例子，美国之所以能在许多科学技术领域保持领先地位，跟其采取一些有相当吸引力的措施将各国很多有才能的专家、学者、研究人员吸引到美国有非常密切的关系。

（3）激励可以改变员工的工作满意度。

有效的激励手段可以提高员工的工作满意度。员工对工作不满意，其中最主要的一个原因就是他们的某种需要无法得到满足。激励员工，就是通过不同途径满足他们合理的需要。当员工意识到需要能够被满足，就会改变原来的态度，变不满为满意，变消极为积极，变被动为主动。

（4）激励可以激发员工的创新精神，提高工作绩效。

日本丰田汽车公司的例子就是一个强有力的论据。丰田汽车公司采取合理化建议奖的方式鼓励员工提建议。不管被采纳与否，都有奖励。若被采纳，并能给公司带来经济效益，则给予更多奖励。结果在1983年，员工提出165万条建议，人均31条，为公司带来了900亿日元的收益，相当于该公司全年利润的18%。

讨论：激励的最终目标是什么？

实操 12.1 因人而异

◆实操内容

通过游戏让学生掌握激励理论的相关内容。

◆实操目的

参与者要完成个人调查表，通过调查，对人与人之间存在的区别有一个更明确的认识，从而能更深刻地理解激励的内涵。

◆活动步骤

1. 分公司、分部门进行。

2. 将调查表发给学生。

3. 每位学生根据个人实际情况填好调查表。每一项只能填写一件自己最喜欢的事物。

个人调查表

调查内容	个人实际情况
你最喜欢的饮料	
你最喜欢的运动	
你最喜欢的花	
你最喜欢的食品	
你最喜欢的颜色	

4. 各部门将个人调查表的各项进行汇总。

部门调查汇总表

调查内容	成员实际情况	各项分数
各成员最喜欢的饮料		
各成员最喜欢的运动		
各成员最喜欢的花		
各成员最喜欢的食品		
各成员最喜欢的颜色		
总分		

5. 每个部门进行计分。计分方法如下：

每项按五人组画五边形，四人组画四边形，三人组画三边形，将相同偏好的点用实线连起来，不同偏好的用虚线连起来。计分时直线计 1 分，虚线不计分。将每项分别计出分数，最后再将五项的分数汇总，最低分为 0 分。

比如本部门成员为五人，分别为 A、B、C、D、E，关于"各成员最喜欢的颜色"的调查汇总表如下：

调查内容	成员实际情况	所获分数
各成员最喜欢的颜色	A 红色、B 绿色、C 紫色、D 红色、E 紫色	2

本项内容的计分方法如下：

A、B、C、D、E 为五边形的五个顶点，有相同偏好的点用实线连起来，不同偏好的用虚线连起来，由上表可知，A 和 D、C 和 E 喜欢相同颜色，因此用实线连接起来，其他的都用虚线连接起来。由图可知，该组本项内容所获分数为 2 分。

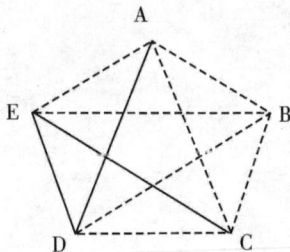

同样，将其他各项内容画图计分，再将总分汇总就得出本组调查总分。

◆思考回答

1. 你所在部门的偏好一致分数是多少？所有参与者的偏好一致总分数是多少？这个分数离最高的可能分数有多远？

2. 分数的高低跟分散情况有什么关系？

3. 这些偏好一致分数告诉了你什么？

4. 为什么了解激励其他人的因素是重要的？

（资料来源：罗伯特·爱泼斯坦，杰西卡·罗杰斯. 激励游戏［M］. 王永钦，译. 上海：上海科学技术出版社，2003.）

◆**评估标准（自评和他评）**

评价指标	评估结果			
在部门活动时的支持程度	□优秀	□中等	□合格	□不合格
在分数汇总时的表现（团队合作、参与程度）	□优秀	□中等	□合格	□不合格
在思考回答过程中的表现	□优秀	□中等	□合格	□不合格
对激励理论相关内容的理解情况	□优秀	□中等	□合格	□不合格
需要补充说明：				

任务 12.2　运用激励理论

12.2.1　内容型激励理论

前面对需要、动机、行为和目标之间关系的分析告诉我们：需要是动机的基础，是行为的原动力，是目标的根据。这一切，构成了激励的主线。因此，需要是激励的核心内容。内容型激励理论也可称为需要型激励理论。它主要就是通过对需要这一核心内容进行研究探讨，明确组织中员工的动机、行为和目标的规律，提供科学依据，制定激励措施。员工的行为正是在其需要的推动下而展开的，消极也好，积极也罢，都因为其主导需要是否得以满足而产生不同的结果。

本节主要研究和学习的是马斯洛的需要层次理论，赫茨伯格的双因素理论，阿尔德佛的生存、相互关系、成长理论，麦克利兰的成就需要理论四大理论。

1. 需要层次理论

马斯洛（A. Maslow）以需要层次理论闻名于世。他于 1943 年出版的《人类动机理论》中首次提出该理论。1954 年他又在《动机与人格》一书中对该理论作了进一步阐述，标志着这一理论正式形成。

（1）各层次的基本内容。

马斯洛认为，人的基本需要分为五种：生理需要、安全需要、归属和爱的需要、尊重需要、自我实现的需要。前三种需要是低级需要，后两种需要是高级需要。

①生理需要。人一出生就面临着生存的问题。任何人要生存，必须满足最基本的生理需要，包括食物、水分、空气、睡眠、繁衍等。生理需要是最低层次的需要，但在人的需要中占绝对优势。一般情况下，如果一个人的所有需要都得不到满足，那么，同另外四个层次的需要相比，必定是生理需要在生活中占支配地位。一个饥寒交迫、有气无力的人，脑子里不会去想爱、尊重、事业等。但我们不否认，生活中也有不少为了爱情、事业或尊严而不惜牺牲生命的人。一旦一个人的生理需要得到了满足，那么将会发生什么呢？

②安全需要。马斯洛认为，人的生理需要得到满足后，就会追求更高层次的需要，也就是安全需要。他还认为，人们喜欢安全、有序、可被预测、有组织的世界。通过对儿童的观察，可加深对安全需要的理解。儿童面对安全问题时由于少了社会因素的影响，表现出一种本能、真实性。一个孩子面对一个陌生的、少见的环境时会引起恐惧的反应，例如听到雷声会哭；到黑暗的地方会害怕；见到一个衣衫褴褛的乞丐会露出恐慌的神色等。在现代组织中，安全需要表现为人们需要有安全和稳定的职业，医疗有保障等。当一个人的生理需要和安全需要得到满足后，归属和爱的需要便出现了。

③归属和爱的需要。归属和爱的需要也称为社交需要。处于这个层次需要的人会强烈地感到孤独，感到缺乏亲情、友情、爱情。他们渴望在某一个群体中能有自己的一席之地。他们寻求归属感；希望得到爱并爱他人；希望有好的人际交往。例如，体育比赛中的球迷，特别是足球球迷，从很多的足球比赛中可看到，他们在观看比赛时往往会表现出高度的热情、同仇敌忾的凝聚力，这正是一种归属感的体现。

④尊重需要。马斯洛认为，除了少数病态的人，大多数人都希望得到他人的高度评价和

赞誉，有稳定的地位，受到别人的尊重。尊重需要既包括他尊，也包括自尊。他尊是指社会对个人的名誉、地位、威信、权力、声望等的需要；自尊是指自己对自己的尊重，指自己有信心、有才华、有自由等。尊重需要如果得到满足，能增强个人自信心，让他感到自己有用武之地，能为社会做贡献；如果自尊得不到满足，会打击个人自信心，他会感到无能，变得自卑，很难成就大事。

⑤自我实现的需要。自我实现的需要是需要层次理论中最高层次的需要，是最高级的需要。也就是个体使自己的能力和潜能得到充分发挥，使自己逐渐成为所期望的人。私立华联学院有很多从其他高校退休的教授在那里任职，发挥余热。这些老教授有可观的养老金的，儿女大多有所成就，可以说衣食住行完全无忧，本该是安享晚年的时候，但他们兢兢业业、尽职尽责地为教育后一代继续做贡献。他们这样做求的不是那份薪水，而是在自身条件还允许的情况下多做一些力所能及的事情，做自己认为有意义、有价值的事，为社会多做一点贡献，实现自身的价值。

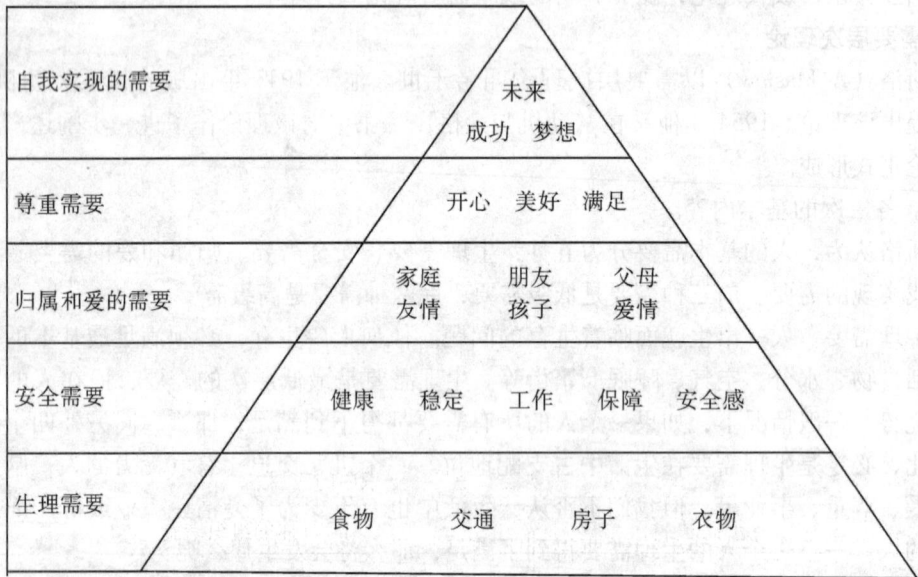

```
┌─────────────────────────────────────────┐
│ 自我实现的需要            未来              │
│                       成功  梦想           │
├───────────────────────────────────────────┤
│ 尊重需要            开心  美好  满足         │
├───────────────────────────────────────────┤
│ 归属和爱的需要    家庭   朋友   父母          │
│                  友情   孩子   爱情          │
├───────────────────────────────────────────┤
│ 安全需要       健康  稳定  工作  保障  安全感  │
├───────────────────────────────────────────┤
│ 生理需要      食物   交通   房子   衣物        │
└───────────────────────────────────────────┘
```

图 12 - 2 马斯洛需要层次理论

（2）各层次之间的关系。

马斯洛认为这五种需要之间的关系为：

①五种需要是有高低之分的，即具有层次性。其中生理需要为最低层次的需要，其次为安全需要，接着就是归属和爱的需要、尊重需要、自我实现的需要。

②需要层次理论还强调需要的发展性。低一层次的需要得到满足后，就会向高一层次的需要发展。

③一般情况下，所有的基本需要只能是部分得到满足，马斯洛曾做过统计：普通人在生理需要上大约能满足80%，在安全需要上满足70%，在归属和爱的需要上满足50%，在尊重需要上满足40%，在自我实现的需要上则满足10%。

④马斯洛认为，同一时期内，人们可能同时存在几种需要，共同支配人的行为。但在特定时期，有一种需要是优势需要，处于支配地位。

⑤一般而言，人的需要是按上面所说的顺序排列发展的，但也有例外。有的人为了满足高层次的需要而牺牲低层次的需要。

实例 12 – 2：无"薪"激励

张小姐是一家软件公司的销售主管，能力强，热爱工作，成绩显著。今年被派到她喜欢的上海分公司，升任销售经理，薪水也增加了。但是，近期她工作不但没有热情，而且还有辞职的念头。

为什么升职、加薪反而想辞职呢？经了解得知：原来，引起张小姐不满的原因来自她的上司。她的上司对张小姐刚到上海工作颇不放心，担心她做不好工作，总是安排一些很简单的工作，并且在张小姐工作时也经常干预。张小姐工作能力较强，习惯独立思考问题、解决问题，对上司的频繁干预，张小姐非常不习惯，并逐渐导致不满。

思考：1. 根据激励理论，晋升属于什么样的激励？
　　　2. 在对员工的激励中，管理者应该注意哪些问题，才能避免一些负面影响的产生？

（资料来源：易才网，http：//news. cnithr. com/1190598794/50648/1/0. html.）

（3）组织管理中的需要层次理论。

任何一个理论都是经过研究者、学者对大量的事实不断地分析、探索，实践，再分析研究，再实践才得出的，它总是为实践服务。马斯洛需要层次理论也不例外，尽管存在某些方面的不足，但能够在管理实践中帮助企业家管理好业务。表 12 – 3 是需要层次理论应用在管理当中的反映。

表 12 – 3　需要层次理论在组织中的应用

需要层次	追求的目标	具体的组织措施
自我实现的需要	有成长 有所成就 自我价值的实现	决策充分参与制度 提供挑战性工作 不断完善提拔制度
尊重需要	得到承认 拥有地位 维护自尊 拥有权力 获得公平的待遇	科学、公平的绩效考核制度 提供相应的进修制度 合理的奖励制度
归属和爱的需要	获得友谊 拥有一席之地	协调好工作团队 组织团体活动 组织文体活动 提供互助金制度

（续上表）

需要层次	追求的目标	具体的组织措施
安全需要	安全的工作环境 稳定的工作 意外的防范	做好安全防范工作 完善医疗、养老等保险制度 意外保险制度
生理需要	薪水 工作环境 各种福利	提供身体保健措施 提供福利制度 给予一定的住房补助

2. 双因素理论

美国心理学家赫茨伯格（F. Herzberg）于 1959 年在《工作激励》一书中提出双因素理论的基本观点；又于 1968 年在《哈佛商业评论》上对此做了进一步的分析。根据双因素理论的内容，我们也可以将其称为激励因素—保健因素理论。

（1）基本内容。

赫茨伯格和同事通过采用"关键事件法"对美国匹兹堡地区 9 个企业中的 203 名会计师和工程师进行了调查访问，提出了"什么时候你对工作特别满意""什么时候你对工作特别不满意""什么原因使你对工作产生满意与不满意"……

从调查所获得的大量的资料，经分析发现工作中能使员工觉得满意和使员工觉得不满意的因素是截然不同的。因此，赫茨伯格认为根据人类两种不同类型的需要，能激发人的动机的因素有两个：一个是激励因素，另一个是保健因素。

①激励因素。是指那些能激发员工的积极性和热情，但不会影响其满意感的因素。这是赫茨伯格通过对 1 753 个实际案例进行分析总结所得的。这些因素如果得到改善，员工的工作热情和积极性会提高，从而提高工作效率；如果这些因素没有处理好或缺乏，对员工的不满意度影响并不大。这些因素有：工作成就、工作成绩得到认可和赞赏、工作自身的挑战性、工作职务的责任感、个人的价值实现、个人的成长。

②保健因素。通过对 1 844 个实际案例进行分析，赫茨伯格认为，保健因素是指那些能消除员工的不满意，维持原有的表现，但不能激发、调动其积极性的因素，又称为维持因素。这些因素的存在，能使员工保持原来的工作热情；但这些因素一旦失去，就会使员工感到不满意，从而降低他们的工作热情和积极性，因此是不可忽视的因素。它们是保证组织中员工正常工作的前提条件。这些因素有：公司的政策和行政管理、监督、与主管的关系、工作条件、薪金、同事关系、个人生活、与上属的关系、地位、安全保障。

（2）对传统观点：满意—不满意的修正。

传统观点认为，满意的对立面是不满意，即能提高员工的积极性和热情的因素，也能降低员工的积极性。如果这些因素存在并得到改善，就能提高员工的积极性；如果缺乏，就会降低他们的积极性。赫茨伯格通过对双因素理论的研究，认为这种观点是错误的，应予以修正，并提出一个重要观点：员工的不满意与满意是不同性质的内容。有的事物当它不存在时或没得到改善时，会引起员工对工作的不满意；但当它存在时，不会引起员工对工作的满意，而是没有不满意；有的事物缺乏时或没处理好时，员工对工作不是不满意，而是没有满意，但当它存在时，可以使员工对工作感到满意。总而言之，消除工作中的满意因素并不必然带来工作满意。因此，赫茨伯格认为不满意的对立面是没有不满意，满意的对立面是没有满意，满意与不满意观点的对比如图12-3所示。

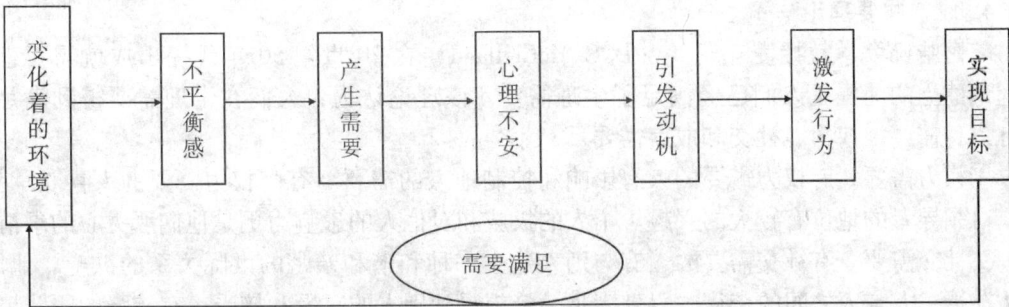

图12-3　满意与不满意观点的对比

讨论：奖金是激励因素还是保健因素？为什么？

3. 生存、相互关系、成长理论

美国耶鲁大学心理学家阿尔德佛（Alderfer）于1969年在《人类需要新理论的经验测试》一文中，根据对大量的调查资料进行研究总结，认为一个人的需要不是5个层次，而是3个层次，即生存需要（Existence Needs）、相互关系需要（Relatedness Needs）、成长需要（Growth Needs），简称ERG理论。

（1）理论内容。

①生存需要。生存需要是人最基本的需要。它包括马斯洛需要层次理论中的生理需要和安全需要，包括人的衣、食、住、行等方面的物质需要。

②相互关系需要。相互关系需要相当于马斯洛需要层次理论中的归属和爱的需要和尊重需要的外在部分，包括地位、人际关系等需要。人们只有与人交往才能满足社会和地位的需要。

③成长需要。成长需要是个体对事业、前途的发展和自我价值实现的内在需要。它包括马斯洛需要层次理论中的尊重需要的内在部分和自我实现的需要。

（2）生存、相互关系、成长需要间的关系。

①层次性与发展性。同马斯洛一样，阿尔德佛认为这三种需要也有层次性与发展性。生存需要为最低层次的需要，依此类推，相互关系需要相对高层次一些，最高层次需要为成长需要。它们之间是由低到高发展的。生存需要得到满足后，人们就会往更高一层的相互关系需要发展，然后再往成长需要发展。

②这三种需要之间是可以越级发展的。ERG理论与需要层次理论不同的一点是认为人的需要并不一定严格遵循由低到高逐级发展，有可能相互关系需要还没得到满足时，就发展到对成长需要的追求。

③ERG理论与需要层次理论还有一点不同，它认为人的需要不仅有发展性，还有倒退的情况发生。当人们在追求成长需要或相互关系需要的时候，如果碰到挫折，就有可能出现为了逃避这种消极影响，而转向对更低层次——相互关系需要或生存需要的追求。

ERG 理论与需要层次理论的不同之处，也可以说是对需要层次理论的进一步说明补充，与实际情况更一致。人们所处的环境，如教育、文化、家庭背景等不定性因素都可以改变个体对需要种类的排列顺序。但也有人提出了 ERG 理论在一些组织是适用的，在另外一些组织又不适用。不管怎样，我们不得不承认，ERG 理论对实践确实有一定的指导意义。

4. 成就需要理论

美国哈佛大学教授麦克利兰（D. C. McClelland）在 20 世纪 50 年代提出成就需要理论。该理论建立的前提是人们已经满足了生理需要。该理论认为，人们在生理需要得到满足后，还有三种需要：权力、社交和成就需要。

①权力需要。有权力需要的人有影响和控制他人的需要。有高权力需要的人喜欢承担责任，对领导者的地位有较大的兴趣。个人的权威和对他人的影响力更是他们所关心的事情。

②社交需要。有社交需要的人有与别人建立一种和谐和亲密的人际关系的欲望。他们常常从友情、人与人之间的交往中得到满足，希望得到别人的喜爱和接受，有较强的团队精神。

③成就需要。有成就需要的人对自我价值的实现和成功有强烈的欲望。他们不喜欢偶然性地靠运气获得成功，这样所取得的成绩不能满足他们的成就需要。当然，他们对容易获得成功的工作也不喜欢，这种工作没有挑战性。他们喜欢力所能及的同时又具有挑战性的工作。也就是说，他们喜欢给自己设置需要经过一番努力而得以实现目标的工作。这种工作才能满足他们的高成就需要。

具有高成就需要的人在组织当中追求的是个人价值的实现，而不是组织给予的报酬。他们对工作的要求较高，有利于提高工作绩效。管理者想了解自己的员工是否具有高成就需要，可以通过问卷法，也可以使用投射测验法，该测验要求被测试者对一系列图片做出反应，或对一个不完整的故事作补充阐述。被测试者的反应，可以测出他的无意识动机，即成就需要的程度。

5. 内容型激励理论的联系

从以上对各个内容型激励理论的分析中，我们可以发现，需要层次理论、双因素理论、ERG 理论和成就需要理论，它们虽然在内容、类型、观点方面有区别，但它们的研究都是以怎样满足需要为基础而展开的，存在一定的联系性，我们可以通过图 12 - 4 表示。

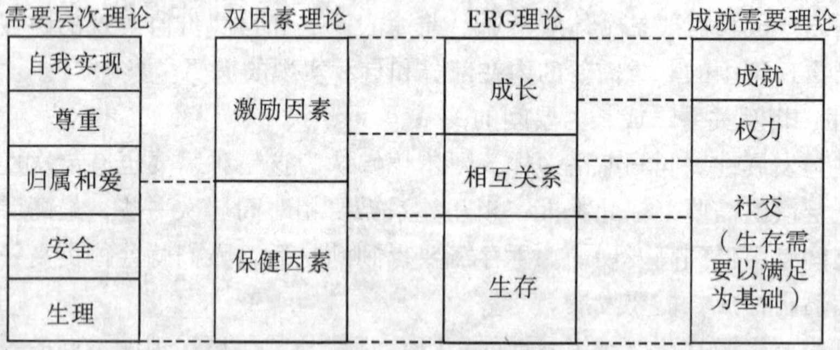

图 12 - 4　内容型激励理论的对应及比较

12. 2. 2　过程型激励理论

激励实质上就是一个"需要→动机→行为→目标"的过程。内容型激励理论的提出为企业的管理提供了很大的帮助，但是在实际管理环境中，激励内容不一定就是激发员工的积极性行为因素，这是内容型激励理论无法解释的，因此，在内容型激励理论的基础上，一些研究者提出了过程型激励理论。过程型激励理论跟内容型激励理论不同，它是重在研究怎样从需要引发动机，动机怎样激发行为，行为怎样指向目标的理论。它包括弗鲁姆的期望理论、亚当斯的公平理论和洛克的目标设置理论。

1. 期望理论

美国心理学家弗鲁姆（V. H. Vroom）以马斯洛和赫茨伯格的研究为基础，于1964年在《工作与激励》一书中提出了期望理论。后来波特（Porter）和劳勒（Lawler）等人发展了这一理论。

（1）期望模型。

期望理论认为，推动员工积极工作的激励力量主要取决于它对所要达到的目标欲望（效价）的大小、达到该目标的可能性（期望值）的大小，以及工作绩效与所得报酬之间可能性（关联性）的大小。我们可以用以下公式来表示：

$$激励力量 = 效价 \times 期望值 \times 关联性$$

或

$$M = V \times E \times I$$

①激励力量（Motivation）。激励力量的强弱，也就是调动其积极性和热情的强弱。它是一个人对实现某一目标而努力的程度。

②效价（Valence）。效价是个体对行为结果的偏爱程度。例如，一名员工希望自己能成为公司的销售冠军，那么他对成为销售冠军就有高效价。

③期望值（Expectancy）。期望值是个体对某一结果有高的效价，使他采取相应的行为。这种行为对实现目标的可能性的大小，就是期望值。

④关联性（Instrumentality）。关联性就是客观上能实现个体目标的可能性的大小，即个体的努力与实现目标的可能性之间的关系。

为了对期望理论的公式理解透彻，我们举一个实际例子来解释。

某大型国有企业的小何，是个技能娴熟、水平较高的技术工人。他一直都希望自己能被评上工程师职称。

通过对单位一些制度的了解，他知道如果有良好的技术水平和高质量的技术成果，就能得到好的绩效评估结果。可是，工程师职称评估中有一个要求是参评者学历必须是本科学历，而小何只是中专学历。由于不符合这个条件，小何就算继续努力，也只能成为一个好的技术工人，不能参加工程师职称的测评，更别说实现成为工程师的愿望了。

在上面这个案例中，小何很希望被评上工程师，即其效价高；而且以他原有的水平，如果再努力的话，也能得到好的绩效，也就是期望值也高。但是，由于他的学历水平不符合工程师参评条件中对学历的规定，客观上他达到目标的可能性小。过低的关联性使他没有可行的措施实现愿望。所以，他的积极性在这个障碍中受到打击，使他没有更好完成工作的动机。

（2）期望模型三个因素的组合。

①三个因素的取值范围。

在管理实践中，一方面，个体的效价、期望值由于受到个体的家庭背景、经历、价值观、个性等因素的影响，表现出差异性。这跟项目5所讲的个性差异是一致的。人们可能对同一结果的偏爱程度或估计值会有不同，那么得出的激励力量也不同。另一方面，个体所处的组织环境提供的客观条件上使个体实现目标的可能性也不同，这会改变个体的激励力量。简而言之，激励力量的强弱取决于效价、期望值、关联性的取值范围，我们用图12-5来表示。

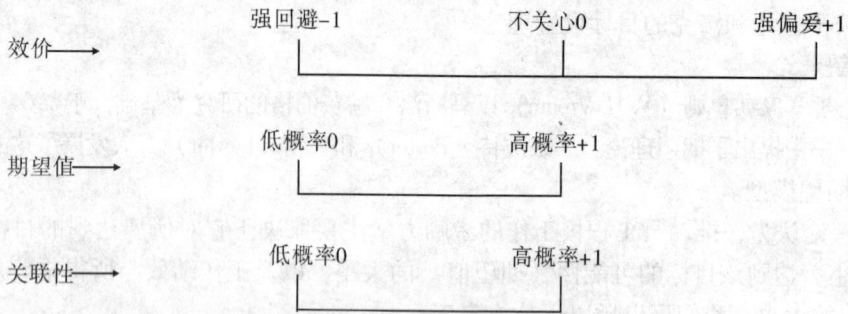

图12-5 效价、期望值、关联性的取值范围

（资料来源：约翰 W 纽斯特罗姆，基斯·戴维斯. 组织行为学：第十版 [M]. 陈兴珠，等译. 北京：经济科学出版社，2000. 略作改动）

人们对相同的目标有不同的偏爱，有人强烈希望达到某一结果，那么其效价为正值；有人回避它，那么其效价为负值；有人既不偏爱，也不回避，而是不关心，那么其效价为零。效价的范围从 -1 到 +1。管理者要多渠道地获得员工对工作中各种结果的效价情况。

期望值反映努力和绩效之间的关系，用概率表示。如果员工发现努力产生预期的绩效可能性大，那么期望值概率为正值；如果员工发现不存在努力产生预期的绩效的可能性时，期望值的概率为零。期望值的概率范围从 0 到 +1。

关联性的范围从 0 到 +1。当客观上达到结果的可能性大时，概率为正值；如果不可能达到结果，概率为 0。

②三个因素的组合。

在期望理论的公式中，影响激励力量的三个因素有非常多的组合。不同的组合，产生不同性质、不同程度的激励力量，主要表现为如表12-4所示的八种情况。

表12-4 效价、期望值、关联性的组合与及激励力量的变化

效价	期望值	关联性	激励力量
高（+1）	高	高	强烈力量
	高	低	中等力量
	低	高	中等力量
	低	低	弱力量
低（-1）	低	低	弱回避
	高	低	中等回避
	低	高	中等回避
	高	高	强回避

从表 12-4 可以看出，使员工产生最强烈的激励力量的乘积组合是高的效价、高的期望值、高的关联性。如果对结果的偏爱程度高，但另外两个因素的估计值低，那么产生的激励力量会很弱；如果对结果的偏爱程度高，但其他两个因素有一个是低的，那么产生的激励力量也只是中等的。

效价低时，人们对结果采取的是回避行为。回避力量的强弱，也会受到期望值和关联性的影响。其中有一个较为特殊的情况，就是当效价低，且期望值和关联性都高时，员工产生的回避力量最为强烈。我们举个例子来解释，比如有的人很有才能，但他只喜欢从事研究方面的工作，不喜欢当领导者，因为领导者要承担太多的责任和压力，因此，他会尽量回避被提拔为领导者。

（3）期望理论的运用。

期望模型实际上反映了在进行激励时，管理者要处理好三个方面的关系，也就是激发员工积极性行为的三个条件。

①个人努力与工作绩效的关系。员工总是希望自己对工作付出的努力能取得相应的成绩，并体现在绩效评估结果中，这就是期望公式中的期望值因素。当对个人努力与工作绩效之间的可能性估值高时，员工就会增强信心和决心，激发起较强烈的行为力量。当对个人努力与工作绩效之间的可能性估值为 0 时，很难激发员工实现目标的行为动机。

为什么会为"0"呢？可能受到主客观因素影响。可能是员工自身的能力有限，这意味着，他无论再怎么努力，也不可能取得高的工作绩效。可能是因为组织的绩效考评体系不是为了评估员工的绩效，而是为了对个性、忠诚度等进行评估。员工认识到努力并不能带来高的绩效评估结果。也可能是管理者让员工觉得，管理者对员工的评估不公平，带有个人主观因素，而自己本身得不到管理者的偏爱，那员工就会认为自己不论如何努力，也得不到一个好的绩效评估结果。

我们可以看到，员工激励力量弱的一个原因是他们对努力与工作之间的可能性的主观估计，认为自己怎样努力都不大可能取得好的绩效评估结果。因此，管理者要激励员工，必须从主客观两方面入手，让员工认识到努力能获得所期望的绩效评估结果。

②工作绩效与奖励的关系。员工总希望自己一旦取得好的工作绩效，组织就会给予一定的奖励。如果员工认为他们的这种愿望能够实现，员工就会积极工作。但实际上，员工往往觉得工作绩效与奖励的关系不太明确。特别是当员工认为奖励是基于个人资历、个人宣传等因素时，认为工作绩效与奖励的关系很弱，甚至不相关，就会降低热情度。

管理者对员工的工作绩效不要视而不见，要及时、合理、有针对性地进行奖励，并且建立公平、公正、公开的奖励制度体系。让员工明确好的绩效是奖励的前提条件，这样员工才有工作干劲。

③奖励与个人目标的关系。组织的奖励对员工是否有吸引力，也是决定激励力量强弱的因素之一。我们在前面已讨论过，员工认识到实现组织目标的同时，也是在实现个人的目标，员工就会努力工作。相同地，当组织的奖励与员工个人的目标之间是一致性关系时，这时的奖励对员工才有吸引力。有的员工努力工作，取得好的绩效，是为了得到提拔，但组织给予他的却是加薪水，那这个奖励对员工来说就没有吸引力；有的员工是为了得到物质奖励，但最终只得到领导几句表扬的话，那么员工的激励力量会很弱。这意味着，奖励的设置应有差异性，必须与员工的个人需要挂钩，这样的奖励才能起到激励作用。这是管理者必须十分重视的问题。

2. 公平理论

美国北卡罗来纳大学心理学教授亚当斯（J. S. Adams）把费斯廷格和霍曼斯的认知不协调理论及交换理论和公平概念结合起来，提出工作的激励理论——公平理论，又称为比较理论。该理论主要研究的是奖酬分配制度的公平性、合理性对员工行为与工作积极性的影响。

（1）公平理论的基本内容。

前面所研究的激励理论，基本上都是将员工视为一个独立的个体进行研究，针对个体的差异性开展讨论的。但是，作为管理者，我们应该非常清楚地认识到，员工总是处在一定的社会系统中，在社会活动和工作过程中，员工与员工之间会互相影响、互相比较。员工的工作动机不仅会受到个人绝对报酬（实际产出）的影响，还受到相对报酬（通过比较后的相对产出）的影响。公式如下：

横向比较＝自己的产出/自己的投入：他人的产出/他人的投入

纵向比较＝自己现在的产出/自己现在的投入：自己过去的产出/自己过去的投入

其中，产出是指组织付给员工的报酬，包括工资、福利、工龄工资、职称工资、工作职位、晋升、奖金、领导和同事的表扬等；投入是指员工对组织的贡献，包括教育、智慧、经验、技能、工龄、时间、精力等。产出和投入都既包括经济方面的，又包括精神方面的。

员工将自己的产出投入比与他人的产出投入比进行横向比较，或本人现在的产出投入比和过去的产出投入比进行纵向比较时，所得的比率有三种结果：一种是相等的，这时员工会感到公平、满意；另外两种是不相等的，可能是自己（现在）的比别人（过去）的值大，也可能比别人（过去）的值小，这两种结果都会使员工感到不公平，如图 12－6 所示。

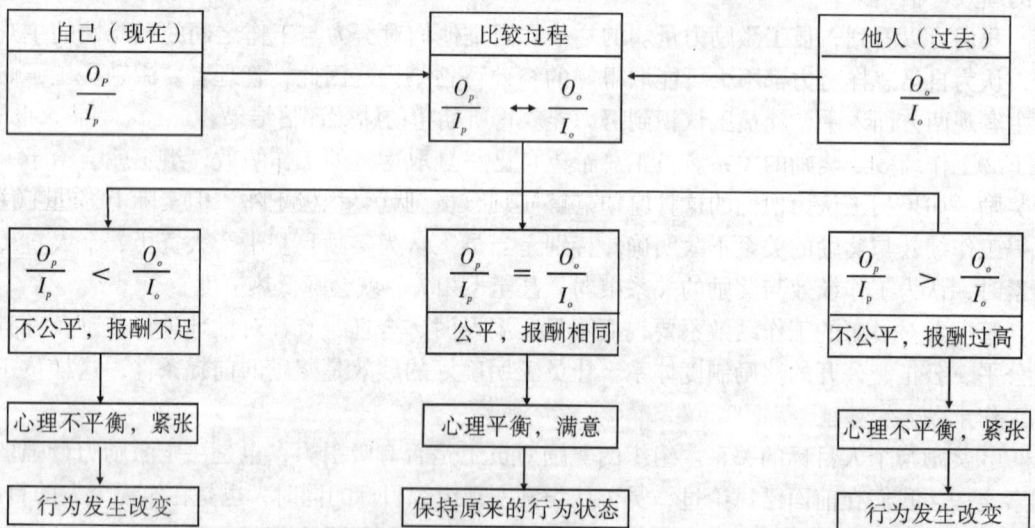

图 12－6　公平理论比较过程

p（person）表示自己（现在）；o（other）表示别人（过去）。

O（Outcome）表示产出；I（Input）表示投入。

O_p 表示自己（现在）的产出；I_p 表示自己（现在）的投入。

O_o 表示别人（过去）的产出；I_o 表示别人（过去）的投入。

员工在这个比较过程中，结果如何，一方面跟他们所选的参照物有关。员工可能把自己跟同事、邻居、朋友、其他组织的成员、自己的过去相比较。另一方面受到参照标准的影响，员工可能以学历、经验、性别、职位、工龄、努力程度作为参照标准进行比较。

（2）不公平感的行为反应。

如图12-6所示，员工通过社会比较后，可能得到三种比较结果：一种认为自己的报酬过高；一种是认为自己的报酬不足；一种是觉得自己的报酬跟他人（过去）一样，是公平的。最后一种使员工觉得满意，所以保持原来的行为状态。前两种会让员工感到心理不平衡，因此希望通过改变行为来改变这种不公平的状况。但是，对于大多数员工来说，报酬过高带来的不公平对他们的行为影响并不显著，人们对这种不公平能接受，并会给自己找出合理化的理由。因此，对于报酬过高或报酬相等的结果，员工的行为并没做出多大的反应，使员工表现出较为明显的行为改变的是报酬不足的比较结果。他们会通过改变行为来实现其公平。一般有以下几种情况：

①减少自己的投入。员工可能会想方设法偷懒。例如，减少精力、时间、能力等方面的投入。在产出不变的情况下，比值就会上升。

②增加自己的产出。例如，计件工资的员工通过增加产量、降低质量来增加工资。

③自我安慰。通过自我解释，曲解自己或他人的产出与投入，寻求心理的平衡。

④另选参照对象或参照标准。例如，跟一个报酬比自己低的人进行比较；或从原来对工资的比较换为对经历的比较。

⑤离职。当员工感到实在太不公平，或者自己对改变这种不公平现状无能为力时，他们会提出调岗，甚至是辞职。

（3）不公平与工作效果。

在不同的计酬制度下，不公平对员工的行为有不同的影响，从而带来不同的工作效果。

①在计时工资制度下，报酬过高的员工会通过增加投入，提高生产的数量或质量来平衡比值。他们的生产率一般比报酬公平的员工高；而报酬不足的员工会通过减少投入，降低产量、质量来寻求公平。即报酬过高的员工的工作效果＞报酬公平的员工的工作效果＞报酬不足的员工的工作效果。

②在计件工资制度下，报酬过高的员工会通过降低产量（减少产出），提高质量（增加投入）来平衡比值。因为计件工资下每一产出单位会带来报酬，增加产量只会加剧不公平；而报酬不足的员工以提高产量（增加产出），降低质量（减少投入）来消除不公平。

（4）公平理论与组织管理行为。

管理者激励员工不仅要看到个体的差异性，还要注意到他们的社会性，员工与员工之间是相互影响的。我们应从公平理论中得到启示，做到：

①分配公平。这也是公平理论研究的着眼点。把公平理论归为激励理论内容，说明公平是影响员工工作行为的主要因素之一。管理者在工作的分配、绩效的评估、奖励制度、待人接物方面应体现出公平、公正，不应出现项目4所提到的第一印象、社会效应和偏见等各种不正确的知觉反应。

②提高各项制度的透明度。不明确的、程序不公开的分配制度所产生的不公平感比公开的、明确的分配制度所产生的不公平感对员工的负面影响更强。如果组织的各项制度透明度高，员工即使对薪金、奖金过低等感到强烈的不满，但可能不会对管理者和组织有强烈的不满。

3. 目标设置理论

1967年，洛克（E. A. Locke）提出了另一个激励理论——目标设置理论，指出目标的设置是主要的激励源之一。

目标设置理论主要研究的是目标的明确化、挑战性和绩效反馈在激励当中的作用。目标设置理论在当今管理界应用较为广泛，效果也较为显著。

①目标的明确化。目标的明确化就是指目标必须是清晰的、精确的、可见的。明确的、具体的目标比模糊不清的、笼统的目标更见效，它本身就是一个激励因素。假如你告诉你们公司的一个销售员"尽最大的努力去做"，跟你告诉另外一个人"你本月必须达到10万元的销售额"相比，后者相当于你已经给他提供了一个要达到的具体目标，而前者根本不知道"最大的努力"应达到什么样的目标。所以后者实际完成结果肯定比前者要好。我们从那些由失败到成功的销售员的经历可以看到，他们之前的不成功，与他们无目标的活动有关，而后来的成功，跟他们能为自己定下明确、具体的目标有密切联系。

②目标的挑战性。目标的挑战性是指员工必须付出一定的努力才能实现的目标。对于不必付出努力就能达到的目标，往往很难激发人们的动机，因为目标的实现对员工来说没有什么成就感、满足感。因此，具有一定挑战性的目标，跟具体化的目标一样，都是一个激励因素。为了实现更难的目标，员工将更投入地工作。当然，该目标是通过努力后可以实现的。目标如果大大超过员工力所能及的范围，那员工会失去信心，反而变得消极。

③绩效反馈。绩效反馈是指员工在实现目标时能得到及时的肯定或指正。在实现有挑战性的目标时，如果员工能不断地对自己进行总结，并及时得到外部——上司或同事的反馈信息，他们将做得更好。绩效反馈能让员工知道自己已完成的目标跟要完成的目标之间的联系。及时对员工的目标实现给予表扬、奖励和指正，能强化员工的积极行为。同时，及时反馈还可以让员工在完成任务过程中明确方向、少走弯路。

实例12-3：新宇化工的目标管理

新宇化工公司是一个地方性的中型企业，在实行目标管理之前，公司领导总感到员工的积极性没有最大限度地发挥出来，上下级之间的关系也比较紧张，管理很不顺畅。所以公司效益从1993年以来连续下滑。为从根本上扭转这种被动的管理局面，从管理中提高效益，公司领导班子达成共识，从"九五"计划第一年（1996年）开始在公司实行目标管理。

一、确定目标

新宇化工公司根据企业"九五"计划的总体要求来确定公司的总目标。总目标包含以下四个方面，并尽量用定量指标表达，目标又分期望目标和必达目标两种。

（1）社会贡献目标。新宇化工公司作为一个地方化工企业，不仅要满足地区经济发展的物质要求，而且要满足人民群众对化工产品不断增长的需求。具体指标为：总产值必达7 914万元，期望8 644万元；净产值必达1 336万元，期望1 468万元；上缴税收必达517万元，期望648万元。

（2）市场目标。随着市场经济的发展与深入，化工产品市场竞争越来越激烈。新宇化工公司在本省是具有竞争力的企业，所以在力图巩固现有市场份额的基础上，强化市场营销策略，不断扩大销售量，并开拓外省（市）市场，从而提高市场占有率。对销售指标：期望年增8%～10%，必达年增6%～7%；对市场占有率指标：期望达到38%，必达34%。

（3）公司发展目标。新宇化工公司根据"九五"计划发展规划，确定其发展目标为：销售收入必达 6 287 万元，期望达到 7 100 万元，且年增 6%~8%；资产总额 650 万元，且年增 10%~12%；必须开发 5 个新系列化工产品，期望开发 6 个新产品系列；员工人数年增长 3%，且实行全员培训，员工培训合格率必达 85%，期望达到 98%。

（4）公司利益和效益目标。确定的具体指标如下：利润总额 480 万元，期望实现 540 万元；销售利润率 7.6%，期望达到 8.5%；劳动生产率年增 85%，期望年增 105%；成本降低率递减 5%；合格品率达到 92%，期望达到 95%；物质消耗率年下降 7%；一级品占全部合格品的比重达 50%，期望达到 60%。

二、分解目标

新宇化工公司对于总目标的每一个表达指标，都按纵横两个系统从上至下层层分解。从横向系统看，即公司每一个职能部门都细分到各自的目标，并且一直到科室人员。从纵向系统看，从公司总部到下属车间、段、班组直至每个岗位工人都要落实细分的目标。由此形成层层关联的目标连锁体系。

现以公司实现利润总额 480 万元为例，对其目标进行分解。为确保 1995 年实现利润总额 480 万元，经过分析，成功取决于成本的降低，而成本降低又分解为原材料成本、工时成本、废品损失和管理费用四个第三层次的目标，然后继续分解下去，共细分成 96 项具体目标，涉及降低物耗、提高劳动生产率、保证和提高产品质量以及管理部门节约高效的具体要求。最后按归口分级原则落实到责任单位和责任人。

三、执行目标

新宇化工公司按照目标管理的要求，让各目标执行者"自主管理"，使其能在"自我控制"下充分发挥积极性和潜能。为员工实现自己的细分目标创造一个宽松的管理环境，不再强调上级对下属严密监督和下级任何事情都必须请示上级才可行动的陈旧管理模式。在此阶段，新宇化工公司领导注重做以下几点：

（1）对于大多数公司所属部门和岗位，都进行充分的委权和放权，提高自主管理和自我控制的水平。对于极少数下属部门和岗位，上级领导对下属部门和成员仍应实施一定的监督权，以确保这些关键部门和岗位的目标得以实现。

（2）公司建立和健全了自身的管理信息系统，创造了执行目标所需的信息交流条件，使得上下级和平级之间的不同单位、部门、人员都能在执行各自目标时得到信息的支持。

（3）公司各级领导人员对下属及成员并不是完全放任，不管不问。他们的职责主要表现在以下三方面：一是为下属创造良好的工作环境；二是对下级部门和下属人员做好必要的指导和协调工作；三是遇到例外事项时，上级要主动与下属协商、研究、解决，而不是简单下指令。

新宇化工公司将成本降低的 96 项具体目标落实到公司有关部门和个人后，他们就按各自的目标制订具体实施方案。实施方案包括执行目标所需的权限、工作环境、信息交流渠道、工作任务、计划进度、例外事项处理原则等。在每天的工作中，每个执行目标者都要问自己，我今天要做到些什么才能对自己目标的完成做出贡献？然后对每天的工作和时间进行最佳组合与安排，尽可能获得最大的工作效率。

四、评定成果

新宇化工公司在进行目标管理时，很重视成果评定。当预定目标实施期限结束时（一般为一年），就大规模开展评定成果活动。借以总结成绩，鼓励先进，同时发现差距和问题，为更好地开展下一轮的目标管理打好基础。

新宇化工公司强调评定成果要贯彻三项原则：一是以自我评定为主，上级评定与自我评定相结合；二是要考虑目标达到的程度、目标的复杂程度和执行目标的努力程度，并对这三个主要因素进行综合评定；三是按综合评定成果进行奖励，体现公平、公正的激励原则。

例如，三车间聚丙乙烯产品成本目标是 6 500 元/吨，公司考核部门的标价标准是：达到 6 500 元，得 100 分；降至 6 400 元/吨以下，得 120 分；超过 6 600 元/吨，得 10 分；处在 6 500 元/吨至 6 600 元/吨时，得 50 分。三车间全体员工经过一年的奋斗，最终成功使成本降至 6 400 元/吨以下，得到 120 分，在达到目标程度这一因素上取得了最优级，并经过公司考核部门认可。

成本是一个综合项目，涉及企业管理的许多方面。三车间的成本目标定为 6 500 元/吨，的确属于比较复杂、困难、繁重的目标。公司考核部门在制定评价标准时，把 6 500 元/吨定为难度比较大的目标，记为 100 分；6 400 元/吨以下的定为难度极大的目标，记为 120 分；6 600 元/吨以上的定为较为容易的目标，记为 10 分。在评定时，影响成本的环境和条件没有大的改变。所以，三车间和公司考核部门一致确认，6 500 元/吨的成本目标应记为 100 分。

在评定执行目标的努力程度时，公司考核部门也制定了很努力、比较努力、一般努力三个等级，分值分别是 120 分、100 分和 80 分。三车间自评结论是：全车间同心协力，努力奋斗一年，应该记 120 分。

当然，在确定目标的复杂程度和执行目标的努力程度时，公司考核部门都有更多的细分指标和因素来保证。比如，执行目标的努力程度要看出勤率、工时利用率，合理化建议多少等。对于不同层级的部门和岗位，三个因素在评定成果中所占的比例有所不同。一般越是上级部门和岗位，第一要素所占比重越大。本案例中三车间属基层部门，可按 5∶3∶2 的比例，对其成果分值最终予以确定。

$$\text{三车间综合评价分} = \underset{\text{目标达到程度}}{120 \times 50\%} + \underset{\text{目标复杂程度}}{100 \times 30\%} + \underset{\text{执行中努力程度}}{120 \times 20\%} = 114 \text{（分）}$$

由于三车间进行的目标管理成效显著，新宇化工公司对其进行了表彰和奖励。三车间每个员工也通过评定成果，做了一次认真、全面、系统的总结。每个员工有自己细分目标的评定结果，成绩并非一刀切，所以后进员工认真总结教训和学习先进员工的经验，以便做好下一轮的目标管理工作。

新宇化工公司执行目标管理的第一年就取得了丰硕成果。公司总目标都超额实现，总产值达到 8 953 万元，净产值达 1 534 万元，上缴税收 680 万元。总目标中社会贡献目标全部超过期望目标。在市场目标方面：1996 年比 1995 年销售量增长 9%，市场占有率达到 35%，都超过了必达目标。在公司发展目标方面：销售额达到 7 130 万元，比上一年增长 85%；资产总额 730 万元，比上一年增长 15%；已开发出 6 个新品种系列；员工培训合格率达到 93%。在公司利益和效益目标方面：实现利润总额 630 万元，其他各项经济效益指标也全部达到，甚至超过预定目标。

同时，公司内部的上下级关系和人际关系开始变得融洽、和睦，员工的积极性、主动性、创造性得以真正发挥出来。全公司呈现一种同心协力、努力奋斗、力争实现公司目标的新景象。

思考: 1. 你认为在实际应用目标管理中还要注意什么问题?

2. 从管理角度分析,目标管理有什么优缺点?

3. 增加和减少员工奖金的发放额是实行奖惩的最佳方法吗? 除此之外,你认为还有什么激励和约束措施?

4. 你认为实行目标管理时培养完整严肃的管理环境和制定自我管理的组织机制哪个更重要?

5. 新宇化工公司为什么要推行目标管理? 推行目标管理有哪些作用?

6. 这个组织是如何按照目标管理的程序来操作的?

12.2.3 行为改造型激励理论

我们上面所介绍的激励理论中,内容型激励理论侧重于对激励内容——需要和动机对激励作用的研究;过程型激励理论侧重于研究"需要→动机→行为→目标"的激励过程;行为改造型激励理论侧重于研究改造和转化人的行为的方式,以及利用行为的结果来激励员工。行为改造型激励理论包括强化理论和归因理论。

1. 强化理论

美国心理学家斯金纳(B. F. Skinner)于1953年提出强化理论。该理论主要研究个体的前一次行为结果对后面行为选择的作用。

(1)强化理论的基本内容。

斯金纳认为,在不同情境下,个体前一次行为的结果会影响到后一次行为的选择。他认为,人们会重复那些给自己带来有利结果的行为,而对于不能带来利益,甚至带来危害的结果的行为,则会终止或使其消退。强化是指通过环境的改变来增强、消退和终止个体的某种行为的过程。在组织管理中,运用强化改造和转化行为的有四种类型:正强化、负强化、惩罚、自然消退。

①正强化。正强化是提供有利的结果,鼓励个体重复某个行为。在组织中,管理者可以对员工某一有利于组织目标实现的行为给予表扬、奖励、认可、晋升等鼓励,使员工在类似的情况下重复这种行为。比如,一名员工认识到当他提出有建设性的建议,并被采用,最终取得效果时,上司会给予肯定和奖励。员工的需要得到满足,行为也得到强化,在以后的工作中会更注重总结经验,找出问题,提出新的点子。

②负强化。负强化是指预先告知某种不良行为或绩效可能引起不利结果,使员工按所要求的方式行事来避免发生不愉快的事情。组织的规章制度中对不良行为或绩效所导致的不利结果(降职、处分、扣薪、解雇)的规定,就是要让员工按要求行事,以免不利于组织实现目标的行为出现。

③惩罚。惩罚是指当个体出现不利于组织实现目标的行为时,组织采取强制性、威胁性的不良结果,来阻止一定行为的出现。惩罚与负强化不同,它是为了阻止人们的某一种行为;负强化与正强化的目的是一样的,鼓励人们重复对组织有利的行为。惩罚在管理中有一定的作用,但不要随便运用它,要明白惩罚不是管理的目的。因为惩罚是用来阻止不合要求的行为的出现,但不能直接鼓励其他良好的行为。例如,当一名员工经常迟到使工作绩效下滑时,管理者采用减薪、批评、处分等方式来阻止他的这种不良行为。由于惩罚的局限性,组织在运用它时,要疏导员工该怎么做,在出现符合要求的行为时,应及时给予正强化。负强化其

实就是对惩罚的预防。

④自然消退。自然消退是指对已发生的行为不予理睬，不提供任何形式的强化，使该行为逐渐消失。例如，一名员工高质量完成任务后，管理者不给予任何的表示，既没有精神的鼓励，也没有物质的奖励，逐渐地，员工高质量完成工作的行为会因没结果而消失。

（2）强化的形式。

管理者要采用强化来激励员工，除了类型上有所不同外，形式上的差异也会使强化产生不同的效果，大体来说有以下两种方式：连续强化和间歇强化。

①连续强化是指管理者对员工的每一次行为都给予强化。例如，员工一旦出现有利于组织实现目标的行为时，给予肯定、表扬、奖励；一旦出现不利于组织实现目标的行为时，给予处分、批评。

②间歇强化是指管理者在员工发生多次行为后再给予强化。间歇强化还可以根据时间间隔、强化的比例划分为四种形式：固定时间间隔强化、可变时间间隔强化、固定比率强化、可变比率强化。

固定时间间隔强化是指经过固定的时间间隔后给予强化，如年终奖、计时工资等。

可变时间间隔强化是指不按固定的时间间隔给予强化，如上级领导对财务部的账单进行不定期的检查、核对等。临时性奖励也属于这种强化。

固定比率强化是指按原来规定任务的比率给予强化。例如，美国玫琳凯化妆品公司规定员工销售额达到一定的量后，就给予一定的奖励，以这种奖励促进公司的销售。

可变比率强化是指强化不按固定的任务的比率进行，随机性较强。

2. 归因理论

归因理论最早是由海德（F. Heider）提出来的，后来得到凯利（H. H. Kelley）和韦纳（B. Weiner）等人的扩充和精化。

（1）归因理论的基本内容。

归因是指人们通过观察他人和自己的行为及外部特征来解释与确定其内在心理状态或行为原因的过程。归因既是对自己行为的解释，也是对他人行为的解释。

凯利认为，人们对行为的归因有三种倾向：行为者本人的特点；行为对象的特点；行为者与行为对象交互作用时所处的环境。要推判出行为的原因是哪一种倾向，可以下面三种因素——一致性、差异性、一贯性作为参照点。

①一致性也称普遍性。一致性是指面对相似的情境，其他人也有相同的反应。根据归因理论的观点，如果被分析者行为与其他人比一致性高，我们倾向于将行为原因进行外部归因；如果被分析者行为与其他人比一致性低，我们倾向于将行为原因进行内部归因。例如，在相同的环境条件下，如果同一车间所有员工的产量都低，那我们很可能进行外部归因；如果同一车间除了被分析者的产量低外，其他员工的产量都高，那我们很可能进行内部归因。

②差异性也称特殊性。差异性是指个体的某种行为是否在不同情境下也出现，即个体的行为是否不同于平常。例如，一名员工今天表现积极、勤快，我们想了解的是他以前是否也是这样。如果答案是肯定的，我们倾向于进行内部归因；反之，则倾向于进行外部归因。

③一贯性也称连续性。一贯性是指在一定时间阶段内，个体的某一种行为是相对稳定的，还是偶然出现的。如果一名员工在其他任务中都表现出色，那么这一次表现不好是一个特例；如果这一名员工在每一次任务中都表现差，那么表明他"表现差"不是偶然性的事，而是一贯性行为。如果一贯性高，我们倾向于将其行为进行内部归因；如果一贯性低，则进行外部归因。

实例 12 -4：何宁的工作表现归因

情境一：

一致性低：这次任务中其他同事的表现都差；

差异性低：何宁在其他任务中表现出色；

一贯性高：何宁在这次任务中的出色表现不是偶然的，而是恒常的。

情境二：

一致性高：这次任务中其他同事的表现都出色；

差异性高：何宁在其他任务中表现不出色；

一贯性高：何宁在这次任务中的出色表现不是偶然的，而是恒常的。

情境三：

一致性低：这次任务中其他同事的表现都差；

差异性高：何宁在其他任务中表现不出色；

一贯性低：何宁在这次任务中的出色表现是偶然的。

思考：请对以上何宁在一次任务中某一阶段表现出色的情况进行归因，并对应填写下面表格。

情境	一致性	差异性	一贯性	归因
一				
二				
三				

（2）归因的偏差。

人的行为非常复杂，与产生行为原因的复杂性有关，这使得观察者在分析被分析者的行为原因时会出现失真或偏差。人们对他人或自己的行为进行归因时出现的偏差主要有两种类型：基本归因偏差和自我服务偏差。

基本归因偏差指人们倾向于将他人的成功归于外部因素：任务难度低、个体运气好、所处的环境有利等；而倾向于将他人的挫败归于内部因素：能力不足、个性的不匹配等。例如，在进行技术考核时，一名员工的考核成绩很差，其他人会认为是他自身技术差、能力不足所导致的。基本归因偏差主要是在对他人行为原因的解释和判断时出现的失真。

自我服务偏差指人们在评估自己的行为时，倾向于将自己的成功归于内部因素：个性、能力等；而倾向于将自己的失败归于外部因素：所处的情境不利、运气不好等。例如，一名销售员本月的销售额不理想，一般情况下他会将这种结果归因于运气不好、竞争太激烈，而不会归因于自己的能力低。

（3）归因理论与组织行为。

归因理论认为，人们对自己和他人的成功与失败的归因，影响着人们以后的工作积极性和信心。管理者如果对员工的成败归因正确，能激发员工继续努力，取得好的成绩；如果归因不当，则会打击其积极性和主动性。

如果管理者将员工的成功归于内部因素——能力、努力和身心状况，并给予强化，员工会感到满意、有信心，能提高其工作积极性；如果管理者将其成功归于外部因素——工作难度、运气和机遇，并未给予强化，员工会感到不满，会降低其积极性。

如果管理者将员工的失败归于内部因素——能力、努力和身心状况，员工会感到内疚、无助，并失去信心；如果管理者将其失败归于外部因素——工作难度、运气和机遇，员工心理会得到一点安慰，日后可能会提高工作积极性。

实操 12.2 设定目标

◆ **实操内容**

通过游戏让学生掌握目标管理的相关知识。

◆ **实操目的**

通过一定的情境设置，理解目标的设定在管理中起到的激励作用。

◆ **活动步骤**

1. 各公司推荐一名代表上台参与。

2. 由教师把碗放在一个固定的地方，并规定一段有一定难度的距离，画一条直线。

3. 由公司指定一名成员当计时员。

4. 代表将硬币拿好，站在线前，不能踩到线。

5. 共分为三种情景（每次开始前由教师公布），每一种情境的操作时间为 1 分钟，具体内容为：

情境	具体内容
1	不做要求，让参与者往碗里扔硬币
2	要求参与者在 1 分钟内尽可能多地将硬币扔到碗里去
3	要求参与者在 1 分钟内必须向碗里扔进若干枚硬币（如 10 枚），且要确保比上一次多

6. 在计时员的指令下开始活动。

◆ **思考回答**

1. 哪一种情境下碗里的硬币最多？为什么？

2. 不设立目标对表现有什么影响？模糊的目标呢？清晰的目标呢？

（资料来源：罗伯特·爱泼斯坦，杰西卡·罗杰斯. 激励游戏 [M]. 王永钦，译. 上海：上海科学技术出版社，2003.）

◆ **评估标准（自评和他评）**

评价指标	评估结果			
在公司活动时主动配合的程度	□优秀	□中等	□合格	□不合格
在进行活动时的表现（发言）	□优秀	□中等	□合格	□不合格
在思考回答过程中的表现	□优秀	□中等	□合格	□不合格

（续上表）

评价指标	评估结果			
对目标管理的理解情况	□优秀	□中等	□合格	□不合格
需要补充说明：				

关键术语

需要　动机　激励　需要层次理论　双因素理论　ERG 理论　期望理论　公平理论　目标设置理论　强化理论　归因理论

综合训练

情境设计 12 – 1：个人需要的金字塔

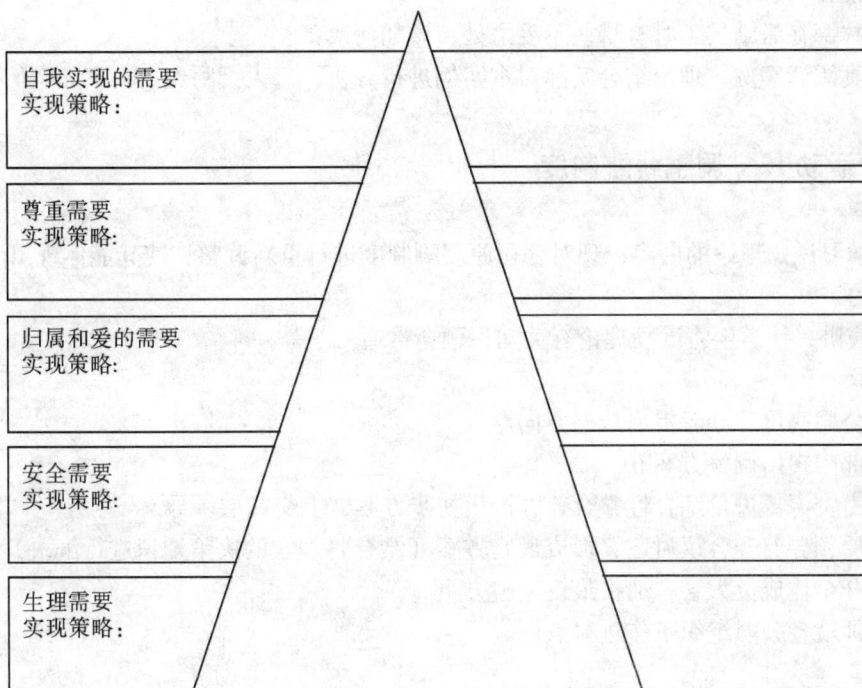

自我实现的需要
实现策略：

尊重需要
实现策略：

归属和爱的需要
实现策略：

安全需要
实现策略：

生理需要
实现策略：

【思考讨论题】

根据马斯洛的需要层次理论内容，思考一下你自己的"金字塔"是如何筑建的？

（资料来源：罗伯特·爱泼斯坦，杰西卡·罗杰斯. 激励游戏［M］. 王永钦，译. 上海：上海科学技术出版社，2003.）

情境设计 12-2：赵副厂长该怎么办

赵林德是某汽车零件制造厂的副厂长，分管生产。一个月前，他为了发展生产，掌握第一手资料，就到第一车间甲班去蹲点调查。一个星期后，他发现工人劳动积极性不高，主要原因是奖金太低，所以每天产量多的工人生产二十多只零件，少的生产十多只零件。

赵林德和厂长等负责人商量后，决定建立一个定额奖励试点，每天每人以生产20只零件为标准，超过20只零件后，每生产1只零件奖励0.5元。这样，全班23个人都超额完成任务，最少的每天生产29只零件，最多的每天生产42只零件，这样一来，工人的奖金额大大超过了工资，使其他班、其他车间的工人十分不满。

现在又修改了奖励标准，每天超过30只零件后，每生产1只零件奖励0.5元，这样一来，全班平均产量维持在33只左右，最多的每天生产不超过35只。赵林德观察后发现，工人并没有全力生产，离下班还有一个半小时左右，只要生产30只的任务已完成，他们就开始休息了。他不知道如何进一步来调动工人的积极性了。

【思考讨论题】

1. 赵林德在激励员工时有哪些不妥之处，该如何改正？
2. 认真阅读案例，理论结合实际对本案例进行分析，每人撰写约350字的案例分析。

公司经营活动 12：调整薪酬制度

◆实操内容

通过学习激励理论的内容，现对公司原薪酬制度进行重新调整，使其能体现出激励作用。

◆实操目的

通过演讲，让学生将激励理论有关知识融会贯通。

◆活动步骤

1. 由公司高层领导者提出战略方向。
2. 各部门提出调整方案。
3. 人力资源部进行综合性整合，并产生初步方案，上交高层领导。
4. 高层领导召开会议讨论，形成最终方案（结合管理学的决策知识进行解决）。
5. 召开全体成员大会，通报最终调整方案。
6. 教师就各公司组织工作进行点评。

◆思考回答

薪酬制度与激励有何关系？

工作评价表

职业核心能力测评表

职业核心能力	评价指标	自测结果			
自我管理能力	1. 能跟随教师思路思考	□优秀	□中等	□合格	□不合格
	2. 能主动参与讨论	□优秀	□中等	□合格	□不合格
	3. 能主动将所学知识运用在实践中	□优秀	□中等	□合格	□不合格
合作交流能力	1. 能尊重他人的观点	□优秀	□中等	□合格	□不合格
	2. 能与他人进行有效沟通	□优秀	□中等	□合格	□不合格
	3. 能主动参与合作过程	□优秀	□中等	□合格	□不合格
解决问题能力	1. 能准确理解信息资源	□优秀	□中等	□合格	□不合格
	2. 能客观分析信息资料	□优秀	□中等	□合格	□不合格
	3. 能发现并解决常规问题	□优秀	□中等	□合格	□不合格
设计创新能力	1. 能够提出建设性的观点	□优秀	□中等	□合格	□不合格
	2. 能够从不同角度提出方案	□优秀	□中等	□合格	□不合格
	3. 能够制订创新方案并实施	□优秀	□中等	□合格	□不合格

学生签名：　　　　　教师签名：　　　　　　　　　　　年　　　月　　　日

专业能力测评表

职业核心能力	评价指标	自测结果			
理解激励的基本概念	1. 理解需要和动机的概念	□优秀	□中等	□合格	□不合格
	2. 掌握激励的概念	□优秀	□中等	□合格	□不合格
		□优秀	□中等	□合格	□不合格
运用激励理论	1. 运用内容型激励理论	□优秀	□中等	□合格	□不合格
	2. 运用过程型激励理论	□优秀	□中等	□合格	□不合格
	3. 运用行为改造型激励理论	□优秀	□中等	□合格	□不合格

学生签名：　　　　　教师签名：　　　　　　　　　　　年　　　月　　　日

项目 13　找准组织新起点——组织变革与发展

鲁莽的变革是危险的，但更大的危险在于盲目保守。

——亨利·乔治

【项目目标】

1. 理解组织变革的动因
2. 掌握组织变革的阻力及排除方法；掌握组织变革的方向和策略
3. 了解组织学习的重要性和必要性；掌握学习型组织的特征、创建与管理

【生活与组织行为】

三个和尚水喝不完：变革的魅力

有一句老话，叫"一个和尚挑水喝，两个和尚抬水喝，三个和尚没水喝"，后来还拍成了动画片，叫《三个和尚》。三个和尚没水喝，说明人多反而不如人少。如今，这个观点过时了。现在的观点是"一个和尚没水喝，三个和尚水多得喝不完"。

有三个庙，这三个庙离河都比较远。怎么解决喝水问题呢？

第一个庙，三个和尚商量，咱们搞个接力吧，每人挑一段。第一个人从河边挑到半路，停下来休息，第二个人继续挑，然后传给第三个人，第三个人挑到缸边把水倒进去，空桶回来再接着挑。如此一来，就能从早到晚不停地挑，大家都不太累，水缸很快就装满了水。这是协作的办法，可以叫"机制创新"。

第二个庙，老和尚把三个徒弟叫来，说我们立下了新的庙规，引进了竞争机制，你们三个人都去挑水，谁挑得多，晚上吃饭加一道菜；谁挑得少，只能吃白饭。三个和尚拼命去挑，一会儿水缸就满了。这个办法叫"管理创新"。

第三个庙，三个小和尚商量，天天挑水太累，得重新想办法。山上有竹子，把竹子砍下来接在一起，竹子中心是空的，然后买一个辘轳，第一个和尚一桶水摇上来，第二个和尚专管倒水，第三个和尚在地上休息。三个人轮流换班，一会儿水就满了。这叫"技术创新"。

思考：三个和尚水喝不完的故事告诉我们一个关于组织管理的什么道理？组织的生存和发展受到哪些因素的影响？

【项目流程图】

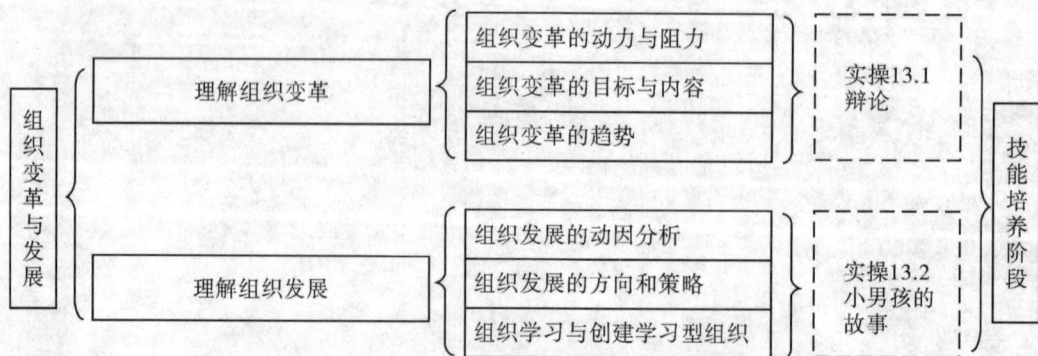

任务13.1 理解组织变革

现代组织是一个动态的开放系统，其内部情况和外部环境的变化都会对组织产生影响，复杂多变的环境要求组织不断通过变革来调整和完善自身的功能与结构，提高在变化的环境中求得生存和发展的反应能力与适应能力。任何一个组织，无论过去如何成功，随着环境的变化都必须不断进行变革，使自身不断创新、不断发展，才能符合组织不败的要求，否则，那种静态的、不适时进行变革的组织是难以生存的。

组织变革就是组织根据外部环境和内部情况的变化，及时地改变自己的内在结构，以适应客观发展的需要，更好地实现组织目标。组织变革是组织管理的重要组成部分，它是为了促进组织与环境以及组织成员之间的相互协调而做出的一种适应性反应。迈克尔·哈默（Michael Hammer）在《再造企业》一书中把三"C"力量，即顾客（Customers）、竞争（Competition）、变革（Change），看作影响市场竞争最重要的三种力量，并认为在这三种力量中以变革最为重要，"变革不仅无所不在，而且还持续不断，这已成了常态"。

13.1.1 组织变革的动力与阻力

任何事物的发展都不是一帆风顺的，组织的变革必然会遇到各种复杂因素的影响和制约。在组织实施变革的过程中，影响和制约组织变革的各种复杂因素其作用无非是两类，即"促进作用"和"阻碍作用"。因此，这两种因素可分别称为组织变革的"动力"和"阻力"。

1. 组织变革的动力

不变革的组织是没有生命力的，但盲目的变革则会给组织带来混乱和损失，甚至导致组织的解体。因此，在科学预测的基础上根据组织未来发展的趋势，有计划、有步骤地制定和实施科学的组织变革对策，才能保证组织变革取得成功。要制定和实施科学的组织变革对策，首先必须对组织变革的基本动因进行分析，这是研究组织变革的起点。组织变革是多种因素综合作用的结果，组织变革的动力主要来自于外部环境、内部环境两个方面。

（1）外部环境因素。

外部环境因素的影响作用是组织变革的外在原因或外在压力，从积极的意义上说，外在压力就是促进组织变革的外在动力。组织变革的外在动力源如下表所示。

组织变革的外在动力源表

变革动力	外在动力源	具体表现
外部环境因素	宏观社会环境的变化	经济的快速发展，经济体制的改变，以及市场需求的变化等，都会引起组织内部深层次的变革
	技术的不断进步	在社会从农业经济向工业经济乃至知识经济的过渡中，技术变革的速度越来越快，对社会生产方式和社会生活方式产生强大影响，不断改变着产品结构、生产技术、生产方式和公众的消费偏好
	价值观念的变化	随着社会的进步和科技的发展，人们的生活水平和生活质量逐步提高，价值观念也随之不断更新

变革动力	外在动力源	具体表现
外部环境因素	竞争压力的挑战	经济发展的态势对组织变革来说是最直接、最敏感的动因之一
	资源变化的影响	组织发展所依赖的环境资源对组织具有重要的支持作用，如原材料、资金、能源、人力资源、专利使用权等。组织必须要能克服对环境资源的过度依赖，同时要及时根据资源的变化顺势变革组织
	管理进步的需要	管理是推动组织变革的重要因素，组织变革的实质内容就是"管理变革"，只有积极实现组织变革，才能推动组织管理的不断进步

上述几种变化是组织变革的外在动力源。一个组织要求得生存和发展，就必须与外部环境取得平衡。组织对外部环境是无法控制的，但它可以从组织内部进行变革，不断调整自身以保持与外界相适应。

（2）内部环境因素。

组织变革的内在原因或动力源自组织内部各环境因素的相互作用。在组织运行过程中，当组织的决策经常错误或实施迟缓、组织内部沟通不及时或不顺畅、组织职能难以正常发挥效率等内部原因使组织成员的积极性不能充分发挥出来时，这便是组织变革的先兆，它意味着需要对组织进行诊断并找出产生问题的症结，以确定组织变革的内容和时机。

在构成组织变革的内在动力中，组织成员的工作态度、工作期望、个人价值观念等方面的变化与组织目标、组织结构、权力系统的不相适应，成为引发组织变革的直接诱因。这种不相适应或相互矛盾具体表现为：组织成员要求在工作中实现个人价值，而组织管理的简单化、专制化限制了成员的发展；组织成员渴望在工作中能以公平、平等的态度彼此相待，组织内部却等级分明、成员地位差别大，从而使组织成员产生强烈的不公平感；组织单纯依靠奖惩手段推动成员工作，而组织成员的工作热情已转向以人的尊严和责任心为基础，或组织成员希望从工作中获得当前需要的满足，但是组织的奖惩、晋升等仍然是后延的满足；组织成员希望或注重从组织中获得尊重、友谊、信任、真诚等情感的满足，但组织只强调工作任务的完成而不注重人的情感；随着组织成员自身素质的提高，要求组织采取新的管理制度或管理方式，但组织领导者固守陈旧的制度或工作方法。此外，组织内部条件的改变，诸如管理技术条件的改变、管理人员的调整与管理水平的提高、组织运行机制的优化、组织发展目标的改变、组织规模的扩张等也是组织变革的主要动因。

讨论：请用实例说明正确看待组织变革的意义。

2. 组织变革的阻力及其排除方法

在组织变革过程中，组织本身和组织成员间存在一定的阻力，它的表现有时是直接的，有时是间接的；有时是显性的，有时是隐性的；有时是即时的，有时是后延的。从某种意义上说，一定阻力的存在有利于保持组织相对的稳定性，避免组织陷入运行过程的混乱状态。但是，当组织变革成为组织发展的必然趋势的时候，组织本身和组织成员所表现出来的阻力的消极作用就必须加以抑制和排除。

（1）组织变革的阻力。

组织变革能够支持组织目标的顺利实现和促进组织的持续发展，同时也必将使组织成员的工作条件和生活条件得到相应的改善，因此组织成员在多数情况下都会持欢迎和合作的态度。但是组织变革的过程及其结果必定会涉及员工的一些切身利益和组织结构的惯性，因此，组织变革中会遇到来自"个体抵制"因素和"组织抵制"因素造成的阻力。组织变革的阻力源（如下图所示）大体可归纳为以下三个方面：

①个体心理因素造成的阻力。组织变革首先会打破原有的稳定格局，破坏某些成员的职业习惯与工作依赖性，使他们对未来产生恐惧感或抵触的情绪；同时，由于变革所带来的后果或预期是未知的和不稳定的，面对变革存在成功和失败两种可能性，组织成员会感到风险增大，甚至对变革的前途产生怀疑，担心变革会使自己的责权利发生变化而抵制变革。

②经济因素造成的阻力。经济收入在人们心目中有着举足轻重的地位，如果因组织变革导致个人的直接或间接收入的降低或其他经济方面的影响，员工会担心自己可能无法适应新的工作或新的规范而造成经济恐慌，因此必然就会抵制组织变革。例如，精简机构会使某些管理人员离职而减少经济收入，这些人员的不配合行为会给组织变革带来一定的阻力，严重的甚至会人为地终止变革。

③社会因素造成的阻力。组织变革可能会遇到的阻力除了来自个体心理因素或经济因素外，还有来自群体方面、社会方面的因素。任何一个群体要维持自己的生存，都会在群体中形成一致的价值观念、共同态度和行为规范，以维系群体成员行动的协调性，推行组织变革很有可能会打破群体的平衡状态，势必也会遭到来自群体的反对与抵制。此外，文化传统、风俗习惯都可能给组织变革造成阻力。

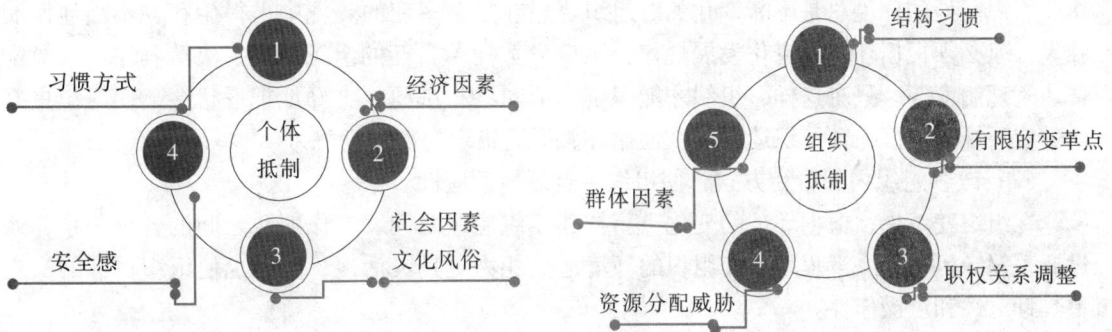

组织变革的阻力源图

（2）排除组织变革阻力的方法。

组织变革即使是大势所趋，也只有在得到大多数员工赞同和支持的情况下才能进行，否则组织变革会面临挫折甚至失败。因此，为了确保组织变革顺利进行和取得预期的效果，必须创造条件，采取措施，及时而有效地排除组织变革的阻力。排除组织变革的阻力要尽力做到以下几点：

①组织变革的发动者要在调查研究的基础上，认真分析组织变革的原因并认清组织变革的"动力源"和"阻力源"，拟订切实可行的规划和具体方案。

②组织变革不仅仅是管理者的事情，组织中的每个成员都有责任和义务支持组织变革，鼓励成员参与组织变革是获得成员支持的基本途径。管理者应努力创造出一种成员之间相互

尊重、相互理解的氛围，一方面要及时有效地通过组织内部沟通，使组织成员对变革方案有充分的认同；另一方面要认真听取下级人员的意见，及时修正、完善变革规划，使成员能够充分发挥其积极性，全面发动和鼓励组织成员参与制订变革规划和实施变革。

③要充分运用组织群体因素的积极作用，为实施变革创造条件。只有当组织成员感到有一种非改不可的压力和紧迫感时，个体心理因素造成组织变革的阻力才会真正减弱或排除。

④为了避免因组织变革的失败而造成时间、资源、财力的浪费，确保组织变革的成功，在组织变革的开始阶段，组织管理者应把组织变革的创新项目安排在小范围内进行，从小规模的实验中取得成功的经验并吸取其他组织的变革经验，形成自己最优的方法后再加以普遍的推广。在组织变革的开始阶段，组织管理者还应把易于见效的变革措施安排在前面进行，使组织成员从成功中获得信心。

⑤要善于捕捉变革的最佳时机，及时变革。在变革条件不成熟时急于变革，可能会使变革中途夭折，贻误了变革时机，也可能会降低群体士气而使变革失败。因此，组织变革要善于捕捉变革的最佳时机，这也是变革成功的条件之一。

13.1.2　组织变革的目标与内容

1. 组织变革的目标

任何组织的变革都是在一定目标的支配下进行的，组织变革必须有其基本的目标，否则变革便失去了意义。不同组织变革的目标不尽相同，但总的来说，组织变革的目标应包括以下几个方面：

（1）提高组织适应和影响环境的能力。

组织所处的环境总是不断变化的。组织要想在复杂多变的环境中求得生存并不断地发展壮大，就必须根据环境的变化发展规律，顺应形势变革自己的组织结构、决策程序、人员配备、管理制度等。只有这样，组织才能识别和应对各种威胁，更好地把握机会，使组织更好地适应环境，从而保证组织运行的良性循环，提高组织的市场竞争力。

（2）改善组织内部行为方式，使组织更具环境适应性。

在组织变革中，根据环境的变化重新构建组织层级之间、工作团队之间的各种关系，通过调整领导风格和决策程序，使组织的环境适应能力更具灵活性，同时也使组织目标的实施更具针对性和可操作性。

（3）增强员工对组织的信赖和支持，提高员工在组织的计划和执行中的责任心和自觉性。

组织变革的最直接感受者是组织的员工，如果组织的员工不能充分认识到变革的重要性，使其观念、态度、行动与组织变革的方向保持一致，那么组织变革的实施过程与效果就难以得到保证。因此，组织必须不断地对员工进行教育和培训，动员和吸引更多的员工主动参与组织变革；与此同时，根据组织所处环境的变化进一步改造和更新组织的文化，使员工积极主动地调整自己的心理和行为以适应组织新的变化。

2. 组织变革的内容

组织变革具有互动性和系统性，组织中任何一个因素的改变，都可能会带来其他因素的变化。然而，就某一阶段而言，由于环境情况各不相同，变革的内容和侧重点也有所不同。综合而言，组织变革的主要变量包括人员、结构、技术和任务，具体内容如下：

（1）对组织人员实施变革。

人是组织中最为重要的因素，一个组织的变革如果不能完成对其员工的观念和态度的改变，其组织变革的现实意义就无从谈起。人员的变革是指员工在态度、技能、期望、认知和行为上的改变，变革的主要任务是权力、利益等方面在组织成员间的重新分配。组织必须通过对员工的培训、教育等，使员工的观念、态度和行为等与组织保持一致。

（2）对组织结构实施变革。

结构性变革是指组织根据环境的变化对组织的结构进行变革，并重新在组织中进行权力和责任的分配，包括权力关系、协调机制、集权程度、职务与工作再设计等其他结构的变化。现实中一成不变的组织结构设计往往不具有可操作性，结构性变革要求管理者根据环境条件的变化将组织的构成要素加以灵活组合，对如何选择组织设计模式、如何制订工作计划、如何授权及授权程度等一系列行动做出新的决策。

（3）对技术和任务实施变革。

技术和任务的变革包括对作业流程与方法的重新设计、修正和组合，也包括更换机器设备，采用新工艺、新技术和新方法等。对技术和任务实施变革要求管理者联系产业竞争的现状和科技发展的趋势，注重利用最先进的技术对流程进行一系列的技术改造，同时对组织中各个部门或各个层级的工作任务进行重新组合，如实现工作任务的丰富化、工作范围的扩大化等。技术和任务的变革是组织紧密围绕其关键目标和核心能力，充分应用现代信息技术对业务流程进行重新构造，这种变革会对组织结构、组织文化、用户服务、质量、成本等方面产生重大改变。

13.1.3　组织变革的趋势

企业组织结构的发展是由生产力水平决定的。随着工业化的成长、市场机制的完善、企业规模的扩大，企业的组织结构也在不断调整。人类社会正逐步告别农业经济和工业经济，知识经济的浪潮正冲击着人类社会的方方面面，包括人们的思维模式、工作方式和生活方式。企业的组织结构同样也面临着知识经济的严峻挑战。随着社会的发展和时代的变迁，传统的组织结构已经不能适应当今时代尤其是日后变化迅速的经营环境，知识经济下的知识管理组织变革已成为大势所趋。综观国内外企业组织架构已经或即将发生的变化，其变革的趋势可概括为：扁平化、小型化、弹性化、虚拟化、网络化。

1. 扁平化

古典的或传统的企业组织结构多为纵高型，已经不能适应现代企业的要求。组织结构由纵高型转向扁平型，已经成为企业发展的必然要求。所谓扁平化，就是减少中间层次，增大管理幅度，促进信息的传递与沟通。就我国目前的情况来看，多数企业组织基本上还属于纵高型结构，虽然这与我们的传统文化有着一定的联系，但已经无法适应发展市场经济和迎接知识经济的要求，严重地束缚了员工的手脚，极大地挫伤了员工的积极性，阻碍了人才健康成长，不利于优秀人才的脱颖而出，其弊端已日益凸显，到了非改不可的时候。按照扁平化的原理变革传统的组织构架，已成大势所趋，势在必行。

2. 小型化

长期以来，很多企业一直在追求组织规模，因为规模决定级别，级别决定待遇。时至今日，这种一味追求企业组织规模的做法已经不合时宜了。面对日趋复杂多变的信息时代，压缩企业规模、划小核算单位，已经成为现代企业的一种时尚，正受到企业界的广泛推崇。可以预知，随着传统观念的逐渐破除，企业的组织结构将会逐步走向小型化。

3. 弹性化

所谓弹性化，就是说企业为了实现某一目标而把在不同领域工作的具有不同知识和技能的人集中于一个特定的动态团体之中，共同完成某个项目，待项目完成后，团体成员各回原处。这种动态团队组织结构灵活便捷，能伸能缩，富有弹性。随着知识经济的日益临近，企业内部知识共享的呼声越来越高，知识共享、人才共用已经成为当今时代的重要特征之一，传统的刚性管理已经不能适应现代企业的发展，弹性组织便应运而生。

4. 虚拟化

在知识经济时代，经营的主导力将从经营力、资本力过渡到信息力和知识力。到了知识经济时代，大量的劳动力将游离于固定的企业系统之外，分散劳动、家庭作业等将会成为新的工作方式，虚拟组织将会大量出现。电脑软件及其网络技术的蓬勃发展，将加快这一时代的到来。据了解，美国、加拿大等国的大型跨国公司的科技人员目前在家办公的人数已达40%以上。组织形式将由以往庞大合理化的外壳逐渐虚拟，流动办公、家庭作业必将受到广泛青睐。随着组织结构的虚拟和家庭作业人数的增多，如何利用网络技术来实施管理将成为企业领导者和管理者需要认真解决的新课题。

5. 网络化

企业组织结构的网络化主要体现在四个方面：一是企业形式集团化。随着经济全球化和经营国际化进程的加快，企业集团大量涌现。企业集团是一种新的利益共同体，这种新的利益共同体的形成和发展，使得众多企业之间的联系日益紧密起来，构成了企业组织形式的网络化。二是经营方式连锁化。很多企业通过发展连锁经营和商务代理等业务，形成了一个庞大的销售网络体系，使得企业的营销组织网络化。三是企业内部组织网状化。过去纵高型的组织结构特点是直线构架、垂直领导、单线联系，很多机构之间老死不相往来。由于企业组织构架日趋扁平，执行层机构在增多，每个执行层机构都与决策层建立了直接联系，横向的联络也在不断增多，企业内部组织机构网络化正在形成。四是信息传递网络化。随着网络技术的蓬勃发展和计算机的广泛应用，企业的信息传递和人际沟通已逐渐数字化、网络化。

实操 13.1 辩论

◆实操内容

正方：组织变革是一项阶段性的活动；反方：组织变革是一项连续性的活动。

◆实操目的

掌握组织变革的概念及相关内容。

◆活动步骤

1. 由各公司推荐人选将班级分为两组或若干小组，并分别确定正、反方。

2. 正反双方在辩论过程中既要回答对方所提问题，也要向对方提出问题。双方所提所答的内容都必须紧扣辩题。

3. 将辩论内容形成书面材料，呈交教师。

4. 由教师或评委给予评分，并在记分卡上登记。

◆思考回答

组织变革在组织活动中处于一种什么状态？

◆评估标准（自评和他评）

评价指标	评估结果			
在公司选派辩手时主动配合的程度	□优秀	□中等	□合格	□不合格
在公司进行辩论内容整理时的表现（团队合作、参与程度）	□优秀	□中等	□合格	□不合格
在辩论时的表现（发言）	□优秀	□中等	□合格	□不合格
在思考回答过程中的表现	□优秀	□中等	□合格	□不合格
对组织变革的理解情况	□优秀	□中等	□合格	□不合格
需要补充说明：				

任务 13.2 理解组织发展

在组织运行过程中，随着组织环境的变化而进行的变革在组织的局部范围或特定层面经常发生，当整个组织要求进行更高职能的、更高层次的、较长期的、全面的变革时，组织发展的时机便到了。组织发展的目标在于变革组织的整体组成部分以实现组织的自我更新，从而提高整个组织的效率，发挥组织的整体协作力，使组织富有活力和生机，以适应内外环境的变化。组织发展的过程是由组织结构发展变化和运行过程本身的发展变化构成的，它分为在保持组织结构模式的前提下而进行的"常规发展"和对组织管理模式进行根本性改变而进行的"变革发展"两种形式。

13.2.1 组织发展的动因分析

组织的发展是必要的，而任何组织的发展都有其深刻的根源。研究组织发展的基本动因是研究组织发展的起点，如果在制定组织发展对策时不考虑或没有正确认识产生发展的内在原因，推动组织的发展就很难取得成功。组织发展是多种因素综合作用的结果，组织发展的基本动因可以归纳为以下几个方面：

1. 组织发展的内部因素

（1）组织目标的选择与修正决定着组织发展的方向和组织发展的范围。

组织目标的选择与修正一般有三种基本状态，即组织既定目标已经实现或即将实现，组织需要寻求新的目标和追求新的发展；组织既定目标已无法实现，需要实施转型而寻求新的发展；组织既定目标在实施过程中与组织环境不适应而出现了偏差，要求对原有目标进行修正。这种情形在客观上要求组织进行相应的调整和变革以达到和完成组织新的发展。

（2）组织结构的调整与完善成为组织发展的内在动因。

组织结构设计不合理或原有结构不适应新的发展变化，就需要进行结构的变革。组织结构的调整必然要求组织进行相应的变革。组织结构的改变主要是指对组织结构中的权责体系、部门体系等的调整。

（3）组织职能的转变成为组织发展的内在因素之一。

随着社会的发展变化，现代组织的职能和基本内容也发生了相应的变化，如在传统社会向现代社会的转化中，社会组织的职能发生了显著变化：社会组织的职能高度分化要求组织变革原有的权责体系，明确组织内部合理的管理层次与幅度，建立有效的沟通体系；社会组织日益强调组织的社会服务职能迫使组织必须做出相应的调整和变革，才能求得组织的生存和发展。

（4）组织成员内在动机和需求的变化。

在组织中，个体成员的行为是组织运行有效性的基础，个体成员的行为又要以各自的需要为基础。一定的组织管理和组织结构总是与一定的成员需要相适应的。当个体成员的需要普遍发生变化时，组织结构也应发生相应变化。因此，组织成员的需要变化是构成影响组织变革与发展的又一重要因素。例如，随着组织的发展，员工的内在需要逐渐向高层次发展，纯粹的物质刺激日益不起作用，组织成员有更高的追求，如参与感、责任感、创造性的增强，要求管理者相应地变革组织的激励环境，改进工作设计，变更工作内容，调整工资，改善工作环境，改变工作时间等，以满足组织成员不同层次的需要及逐步提高的需要。

2. 组织发展的外部因素

（1）科学技术的不断进步。

现代科学技术的迅速发展，给组织结构、组织的管理层次与幅度、组织的运行要素等都带来了巨大的变化，同时也对组织发展提出了新的要求。如电子计算机的发明与使用，使企业组织中的信息处理、决策等一系列管理过程与管理方式都发生了重大的变化。这些变化推动着组织不断地进行变革。

（2）组织环境的变动。

现代组织所面临的环境要比以往任何时候都复杂多变。仅从企业组织的环境而言，其重大变化有：市场的广阔、产品寿命的缩短、科学技术的迅猛发展、复合的组织联系、社会价值观念的改变、工作的自动化等。组织环境的变化，使得传统的专制集权的组织形态难以适应社会发展的需要，必须改变组织结构及管理策略和技术，以适应不断变化的组织环境。如通过建立目标管理体制，以实现组织内个人目标、群体目标和社会目标的一致性；通过组织技术变革，应用新的技术成果和手段，以提高产品竞争力及制定最佳决策。

3. 管理方式和手段的变化

管理方式和手段的转换或更新是推动组织发展的重要因素。管理方式和手段的现代化要求对组织要素和组织运行过程的各个环节进行合理的协调，从而对其行为做出有效的预测和决策，组织系统的这个态势无疑会对组织的发展不断提出新的要求。

13.2.2 组织发展的方向和策略

组织发展的方向和策略的确定，是在客观地分析和研究组织发展动因的基础上提出的对组织进行变革与发展的整体方案。把握组织发展的方向并制定相应的策略是推动组织发展的关键环节，也是科学实施组织发展的基本条件。

1. 组织发展的方向

组织发展的方向就是引导组织变革与发展的决策倾向和措施动向，它决定着组织发展活动的性质和规模。在组织发展实践中，组织发展的方向是制定组织发展策略的前提和基础，也是组织变革冲突的焦点。组织发展的基本方向的确定，意味着对组织实施变革的目前局势和未来趋势有了明确的要求。组织发展的方向大体有以下四个方面：

（1）以人为中心的组织发展方向，即通过对组织成员的知识、技能、行为规范、态度、动机和行为的变革来达到组织发展的目的。

（2）以组织为中心的组织发展方向，即通过对组织权责体系的改变、角色关系的调整和协调机制的有效建立来达到组织发展的目的。

（3）以技术为中心的组织发展方向，即通过对组织工作与流程的再设计、对完成组织目标所采用方法的转换、设备的更新以及新型组织目标体系的建立来达到组织发展的目的。

（4）以组织与环境相适应为中心的组织发展方向。组织的发展既要适应外部环境的迅速变化，也要主动地调节和控制外部环境。因此，在对组织的内部环境进行变革与调整以适应环境的同时，更要在最大的范围内创造一种新的环境，使之有利于组织目标的实现，从而有利于组织的发展。

2. 组织发展的策略

组织发展的策略就是组织在实现发展目标的过程中，针对有关成员或群体所采取的各种干预活动与方式。组织发展主要以提高工作绩效、增强员工的满意度、获得组织和个人的职业发展为策略。实施这些策略的措施主要包括工作再设计、目标管理、建立社会技术系统等。

（1）工作再设计策略。

工作再设计是为了提高员工的积极性、提高工作效率、改善工作绩效而对工作方式和方法加以重新安排，其主要内容包括工作扩大化、工作丰富化、工作轮换等。

（2）目标管理策略。

目标管理是管理者和下属共同为工作绩效和个人发展确定目标，管理者可以使员工的工作成果与实际发展目标相结合并在未来的特定时间内，评定员工达到目标的程度。目标管理策略的运用是通过对规定目标的情况进行评价，把个人、部门和组织的目标有机结合起来并制定目标的过程，它是组织发展一项十分有效的措施。

（3）建立社会技术系统策略。

建立社会技术系统策略是指采用同时集中于技术和社会两方面的变革发展并使之实现最佳配合来提高组织效益的发展方法，它是现代组织发展活动中较为普遍的方法之一。这种方法强调组织的技术和人的最佳结合，强调对完成工作的方法的重新设计。组织发展的具体技术主要有两个方面：其一是结构技术。结构技术是指有计划地改变组织的结构的复杂性、规范性和集权程度，以促进组织发展的技术，它是影响工作内容、员工关系和组织氛围的技术。比如，减少垂直分工度、合并职能部门、简化规章、扩大员工自主性等；也可以对工作进行再设计，使之更富挑战性、趣味性，如采取新的、有效的激励措施鼓舞员工士气，开发人力资源，进行各种培训，改善工作的技术条件，如更新组织文化、推行新的制度等。其二是人文技术。人文技术是指通过沟通、决策、问题解决手段，改变组织成员的态度与行为。如通过"敏感性训练"方式使组织成员通过观察、参与有所领悟，了解自己，了解自己如何看待别人以及别人如何看待自己，了解人与人之间如何相互作用，并借此表达自己的思想、观念、态度。从这个过程中，人们可以了解人的本性，学到人际交往的技巧，提高接受个体差异、应付人际冲突的能力；通过"反馈调查"来评定员工的态度，了解员工认识的差异；通过"工作咨询"了解工作程序的各个步骤，有的放矢地采取措施；通过"团队建设"加强组织成员的交互作用，提高相互信任和接纳的程度，提高成员士气，提高凝聚力，增强成员对组织的认同感，提高团体绩效。

组织发展方向的四个方面以及在各自基础上制定的各种发展策略是相互依赖、相互影响、互相促进的。在制定组织发展策略的过程中，它们往往构成一个完整的发展规划整体。当然，由于不同组织所处的发展环境及组织内部状况不同，在选择发展方向时，其侧重点是不同的。

13.2.3　组织学习与创建学习型组织

组织变革和组织发展都是组织成长过程的环节，也是组织不断创新的实践步骤。组织的成长和发展过程是一个永无止境的创新过程，而创新离不开学习，组织的创新和进步是在学习中实现的。荷兰皇家壳牌石油公司企划主任德格说："唯一持久的竞争优势，或许是具备比你的竞争对手学习得更快的能力。"

1. 组织学习及其意义

"组织学习"的概念实际上是"个体学习"的引申。组织是由个体构成的，因此个体学习是组织学习的前提和基础。在学习过程中，组织及其成员积极学习并应用组织内外有用的知识，指导组织的行为，同时也影响着组织的环境。但是，组织不只是被动地受成员个体学习过程的影响，还可以主动地影响其成员的学习。组织学习是具有共同思维模式的个体行为的结果，组织学习过程比个体学习过程更为复杂。有学者认为，要确认一个组织在学习必须具备以下三个条件：一是能不断地获取知识，在组织内传递知识并不断地创造出新的知识；二是能不断增强组织自身能力；三是能带来行为或绩效的改善。因此，组织学习是一个持续的过程，是组织通过各种途径和方式不断地获取知识，并在组织内传递知识以及创造出新知识，以增强组织自身实力带来行为或绩效的改善的过程。组织学习对其生存与发展具有重要的作用。

（1）学习是组织的一项基本职能。

如果把公司视为一系列知识、资源的结合体，不断地获取知识、资源，更新知识、使用知识、创造知识就成为组织的基本职能，也是企业生存、发展的必要前提。组织的功能不仅是处理信息，而且也要创造出新知识。组织为了顺应形势变化必须不断对产品、过程或结构等外在的要素进行调整，而且要对影响组织运行的各种内在因素包括企业的价值观、思维模式、基本假设乃至根本目标进行改革，这个过程就是组织不断学习的过程。

（2）组织学习是全面提升竞争力的重要途径。

组织学习本身涵盖了组织管理中所有重要的因素，如人、组织、决策、沟通、技术等。组织学习是一个持续的修炼过程和一项系统工程。组织学习的过程不仅可以提高组织内部资源、知识的利用率，不断创造出新知识，而且可以不断提高自身的能力，弥补组织所存在的缺陷与不足。国内外的管理专家大都把组织学习看成积累资源的重要途径和获取核心能力的基本手段，他们认为，组织竞争优势根源在于具有对手难以模仿的知识、技能、资源的占有，长期持久的竞争优势需要企业比竞争对手更能开发持久的核心竞争能力，以适应迅速变化的市场和环境条件，所以组织必须不断地强化核心能力。而核心能力的开发和凝练有两种途径，一是开发和学习新的能力；二是强化现存的能力，这两种途径都必须通过组织学习来完成。因此，企业的竞争优势归根结底来源于组织学习。

（3）组织学习是组织生存与发展的前提和基础。

企业的成长过程是一个持续的学习过程。作为组织的一项基本职能，学习是组织生存与发展的前提与基础。市场学家认为，顾客是企业命运的主宰力量，实施顾客满意战略是企业生存与发展之本；生产管理专家认为，产品是企业命运的决定力量，企业生存的关键是低成本生产适销对路的产品；战略管理专家认为，关键技术的获得与运用是组织核心能力的主要来源；组织管理专家认为，建立学习型的弹性组织是企业在动荡的环境中求得长期生存和稳定发展的关键。因为，"顾客满意—产品适销—技术优势"最终依赖于组织的学习能力，现实中企业生命周期短暂的深层原因是其学习能力上的缺陷，即"学习智障"。"学习智障"的存在严重地抑制着组织对环境的应变能力，从而危及组织的生存和发展。

美国著名未来学家约翰·奈斯比特早在1983年就大胆预言："我们已经进入了一个以创造和分配信息为基础的经济社会。"随着科学技术尤其是计算机、通信等技术的迅猛发展，现代组织已经发生了深远而巨大的变化，组织学习能力的培养和发挥在组织中的地位比以往任何时候都显得突出，学习型组织的存在变得异常必要。

①知识的重要性表明，知识生产力已经成为企业扩大生产力、增强竞争力和取得经济成就的关键。传统的经济学理论确认了土地、劳动力和资本是创造财富的基本要素，在20世纪中，这些要素确实发挥了重要作用。但自人类社会跨越了信息社会以来，知识的重要性被提

高到一个新的高度，甚至有的学者将21世纪称为"知识经济时代"。因此，创造财富的基本要素理应包括知识在内。在当今各种产业中，最成功和最具竞争力的企业，通常都是善于开发、改良、更新、保护知识，并能迅速与持续地将知识转化为先进产品或劳务的企业。从某种意义上说，企业本身就是一个知识体，它不断地吸收知识并产出新知识，企业处理知识的能力决定了企业的竞争实力。

②学习不仅是工作的先决条件，而且是一种主要的工作方式，这是促使学习型组织构建的深层次的社会动力。在知识经济时代，高度信息化的组织是一个学习机构，它的基本目的就是拓展知识，从而使组织运行更有效率。因此，学习成为工作的核心，学习是劳动的新形式，每个人不仅直接从事与知识、信息有关的工作，从工作中学习，而且要终身学习。

③全球经济一体化所带来的竞争挑战需要企业具有良好的学习能力才能应对。全球经济一体化带来前所未有的激烈竞争，引起企业经营战略的变化。随着企业经营范围的扩大、协调控制工作的难度空前复杂、不同文化的交叉，企业不能将原来的经营管理方法简单地推广到全球，必须重新思考自己的战略、方针、政策，以及管理制度、组织机构等，及时根据市场环境和各国实际情况调整组织。同时，由于竞争的日益激烈和对组织核心能力的强调，公司内部和公司之间进行合作将变得日益普遍。在未来的新环境里，竞争者将共同开拓和培育市场，进行多层次、多形式的合作。合作性竞争将为被传统束缚住手脚的企业敲响警钟，任何忽略组织学习的企业都将丧失发展的良机，未来真正出色的企业将是设法使各阶层人员全心投入并有能力不断学习的组织。

④每个组织都已经毫不例外地成为相互学习的对象。现在的市场，每一个行业都已经不再是由一两家大企业来主导局面了，有的新兴企业往往异军突起迅速壮大甚至是后来者居上，而成为其他组织效仿或追随的对象。现在整个世界正在成为一个相互学习的社会。欧美企业效法日本，而日本企业又在效法欧美和韩国企业，甚至从中国古代兵法思想中汲取营养。面对经济一体化进程的加快，各国企业面临的问题日益趋同，因此善于学习对企业增强竞争力有着特殊意义。

2. 创建学习型组织

学习型组织是即将到来的组织革命。人们对于"学习型组织"的定义也是众说纷纭。有的学者认为："学习型组织是促使公司中的每一个成员都努力学习并不断改革自身的组织"；有的学者指出："学习型组织是指善于获取、创造、转移知识并以新知识、新见解为指导，勇于修正自己行为的一种组织"；有的学者曾用"知识创造型公司"来描述学习型组织，指出"知识创造型公司"的特征是"发明新知识……其中每个人都是知识工作者"。毫无疑问，学习型组织是指那些有意识地激励组织学习，使自身的学习能力不断增强的组织。1990年，麻省理工学院斯隆管理学院彼得·圣吉出版《第五项修炼——学习型组织的艺术与实务》一书，掀起了组织学习和创建学习型组织的热潮，定义了学习型组织及其特征。

所谓学习型组织，是指培养弥漫于整个组织的学习气氛、充分地发挥员工的创造性思维能力而建立起来的一种有机的、高度柔性的、扁平的、符合人性的、持续地适应变革和发展的组织。这种组织具有持续学习的能力，具有高于个人绩效总和的综合绩效。一般来讲，学习型组织具有以下特征：

（1）组织成员拥有一个共同的愿景。

组织成员拥有的共同愿景是指组织内成员就组织前景形成的共同意愿。学习型组织建立共同愿景的目的是将成员凝聚在一起，激发他们的热情，从而造就组织的强大生命力，促使成员努力学习以实现这一愿景。

（2）组织由多个创造性团体组成。

在学习型组织中，团体是最基本的学习单位，团体本身应理解为彼此需要他人配合的一群人。组织的所有目标都是直接或间接地通过团体的努力来达到的。

（3）善于不断学习。

这是学习型组织的本质特征。学习型组织一般都会建立一定的学习制度，定期组织教育和培训，鼓励员工学习，不断更新和深化自己的知识。所谓"善于不断学习"，主要强调"终身学习""全员学习""全过程学习"和"团体学习"。学习型组织通过保持学习的能力，及时铲除发展道路上的障碍，不断突破组织成长的极限，从而保持持续发展的态势。

（4）扁平式结构。

传统的直线式矩形结构以自上而下的指挥取代了人们寻求合作的自然能力，这种组织结构无法适应现代组织管理的挑战。学习型组织的组织结构则是扁平化的结构，即从最上面的决策层到最下面的操作层，中间相隔层次极少。扁平式结构尽最大可能将决策权向组织结构的下层移动，使组织结构系统中最下层单位拥有充分的自决权。

（5）良好的信息沟通和自主管理。

学习型组织都着力于形成一个宽松的、适于员工学习和交流的气氛，其边界界定在组织要素与外部环境要素互动关系的基础上，有利于员工之间的沟通和知识共享，有利于企业的知识更新和深化。同时，通过自主管理使组织成员边工作边学习，并使工作和学习紧密结合。

3. 学习型组织的管理

如何将一个组织改变成一个不断学习者？要使组织成为一个学习型组织，其管理者应该怎样去做？对此，国外学者提出了以下三点建议：

（1）建立政策。

管理者必须使其对于变革、创新和持续进步的信奉明确化，即通过战略设计、政策制定和规章制度的建立，使组织成员了解共同的愿景。

（2）要重新设计组织结构。

正式的组织结构会对学习型组织造成严重的妨碍。通过使结构扁平化、取消或者合并部门以及增加矩阵小组等方法，可以强化人们彼此依赖的关系。

（3）重新塑造组织文化。

正如我们前面所提到的，学习型组织以冒险、公开和成长的组织文化为特征。组织文化的氛围应该通过其战略和行动来创造，管理者不仅应晓谕组织成员这些道理，而且必须以行动证明冒险和不怕犯错误是组织所期望的品质和行为，要鼓励各种形式的功能性冲突。这样，才能使新的想法、新的观点不断涌现，使组织具有持续的适应和变革能力。

实操 13.2　小男孩的故事

◆实操内容

通过游戏让学生掌握组织发展的相关知识。

◆实操目的

帮助学生认识教育、培训和发展之间的区别。

◆**活动步骤**

1. 教师可以将下面这个小男孩的故事大声朗读给学生听，并分发给学生。这是关于一个天才儿童的悲剧故事：

（1）这个小男孩被送进一家普通的学校，就像其他孩子一样，从最基础的年级开始读书。

（2）这对小男孩而言实在是太简单了，这大大限制了他与生俱来的想象力和创造力。

（3）小男孩感到非常压抑，以至于当他的父母意识到错误并将他送到一个新的、更适合他发展的学习环境中时，他已经丧失了自己的天赋。

2. 现在请每组讨论一个问题："从教师或学生的角度出发，这个故事告诉我们什么道理？"

◆**思考回答**

1. 这个故事的重点是什么？

2. 教育、培训和发展，三者之间有什么区别？

（资料来源：刘永中，金才兵，何乔. 管理培训游戏全案：升级版［M］. 广州：广东经济出版社，2008.）

◆**评估标准（自评和他评）**

评价指标	评估结果			
在公司活动时主动配合的程度	□优秀	□中等	□合格	□不合格
在进行活动时的表现（团队合作、参与程度）	□优秀	□中等	□合格	□不合格
在思考回答过程中的表现	□优秀	□中等	□合格	□不合格
对组织发展的理解情况	□优秀	□中等	□合格	□不合格
需要补充说明：				

关键术语

组织发展　组织变革　组织学习　学习型组织

综合训练

公司经营活动13：重新制定组织战略目标

◆**实操内容**

根据组织变革及发展的内容，结合本公司发展实际，重新制定组织的战略目标。

◆**实操目的**

通过战略目标的调整，让学生将组织变革与发展理论有关知识融会贯通。

◆**活动步骤**

1. 由公司高层领导者提出新的战略目标。

2. 各部门根据战略目标调整部门目标。

3. 形成最终战略目标方案。

4. 召开全体成员大会，通报最终调整方案。

5. 教师就各公司组织工作进行点评。

◆**思考回答**

进行组织变革时，要想取得成功，需考虑哪些要素？

工作评价表

职业核心能力测评表					
职业核心能力	评价指标	自测结果			
自我管理能力	1. 能跟随教师思路思考 2. 能主动参与讨论 3. 能主动将所学知识运用在实践中	□优秀 □中等 □合格 □不合格 □优秀 □中等 □合格 □不合格 □优秀 □中等 □合格 □不合格			
合作交流能力	1. 能尊重他人的观点 2. 能与他人进行有效沟通 3. 能主动参与合作过程	□优秀 □中等 □合格 □不合格 □优秀 □中等 □合格 □不合格 □优秀 □中等 □合格 □不合格			
解决问题能力	1. 能准确理解信息资源 2. 能客观分析信息资料 3. 能发现并解决常规问题	□优秀 □中等 □合格 □不合格 □优秀 □中等 □合格 □不合格 □优秀 □中等 □合格 □不合格			
设计创新能力	1. 能够提出建设性的观点 2. 能够从不同角度提出方案 3. 能够制订创新方案并实施	□优秀 □中等 □合格 □不合格 □优秀 □中等 □合格 □不合格 □优秀 □中等 □合格 □不合格			
学生签名： 教师签名：			年 月 日		

专业能力测评表					
职业核心能力	评价指标	自测结果			
理解组织变革	1. 理解组织变革的动力与阻力 2. 理解组织变革的目标与内容 3. 了解组织变革的趋势	□优秀 □中等 □合格 □不合格 □优秀 □中等 □合格 □不合格 □优秀 □中等 □合格 □不合格			
理解组织发展	1. 理解组织发展的动因分析 2. 理解组织发展的方向和策略 3. 理解组织学习与创建学习型组织	□优秀 □中等 □合格 □不合格 □优秀 □中等 □合格 □不合格 □优秀 □中等 □合格 □不合格			
学生签名： 教师签名：			年 月 日		

参考文献

［1］况志华，徐沛林．管理心理学［M］．南京：南京师范大学出版社，2003．

［2］孙成志．组织行为学［M］．沈阳：东北财经大学出版社，2004．

［3］周妙群．管理心理学［M］．厦门：厦门大学出版社，2003．

［4］龚敏．组织行为学［M］．上海：上海财经大学出版社，2002．

［5］孙彤．组织行为学［M］．北京：高等教育出版社，2003．

［6］约翰 W 纽斯特罗姆，基斯·戴维斯．组织行为学：第十版［M］．陈兴珠，等译．北京：经济科学出版社，2000．

［7］斯蒂芬 P 罗宾斯．组织行为学：第七版［M］．孙建敏，李原，等译．北京：中国人民大学出版社，1997．

［8］汪雪兴．管理心理学：第二版［M］．上海：上海交通大学出版社，2004．

［9］全国十三所所高等院校《社会心理学》编写组．社会心理学：修订版［M］．天津：南开大学出版社，2001．

［10］段万春．组织行为学［M］．重庆：重庆大学出版社，2003．

［11］单大明．组织行为学［M］．北京：机械工业出版社，2004．

［12］孙海法．领导策略与团队管理［M］．广州：中山大学出版社，2003．

［13］庄士钦．组织行为理论与实务——怎样成为有效的领导者［M］．北京：人民邮电出版社，2003．

［14］邵冲．管理学概论［M］．广州：中山大学出版社，1996．

［15］关培兰．组织行为学［M］．北京：中国人民大学出版社，2004．

［16］吴培良．企业领导方法与艺术［M］．北京：中国经济出版社，1997．

［17］姜宝钧．实用组织行为学［M］．北京：高等教育出版社，2008．

［18］黄维德．组织行为学案例［M］．北京：清华大学出版社，2004．

［19］于立．MBA 案例精选：人力资源与组织行为学［M］．沈阳：东北财经大学出版社，2004．

［20］刘永中，金才兵，何乔．管理培训游戏全案：升级版［M］．广州：广东经济出版社，2008．

［21］陈龙海，韩庭卫．企业管理培训游戏全书：修订版［M］．深圳：海天出版社，2007．

［22］张健鹏，胡足青．小故事中的大智慧［M］．北京：当代世界出版社，2005．

［23］徐子健．管理学：第二版［M］．北京：对外经济贸易大学出版社，2008．

［24］多萝西·马西克，约瑟夫·赛尔策，彼得·韦尔．组织行为学：体验与案例：第6版［M］．王水雄，李国武，孙龙，译．北京：中信出版社，2004．

［25］罗伯特·爱泼斯坦，杰西卡·罗杰斯．激励游戏［M］．王永钦，译．上海：上海科学技术出版社，2003．

［26］阚雅玲，吴强，丁雯．人力资源管理基础与实务：第二版［M］．中国人民大学出版社，2005．